Die Europäische Zentralbank: Perspektiven für eine Weiterentwicklung des Europäischen Währungssystems

Eine Veröffentlichung der
Bertelsmann Stiftung
innerhalb der Reihe
»Strategien und Optionen
für die Zukunft Europas«

Rolf H. Hasse

Mit Beiträgen von
Werner Weidenfeld und
Reinhold Biskup

D1697407

Verlag Bertelsmann Stiftung
Gütersloh 1989

CIP-Titelaufnahme der Deutschen Bibliothek

Hasse, Rolf:
Die Europäische Zentralbank : Perspektiven für eine
Weiterentwicklung des Europäischen Währungssystems :
Eine Veröffentlichung der Bertelsmann Stiftung /
Rolf H. Hasse. Mit Beitr. von Werner Weidenfeld u.
Reinhold Biskup. – Gütersloh : Verl. Bertelsmann Stiftung, 1989
    (Strategien und Optionen für die Zukunft Europas : Grundlagen ; 2)
    ISBN 3-89204-022-2
NE: Strategien und Optionen für die Zukunft Europas / Grundlagen

© 1989 Verlag Bertelsmann Stiftung, Gütersloh
Verantwortlich: Dr. Hans-Dieter Weger
Referent für Europäische Kultur: Dr. Ulrich-Christian Pallach
Redaktion: Ulrike Osthus-Schröder
Umschlagentwurf: Hendrik Torsten Albowitz BDG
Layout und Satz: Mohndruck Graphische Betriebe GmbH
Druck: Gütersloher Druckservice
ISBN: 3-89204-022-2

Inhaltsverzeichnis

Vorwort 7
Hans-Dieter Weger, Werner Weidenfeld

Wieder auf der europäischen Agenda:
die Wirtschafts- und Währungsunion 9
Werner Weidenfeld

    1.   Die Wirtschafts- und Währungsunion im Kontext der
        Europapolitik 9
    2.   Der Bericht des Delors-Ausschusses 10
    3.   Integrationspolitische Aspekte 13
    4.   Die historische Erfahrung und die Spezifika der ge-
        genwärtigen Lage 14
    5.   Wiederholung der Geschichte? 15
    6.   Der Forschungskontext des Gutachtens 16

Positionsbestimmungen auf dem Wege zur
Europäischen Währungsunion 19
Reinhold Biskup

    1.   Die wichtigsten offiziellen Positionsbestimmungen in
        der aktuellen Diskussion 19
    2.   Das Gutachten des Wissenschaftlichen Beirats beim
        Bundesministerium für Wirtschaft 21
    3.   Der Bericht des Delors-Ausschusses 26
    4.   Die offiziellen Positionsbestimmungen und die kon-
        zeptionellen Akzente des Hasse-Gutachtens 31

Die Europäische Zentralbank: Perspektiven für eine Weiterentwicklung des Europäischen Währungssystems 37
Rolf H. Hasse

Vorbemerkung 38
1. Die Problemstellung........................... 39
2. Bedingungen einer Wirtschafts- und Währungsunion . 43
3. Währungsintegration als Ziel und Methode: Erfahrungen aus den bisherigen Integrationsbemühungen 48
3.1. Die Koordinierung der Wirtschafts- und Währungspolitik im EWG-Vertrag: ein wachsendes Koordinierungsdefizit in der Übergangszeit 48
3.2. Wirtschafts- und Währungsunion als Ziel: der Streit zwischen »Ökonomisten« und »Monetaristen« über die Integrationsstrategie 53
3.3. Das Europäische Währungssystem: wirtschaftliche Konvergenz durch wirtschaftspolitische Konvergenz? 65
   3.3.1. Die Zielsetzung des EWS 65
   3.3.2. Die Absicherung der Wechselkursstabilität im EWS-Regelsystem: inflatorische Asymmetrie .. 67
   3.3.3. Das tatsächliche Interventionsverhalten im EWS: Elemente einer stabilitätspolitischen Asymmetrie 71
   3.3.4. Wirtschaftliche Konvergenz durch wirtschaftspolitische Konvergenz?.................... 77
4. Die Parallelwährungsstrategie – ein sanfter Weg zur Einheitswährung und zur Währungsunion? 91
4.1. Politische Rahmendaten 91
4.2. Bestandsaufnahme der ECU 93
4.3. Das Parallelwährungskonzept – eine Einheitswährung als Endziel eines Währungswettbewerbs 99
   4.3.1. Die Wahl einer n-ten Währung.............. 99
   4.3.2. Die ECU oder eine Variante als europäische Parallelwährung............................. 101
   4.3.3. Die mikroökonomische Analyse der Währungssubstitution.............................. 103
   4.3.4. Die institutionelle Dimension der Parallelwährungsstrategie 111
   4.3.5. Vorläufige Schlußfolgerungen 112
5. Begründungen der Unabhängigkeit der Zentralbank und der Priorität der Geldwertsicherung 113
5.1. Ursprünge der Diskussion und Komponenten der (Un-)Abhängigkeit der Zentralbank............... 113

5.2. Argumente für und gegen die Unabhängigkeit der Zentralbank 121
    5.2.1. Argumente für die Unabhängigkeit 121
    Das »ökonomische« Argument; Das »politische« Argument; Das »technische« Argument
    5.2.2. Argumente gegen die Unabhängigkeit 124
    Das »staatspolitische« Argument; Das »wirtschaftspolitische« Argument
5.3. Begründung der Priorität der Geldwertsicherung 125
5.4. Empirische Ergebnisse als Argument für eine Unabhängigkeit der Zentralbank 127
5.5. Zusammenfassende Beurteilung 128
6. Ein Europäisches Zentralbanksystem und eine Europäische Zentralbank als Mittel und als Ziel 130
6.1. Bestandsaufnahme der (Un-)Abhängigkeitsstati der Zentralbanken in der EWG 130
6.2. Strategien in den Stellungnahmen zur Gründung einer »Europäischen Zentralbank« 138
6.3. Die »Europäische Zentralbank« als Hebel zugunsten einer inflatorischen Asymmetrie im EWS 141
6.4. Eine »Europäische Zentralbank« als Ziel: Institutionalisierung einer direkten Koordinierung der Geld- und Kreditpolitik 150
    6.4.1. Optionen der geldpolitischen Koordinierung ... 151
    6.4.2. Kriterien und Optionen eines Europäischen Zentralbanksystems bzw. einer Europäischen Zentralbank 154
    6.4.3. Referenzsysteme für ein Europäisches Zentralbanksystem bzw. eine Europäische Zentralbank 161
    Das Federal Reserve System der USA; Die Bank deutscher Länder; Die Deutsche Bundesbank; Zusammenfassende Beurteilung
    6.4.4. Ein Vorschlag für ein Europäisches Zentralbanksystem in der Übergangsphase 168
6.5. Der Delors-Bericht: Prüfung und Vergleich 177
    6.5.1. Die Grundsätze für die Endphase und die konkreten Vorschläge zu ihrer Verwirklichung 178
    Die Hauptmerkmale einer Wirtschafts- und Währungsunion; Das Europäische Zentralbanksystem der Endstufe und seine Vorbereitung; Die Koordinierung und Zentralisierung der Haushalts- und Fiskalpolitik

6.5.2. »Monetaristische« Elemente in der Übergangszeit.. 184
Das Minderheitenvotum für einen Europäischen Reservefonds; Der frühzeitige Abbau des Wechselkurses als
Anpassungsvariable
6.5.3 Zusammenfassende Beurteilung 186
7. Zusammenfassung der wichtigsten Ergebnisse und
Schlußfolgerungen 187
Anhang 193

Auswahlbibliographie zur Wirtschafts- und Währungsunion 246
*Zusammengestellt von Michael Leyendecker, Forschungsgruppe
Europa*

Die Autoren 252
Die Projektpartner................................... 255
Die Publikationen 256

Vorwort

Die gemeinsame europäische Währung und die Schaffung eines Europäischen Zentralbanksystems (EZBS) sind in das Zentrum der europapolitischen Debatte gerückt. Die Bedeutung der europäischen Währungspolitik läßt sich vor allem auf drei Elemente zurückführen:

1. Die Hauptfrage bei der Verwirklichung des europäischen Binnenmarktes bis 1992 ist, ob die ökonomischen Vorteile dieses Marktes ohne Fixierung der Wechselkurse bzw. eine einheitliche Währung voll zum Tragen kommen können: Ein gemeinsamer Binnenmarkt mit zwölf verschiedenen nationalen Währungen ist nicht wirklich ein einheitlicher Wirtschaftsraum.

2. Den europäischen Nationalstaaten droht angesichts der globalen wirtschaftlichen Interdependenzen eine beschleunigte Fortsetzung des Autonomieverlustes im Bereich der Geld- und Währungspolitik. Trotz des bedeutsamen kumulierten wirtschaftlichen Gewichts der zwölf EG-Staaten führt ihre Aufspaltung dazu, daß sie währungspolitisch in beachtlichem Maße vom Kurs des US-Dollars beeinflußt werden. Es ist ein Paradoxon, wie der öffentliche Widerspruch gegen die Abgabe von währungspolitischen Kompetenzen längst durch die reale ökonomische Entwicklung widerlegt worden ist.

   Für die Staaten der Europäischen Gemeinschaft ist der Zusammenschluß ihrer nationalen Märkte und ihrer geld- und währungspolitischen Handlungsoptionen ein Weg, ihre Eigenständigkeit zu stärken.

3. Die eigene Währung ist immer noch für jede nationale Regierung Ausdruck der politischen Unabhängigkeit und Symbol für die staatliche Souveränität. Für die Bürger manifestiert sich in der nationalen Währung die Staatlichkeit des eigenen Gemeinwesens. In diesem Sinne markieren eine gemeinsame europäische Währung und eine europäische Zentralbank politisch und psychologisch den Übergang von einem fragmentierten europäischen Wirt-

schaftsraum hin zu einem gemeinsamen Binnenmarkt. Die symbolische Ausstrahlung geht jedoch weit über den wirtschafts- und finanzpolitischen Bereich hinaus.

Das vorliegende Gutachten zum Thema »Die Europäische Zentralbank: Perspektiven für eine Weiterentwicklung des Europäischen Währungssystems« wurde in Zusammenarbeit zwischen der Bertelsmann Stiftung, der Forschungsgruppe Europa der Universität Mainz und dem Hamburger Wirtschaftswissenschaftler Professor Dr. Rolf H. Hasse erstellt. Auf praxisnahe Weise wird untersucht, wie die monetäre und wirtschaftliche Integration in der Europäischen Gemeinschaft vorangebracht und gefördert werden kann. Damit soll das Gutachten einen Beitrag zur Diskussion über die währungspolitische Zukunft Europas leisten. Vorangestellt ist ein Beitrag von Professor Dr. Reinhold Biskup, der das Gutachten in das Umfeld der währungspolitischen Diskussion einordnet.

Das Gutachten erscheint im Band 2 der Reihe »Grundlagen« aus dem Forschungsprojekt »Strategien und Optionen für die Zukunft Europas«. Dieses Projekt wird von der Bertelsmann Stiftung getragen und in Zusammenarbeit mit der Forschungsgruppe Europa der Universität Mainz durchgeführt. Ziel des Projektes ist, auf wissenschaftlicher Ebene den politischen und ökonomischen Gestaltungsspielraum für europäische Problemlösungen auszuloten, politischen Handlungsbedarf zu identifizieren und rationale Entscheidungshilfen zu erarbeiten.

Dr. Hans-Dieter Weger   Prof. Dr. Werner Weidenfeld
Geschäftsführer der   Leiter der
Bertelsmann Stiftung   Forschungsgruppe Europa

Wieder auf der europäischen Agenda: die Wirtschafts- und Währungsunion

Werner Weidenfeld

1. Die Wirtschafts- und Währungsunion im Kontext der Europapolitik

Die Währungsunion und mit ihr die Europäische Zentralbank stehen wieder auf der europapolitischen Tagesordnung. Die letzten politischen Etappen auf dem Weg dahin waren:
- das »Memorandum für die Schaffung eines europäischen Währungsraumes und einer Europäischen Zentralbank« von Bundesaußenminister Hans-Dietrich Genscher (Februar 1988),
- die Entscheidung des Europäischen Rates in Hannover zur Einsetzung eines Ausschusses unter Vorsitz des Präsidenten der EG-Kommission Jacques Delors (Juni 1988),
- der Abschlußbericht des sogenannten Delors-Ausschusses[1] (»Delors-Bericht«),
- der Beitritt Spaniens zum Europäischen Währungssystem (EWS) am 19. Juni 1989 und
- der Beschluß des Gipfels von Madrid, in die erste Stufe des dreistufigen Delors-Konzeptes ab 1. Juli 1990 einzutreten und mit den Vorbereitungen für die notwendige Vertragsänderung zu beginnen.

Der Bericht des Delors-Ausschusses bildet einen der Eckpfeiler in der europapolitischen Debatte über die Währungsunion. Der Ausschuß wurde in Hannover mit dem Auftrag eingesetzt, für die Wirtschafts- und Währungsunion »die konkreten Etappen zur Verwirklichung dieser Union zu prüfen und vorzuschlagen.«[2] Neben dem Kommissionspräsidenten Delors gehörten ihm u. a. die Präsidenten bzw. Gouverneure aller Zentralbanken ad personam an. Das Gremium legte seinen Bericht einstimmig am 17. April 1989 vor.

---

[1] Vgl. hierzu und für die folgenden Verweise auf den Delors-Bericht: Bericht zur Wirtschafts- und Währungsunion in der EG, abgedruckt in: Europa-Archiv 10/1989, S. D283–304.

[2] Schlußfolgerungen des Europäischen Rates der Staats- und Regierungschefs am 27. und 28. Juni 1988 in Hannover, abgedruckt in: Europa-Archiv 16/1988, S. D445.

Neben den im politischen Bereich formulierten Initiativen haben auch Vorschläge und Stellungnahmen aus Wirtschaftskreisen das Thema »Wirtschafts- und Währungsunion« wieder auf die europapolitische Agenda gebracht. Aus der Perspektive der Wirtschaft wird hingewiesen.:

- auf den aus stabilen Wechselkursen erwachsenden wirtschaftlichen Nutzen (geringere Transaktionskosten),
- auf die unter den Rahmenbedingungen einer einheitlichen Währung und einer zentralisierten europäischen Geldpolitik zunehmende Wettbewerbsfähigkeit der europäischen Unternehmen,
- auf die Notwendigkeit, daß die Mitgliedstaaten der Europäischen Gemeinschaft endlich eine monetäre Rolle im weltwirtschaftlichen Kontext spielen, die ihrem wirtschaftlichen Gewicht angemessen ist,
- auf die anzustrebende größere Unabhängigkeit vom US-Dollar als der globalen Leitwährung,
- auf die Tatsache, daß die Vorteile des europäischen Binnenmarktes erst durch einen einheitlichen Währungsraum voll zum Tragen kommen können.[3]

2. Der Bericht des Delors-Ausschusses

Kernstück des Delors-Konzeptes ist der Entwurf eines Dreistufenplans für die Verwirklichung der Wirtschafts- und Währungsunion, deren institutionelles Hauptmerkmal der Aufbau eines Europäischen Zentralbanksystems (EZBS) sein soll. Als einzige genaue zeitliche Fixierung nennt der Bericht den 1. Juli 1990, der den Einstieg für die erste Stufe markieren soll. Dieses Datum begründet sich aus dem Stichtag für die bereits 1988 beschlossene Liberalisierung des Kapitalverkehrs. Alle weiteren Grundsatzentscheidungen, vor allem die Festsetzung der Termine für die Übergänge zwischen den einzelnen Stufen, sollen flexibel je nach Maßgabe des Standes der monetären und wirtschaftlichen Integration getroffen werden. Allerdings betont der Bericht, daß trotz der zeitlichen Offenheit des Prozesses mit dem Eintritt in die erste Stufe bereits eine grundsätzliche Entscheidung für das anzustrebende Endziel getroffen werden soll. Auf jeder Stufe muß final gedacht und entschieden werden, d. h., jede einzelne Maß-

---

[3] Vgl. dazu das Referat »Die Vollendung des Europäischen Währungssystems« von Alfred Herrhausen, dem Vorstandssprecher der Deutschen Bank, das er auf der Konferenz über die Perspektiven der monetären Integration am 5. Mai 1989 in Gütersloh gehalten hat; abgedruckt in: Bertelsmann Stiftung (Hrsg.), Die Vollendung des Europäischen Währungssystems, Gütersloh 1989.

nahme soll vor dem Hintergrund der Erfordernisse der Endphase beurteilt werden.

Das Dreistufenkonzept sieht vor, in der ersten Phase alle Hindernisse für die finanzielle Integration zu beseitigen und alle Gemeinschaftswährungen in den Wechselkursmechanismus des Europäischen Währungssystems (EWS) einzubeziehen. Die zweite Stufe des Konzeptes würde dann erst nach einer umfassenden Vertragsänderung in Kraft treten. Ihr Hauptmerkmal wäre die Errichtung des Europäischen Zentralbanksystems (EZBS). In der Endphase würden die Wechselkurse unwiderruflich festgelegt und die nationalen Währungen schließlich durch eine Gemeinschaftswährung ersetzt werden.

Bemerkenswert an dem Konzept war zunächst seine Konsensfähigkeit im Ausschuß. Zum Erstaunen vieler Beobachter stimmte ihm sogar der britische Zentralbankchef zu. Wenig überraschend war, daß die nach wie vor bestehenden, grundsätzlichen Differenzen über das Endziel – die Wirtschafts- und Währungsunion – wie über das einzuschlagende Tempo auf dem Treffen der EG-Finanzminister im spanischen S'Agaro am 20./21. Mai 1989 erneut zutage traten.

Der Europäische Rat von Madrid bekräftigte daraufhin im Juni 1989 seine Entschlossenheit, das Ziel der Verwirklichung einer Wirtschafts- und Währungsunion anzugehen, und erklärte, daß der Bericht des Delors-Ausschusses dem »in Hannover erteilten Auftrag voll gerecht«[4] geworden sei. Konkret wurde beschlossen, daß »die erste Stufe der Verwirklichung der Wirtschafts- und Währungsunion am 1. Juli 1990 beginnt«.[5]

Die Hauptleistung der Delors-Kommission liegt darin, einen für alle Mitgliedstaaten zumindest grundsätzlich akzeptablen Konsens über die Währungsintegration, vor allem über den in der Vergangenheit heftig diskutierten Status sowie über die Aufgaben des Europäischen Zentralbanksystems formuliert zu haben. Dementsprechend ist eine potentiell hohe Erwartungshaltung hinsichtlich der Realisierung des Dreistufenplans gerechtfertigt.[6]

Ferner schafft der Bericht die Grundlage für die Beilegung der Kontroverse aus den siebziger Jahren zwischen den »Monetaristen« bzw. den Anhängern der »Lokomotivtheorie« auf der einen und den »Ökonomisten« auf der anderen Seite. Der Bericht überwindet die Debatte um den richtigen Weg zu einer einheitlichen europäischen Währung, indem er als Leitprinzip deutlich die wechselseitige Be-

---

[4] Schlußfolgerungen des Europäischen Rates der Staats- und Regierungschefs am 26. und 27. Juni 1989 in Madrid, Kapitel B, Absatz 2 (vervielfältigt).
[5] Ebd., Kap. B, Abs. 3.
[6] Die Zeit kommentierte den Delors-Plan so: »Das Spektakulärste am Bericht ... ist seine Realisierbarkeit«, in: Aufregend realistisch, in: Die Zeit, 21. 4. 1989.

dingtheit, also die Parallelität zwischen wirtschaftlicher und währungspolitischer Integration herausstellt.

Sinnvoll ist die den Bericht durchgängig kennzeichnende Auffassung, daß die wirklich wichtigen Entscheidungen, etwa der Übergang zwischen den jeweiligen Stufen, nicht von Experten vorgenommen werden können, sondern von politischen Gremien auf höchster Ebene getroffen werden müssen. Das gleiche gilt in bezug auf einen konkreten Zeitplan. Bei dem einen wie dem anderen würden genaue zeitliche Vorgaben fälschlicherweise suggerieren, die prozeßhafte Entwicklung einer Wirtschafts- und Währungsunion ließe sich in einen formalen Fahrplan zwängen. Die Selbstbeschränkung des Delors-Ausschusses war in beiderlei Hinsicht sinnvoll.

Von deutscher Seite wurden ferner die klaren Aussagen des Berichts zur Autonomie und Stabilitätsverpflichtung des Europäischen Zentralbanksystems begrüßt. Die Priorität, die in der Bundesrepublik Deutschland einer an der Geldwertstabilität ausgerichteten Linie zugemessen wird, ist z.T. auf historische Kollektiverfahrungen zurückzuführen und trägt sicherlich Züge einer Überhöhung. Ausdruck der großen Sensibilität in Fragen der Geldpolitik ist die im Bundesbankgesetz festgelegte starke Stellung der Bundesbank gegenüber der Bundesregierung und die Verpflichtung der Bundesbank auf das geldpolitische Stabilitätsziel.

Die Angst, daß die währungspolitische Zusammenarbeit in Europa die Stabilität der D-Mark schrittweise untergraben könnte, steht hinter mancher deutscher Kritik am Europäischen Währungssystem (EWS) wie auch am Delors-Bericht.[7] Auf einer prinzipiellen Ebene wurde dem Delors-Ausschuß kritisch vor allem seine starke Orientierung auf eine Nachfrage- bzw. Globalsteuerungspolitik vorgeworfen. Inhaltlich war darüber hinaus die im Bericht geforderte, verbindliche sogenannte ex-ante-Koordinierung der nationalen Haushaltspolitiken der Hauptgegenstand der Kritik.

Eine Grundfrage jedes wirtschafts- und währungspolitischen Integrationsansatzes ist die nach dem politischen Gesamtzusammenhang, in den der Komplex »Wirtschafts- und Währungsunion« eingebettet ist. Der Delors-Bericht bekennt sich in klaren Worten zur Verbindung zwischen dem Ressourcentransfer über die gemeinschaftlichen Strukturfonds einerseits und der wirtschaftlichen sowie der monetären Integration andererseits.[8] Wenn sich auch die logische Verknüpfung der Realisierung eines einheitlichen Güter-, Kapital-

---

[7] Vgl. dazu: Gutachten des Wissenschaftlichen Beirats beim Bundesministerium für Wirtschaft, Europäische Währungsordnung, Bonn, 21. Januar 1989 (vervielfältigt) sowie die Stellungnahme des Wissenschaftlichen Beirats beim Bundesministerium für Wirtschaft zum Delors-Bericht in Form eines Briefes, Bonn, 20. Juni 1989 (vervielfältigt).

[8] Vgl. vor allem Ziffer 29 des Delors-Berichts, a.a.O. (siehe Anm. 1).

und Dienstleistungsmarktes mit der Währungsunion nicht zwingend technisch-ökonomisch darlegen läßt, so ist diese Verknüpfung jedoch politisch überzeugend begründbar. Ohne eine strukturpolitische Flankierung wäre die Bereitschaft der ärmeren Mitgliedsländer, einen gesamteuropäischen Wirtschafts- und Währungsraum zu schaffen und die dazu notwendigen schmerzhaften Anpassungsprozesse vorzunehmen, auf Dauer nicht gegeben.

Was die Ergebnisse der vorliegenden Studie betrifft, so kommt der Autor nach eingehender Untersuchung der Kriterien und Organisationsformen einer europäischen Zentralbank zu einer weitgehenden Übereinstimmung mit den Resultaten des Delors-Berichts. Andererseits bleiben auch die konzeptionellen Unterschiede zwischen der Studie und dem Delors-Bericht unübersehbar.[9]

In den Inkonsistenzen und Unklarheiten des Delors-Berichts wird deutlich, daß er stark von politischen Erwägungen und Kompromissen geprägt worden ist. Die weitreichenden inhaltlichen Parallelen mit der vorliegenden Studie aus der Sicht eines Finanzwissenschaftlers zeigen aber, wie breit der Konsens über weitere Schritte bei der währungspolitischen Kooperation zwischen Politik und Wissenschaft inzwischen geworden ist.

3. Integrationspolitische Aspekte

Der Bericht des Delors-Ausschusses wirft aber nicht nur ökonomische, sondern auch integrationspolitische Fragestellungen auf. Zwei Aspekte seien hier exemplarisch genannt:

Erstens erscheint das politische Gleichgewicht im Endzustand des Delors-Konzeptes problematisch. Die Schwierigkeit liegt darin, daß der EG-Ministerrat auf der letzten Stufe befugt sein soll, den nationalen Regierungen »bindende« Vorgaben für die Gestaltung der nationalen Haushalte zu machen.[10] Fraglich bleibt dabei, wie ein entsprechendes Gesamtszenario, das eine weitreichende Übertragung von Kompetenzen auf die Gemeinschaft implizieren würde, im einzelnen auszusehen hätte. Sicherlich könnte auf europäischer Ebene keine verbindliche Koordinierung der Haushaltspolitiken vorgenommen werden, ohne daß den gemeinschaftlichen Entscheidungsgremien weitreichende Einflußmöglichkeiten auf flankierenden Politikfeldern zugestanden werden würden. Geschähe die Vernetzung mit an-

---

[9] Einer der wichtigsten Unterschiede betrifft die Übergangsphase im Dreistufenkonzept des Delors-Berichts. In der zweiten Phase drohen die Grundsätze der Endphase verletzt zu werden. Dieses Problem der Übereinstimmung zwischen Weg und Ziel wird als Konsistenzproblematik bezeichnet (vgl. dazu Kapitel 6.5. des Gutachtens).

[10] Vgl. Ziffer 59 des Delors-Berichts, a.a.O. (siehe Anm. 1).

deren Sektoren ohne vergleichbare Kompetenzverlagerungen auf Gemeinschaftsebene, so drohte eine Schieflage zu entstehen, die Ursache von Instabilitäten werden müßte.

Zweitens werden in dem Bericht weitreichende Kompetenzübertragungen auf EG-Ebene vorgesehen, ohne wirklich auf das Problem des Demokratiedefizits einzugehen. Bei einer umfassenden Übertragung von Zuständigkeiten in der Wirtschaftspolitik würde aber das schon heute eklatante Problem des Demokratiedefizits besonders virulent werden. Es läßt sich kaum vorstellen, daß ein Fachministerrat bindend über die in den Kernbestand nationaler Souveränität gehörenden Haushaltspolitiken entscheiden könnte, ohne demokratisch dafür legitimiert zu sein. Eine mögliche Konsequenz daraus ist, bei der Schaffung einer Wirtschafts- und Währungsunion – sie muß ohnehin mit einer umfassenden Reform des EG-Entscheidungssystems und damit der EG-Verträge einhergehen – gleichzeitig auch das gravierende Problem des Demokratiedefizits anzugehen. Eine derartige demokratische Öffnung des gegenwärtigen Entscheidungssystems könnte in Anlehnung an die Reform von 1985/86 über eine zweite Einheitliche Europäische Akte vollzogen werden.

4. Die historische Erfahrung und die Spezifika der gegenwärtigen Lage

Zum vierten Male wird mittlerweile Anlauf genommen, in der Europäischen Gemeinschaft die Wirtschafts- und Währungsunion zu realisieren. Den ersten Versuch zur Währungsintegration unternahm die Kommission 1961, der zweite wurde in den Jahren nach 1969 mit dem Werner-Bericht gemacht, den dritten schließlich wagten Helmut Schmidt und Valery Giscard d'Estaing 1978/79 mit der Schaffung des Europäischen Währungssystems (EWS). Von den bisherigen, allenfalls von Teilerfolgen gekrönten Bemühungen unterscheidet sich der gegenwärtige Anlauf und die dazu vorliegenden politischen Initiativen in fünf Aspekten:

1. Europapolitisch bestehen beachtliche politische Gestaltungsräume, die vor wenigen Jahren noch illusionär erschienen. Sie sind Resultat der politischen Dynamik, die durch die Reform der Europäischen Gemeinschaft mit der Einheitlichen Europäischen Akte entstand, sowie des überzeugenden Auftakts bei der Realisierung des Binnenmarktprogramms.

2. Die 1988 unter deutscher Präsidentschaft beschlossene vollständige Liberalisierung des Kapitalverkehrs ab 1. Juli 1990 – bei verlängerter Übergangsphase für Spanien, Irland sowie Portugal und Griechenland –, der Beitritt Spaniens zum Europäischen Wäh-

rungssystem (EWS) am 19. Juni 1989 und die in Madrid erklärte Bereitschaft der britischen Regierung zur Beteiligung am EWS-Wechselkursmechanismus haben den Initiativen zur Schaffung einer Wirtschafts- und Währungsunion die notwendige ökonomische und politische Grundlage gegeben.

3. Die positiven Erfahrungen, die mit dem Europäischen Währungssystem gemacht worden sind[11], und das dadurch zwischen den Staaten gewachsene gegenseitige Verständnis für die jeweiligen monetären Politiken und Traditionen haben auf politisch-psychologischer Ebene zusätzliches Vertrauen geschaffen.

4. Bei den grundlegenden ökonomischen Indikatoren – so bei den nationalen Inflationsraten – ist die Konvergenz in der Europäischen Gemeinschaft erheblich gewachsen. Sie verspricht geringere wirtschaftliche Ungleichgewichte und damit einen geringeren Anpassungsdruck auf die Wechselkurse einzelner Mitgliedstaaten.

5. Die Akzeptanz einer stabilitätsorientierten Geldpolitik hat bei allen wichtigen Mitgliedstaaten erheblich zugenommen. Es ist inzwischen eine Konvergenz der geldpolitischen Grundphilosophien festzustellen.

5. Wiederholung der Geschichte?

Über die zukünftige Entwicklung der Währungsintegration in Europa zu reden, muß auch heißen, einen genauen Blick in das Archiv gelungener und gescheiterter Integrationsansätze in Europa zu werfen. Dabei fällt ein Phänomen ins Auge, das zu den typischen Begleiterscheinungen europäischer Politik zu gehören scheint: Sobald die allmähliche Übertragung relevanter Kompetenzen von der nationalen auf die Gemeinschaftsebene geplant ist, werden in drastischen Farben die Konsequenzen dieses Schrittes ausgemalt; nach einer gewissen Gewöhnungszeit wird die Dramatik relativiert; und schließlich kann die frühere Aufregung kaum noch nachvollzogen werden.

Die Debatte um die Schaffung des Europäischen Währungssystems (EWS) ließ ebenfalls ein solches Argumentationsmuster erken-

---

[11] Nach zehn Jahren währungspolitischer Zusammenarbeit lassen sich Errungenschaften des EWS aufzählen, die manchen früheren Skeptiker widerlegen:
1. Das EWS hat maßgeblich zur Schaffung einer Insel wechselkurspolitischer Stabilität in Europa beigetragen.
2. Durch das dichte Netz des Informationsaustausches ist eine monetäre Lern- und Erfahrungsgemeinschaft entstanden.
3. Eine Angleichung der wirtschafts- und währungspolitischen Grundauffassungen in Europa ist erreicht worden, wobei dem Stabilitätsziel mehr und mehr Akzeptanz zugewachsen ist.

nen: Als das EWS gegründet wurde, stand ihm die überwiegende Mehrheit der deutschen Sachverständigen ablehnend bis skeptisch gegenüber. Es galt als »Risiko besonderer Qualität«, als »deutsches Stabilitätsopfer auf dem Altar der Europäischen Gemeinschaft« oder als »euro-monetarische Symptomkur«, die unweigerlich den Weg in die »Inflationsgemeinschaft« ebnen würde. Im Laufe der Jahre, mit dem Ausbleiben der befürchteten Konsequenzen, hat sich dieses Meinungsbild langsam gewandelt. Zögernd wurde eingeräumt, daß manche Urteile revisionsbedürftig seien. Schließlich wurde das Lob des EWS zum Gemeinplatz europapolitischer Konversation.

Wieweit eine solche Entwicklung auch bei den kontroversen Diskussionen um den vierten Anlauf zur Wirtschafts- und Währungsunion zu erwarten ist, bleibt abzusehen. Erste Anzeichen für einen Erfolg des ambitionierten Versuches zur währungspolitischen Integration sind unverkennbar vorhanden.

6. Der Forschungskontext des Gutachtens

Das vorliegende Gutachten über »Die Europäische Zentralbank: Perspektiven für eine Weiterentwicklung des Europäischen Währungssystems« wurde in Zusammenarbeit zwischen der Bertelsmann Stiftung, der Forschungsgruppe Europa der Universität Mainz und dem Hamburger Wirtschaftswissenschaftler Professor Dr. Rolf H. Hasse erstellt. Es ist Bestandteil des Forschungsprojektes »Strategien und Optionen für die Zukunft Europas«, in dessen Rahmen politische Prozesse und Strukturen auf europäischer Ebene analysiert werden.

Das Forschungsprojekt setzt im Sinne einer Bestandsaufnahme bei der systematischen Untersuchung von zwei großen Problemdimensionen an:

a) an den Aufgaben, die den nationalstaatlichen Ordnungsrahmen überfordern – der Währungsbereich ist ein eindrucksvolles Beispiel für den auf die Globalisierung der Wirtschafts- und Finanzmärkte zurückgehenden Verlust an nationaler Steuerungsfähigkeit und damit an währungspolitischer Souveränität –;

b) an dem Versuch der rationalen Effektivierung der bestehenden Gemeinschaftspolitik.[12]

---

[12] Zu den von der Forschungsgruppe Europa bearbeiteten Politikfeldern gehörten in einer ersten Projektphase: 1. Wirtschaft und Währung, 2. Binnenmarkt, 3. Technologie, 4. Agrarmarkt, 5. Umwelt, 6. Außen- und Sicherheitspolitik.

Auf der Grundlage der Bestandsaufnahme[13] werden im zweiten Projektelement Ziele und Kriterien sowohl für materielle Alternativen zum Status quo als auch für seine Veränderung im Sinne einer Effektivierung des vielfach unzulänglichen nationalstaatlichen Ordnungsrahmens ausgearbeitet. Dazu werden die notwendige Prioritätensetzung sowie die Beziehungen zwischen den Zielen diskutiert.[14]

Anhand dieser Kriterien und Ziele werden im dritten Projektelement praxisorientierte Handlungsvorschläge ausgearbeitet und dann in der Fachöffentlichkeit präsentiert. Ein derartiges Handlungskonzept entwirft das vorliegende Gutachten für die monetäre Integration.[15] Es setzt an bei der Thematisierung des Entwicklungsstands der monetären Integration innerhalb der Europäischen Gemeinschaft.[16] Der Autor diskutiert alternative Strategien zur Verwirklichung der Wirtschafts- und Währungsunion und setzt diese inhaltlich in Bezug zu den im politischen Raum formulierten Realisierungsstrategien, insbesondere natürlich zum Bericht des Delors-Ausschusses.[17] Die ökonomisch vielversprechendere und politisch realistischere Strategie, über den stufenweisen Aufbau einer europäischen Zentralbank die monetäre Integration zu verwirklichen, wird vom Autor herausgehoben und präferiert. Ihre währungstechnischen, wirtschafts- wie europapolitischen Spielräume lotet er aus und vergleicht sie mit dem in Teilen ähnlichen, in wichtigen Punkten aber auch deutlich anders gestalteten Delors-Konzept. Indem das Gutachten den Gestaltungshorizont der europäischen Politik zu bestimmen versucht, leistet der Autor einen Beitrag zur breiten öffentlichen

---

[13] Die Bestandsaufnahme in Form einer Synopse ist vorgelegt worden als Grundlagenband 1 der Publikationsreihe des Forschungsprojektes (mittlerweile auch in Englisch): Forschungsgruppe Europa, Europäische Defizite, europäische Perspektiven – eine Bestandsaufnahme für morgen, Gütersloh 1988; siehe auch das Arbeitspapier 1: Forschungsgruppe Europa (Hrsg.), Binnenmarkt '92: Perspektiven aus deutscher Sicht, 3. Auflage, Gütersloh 1989.

[14] In bezug auf die Diskussion alternativer strategischer Zielsetzungen und Kriterien für neue materielle Lösungsansätze wie für die Verbesserung des organisatorischen Rahmens im Bereich der Sicherheitspolitik liegt jetzt das Arbeitspapier 2 der Publikationsreihe vor: Werner Weidenfeld, Walther Stützle, Curt Gasteyger, Josef Janning, Die Architektur europäischer Sicherheit: Probleme, Kriterien, Perspektiven, Gütersloh 1989.

[15] Das Gutachten zur Weiterentwicklung des Europäischen Währungssystems bildet den Einstieg in die dritte Stufe des Gesamtprojektes. Noch für 1989 ist die Publikation vergleichbarer Studien der dritten Projektstufe geplant: zu den Themenbereichen Sicherheitspolitik, der sozialen Dimension des Binnenmarktes und der langfristigen Finanzverfassung der Europäischen Gemeinschaft.

[16] Kontinuierlich dokumentiert und analysiert wird die Entwicklung im Bereich der monetären Integration in dem seit 1981 erscheinenden Jahrbuch der Europäischen Integration, zuletzt: Rahmsdorf, Detlev W., Währungspolitik, in: Weidenfeld, Werner, und Wessels, Wolfgang (Hrsg.), Jahrbuch der Europäischen Integration 1988/89, Bonn 1989 (im Druck).

[17] Im wesentlichen handelt es sich um zwei Hauptstrategien: Einmal um die sogenannte Parallelwährungsstrategie; deren Grundidee ist es, die ECU als Währung so zu fördern, daß sie sich von selber auf den Märkten gegen die nationalen Währungen durchsetzt. Die andere Strategie ist institutionenorientiert und zielt auf den frühzeitigen Aufbau einer Europäischen Zentralbank ab.

Meinungsfindung über die deutsche Position in der europäischen Währungsdebatte. Er ergänzt aus wissenschaftlicher Perspektive die politischen Initiativen durch den Entwurf einer rationalen Strategie für den Aufbau einer europäischen Zentralbank in Europa.

Positionsbestimmungen auf dem Wege zur Europäischen Währungsunion

Reinhold Biskup

1. Die wichtigsten offiziellen Positionsbestimmungen in der aktuellen Diskussion

Nachdem die Vollendung des Binnenmarktes durch das Weißbuch der EG-Kommission und durch die Einheitliche Europäische Akte zum vorherrschenden Gegenstand der europapolitischen Aktivitäten geworden ist, wurde auch wieder die Diskussion über die Wege und Methoden der europäischen Währungsintegration belebt. Sie ist abermals aktuell geworden, weil einmal ein unterstützender Handlungsbedarf parallel zur Fortentwicklung der Wirtschaftsunion unterstellt wird und zum anderen die neue Integrationsdynamik allgemein zum Nachdenken über weiterreichende Ziele und Perspektiven der europäischen Integration Anlaß gibt.

In diese integrationspolitische Standortbestimmung werden ebenso die funktionellen Bedingungen wie auch die institutionellen Möglichkeiten einer europäischen Währungsordnung einbezogen. Als diese Diskussion besonders akzentuierende Stellungnahmen können einerseits das Gutachten des Wissenschaftlichen Beirats beim Bundesministerium für Wirtschaft vom 21. Januar 1989 über die »Europäische Währungsordnung« (Gutachten BMWi-Beirat) und andererseits der »Bericht zur Wirtschafts- und Währungsunion in der Europäischen Gemeinschaft« des Ausschusses zur Prüfung der Wirtschafts- und Währungsunion vom 17. April 1989 (Delors-Bericht) angesehen werden.

Hervorzuheben sind gerade diese beiden europapolitischen Sachverständigen-Ausarbeitungen besonders aus folgenden Gründen.

Der Delors-Bericht ist eine vom Europäischen Rat veranlaßte Orientierungshilfe für die weitere Entwicklung zur Wirtschafts- und Währungsunion, die unmittelbar der *politischen* Entscheidungsfindung dienen soll. Wegen dieser Zwecksetzung muß ihr Konzept in diesem Verfahren konsensfähig sein. Da dieses Memorandum einstimmig von den Ausschußmitgliedern verabschiedet wurde, ist außerdem zu vermuten, daß bereits der ihm zugrundeliegende Meinungsbildungsprozeß Kompromisse enthält. Gleichwohl kann auch noch unterstellt werden, daß die professionelle Problemschau und die damit verbundene Motivation – oder das (Eigen-)Interesse – der Notenbankpräsidenten, die mehr als zwei Drittel aller Mitglieder des Delors-Ausschusses stellten, von derjenigen der Politiker abweicht, die letztlich über die Ausgestaltung des inhaltlichen Konzepts sowie des zeitlichen und institutionellen Programms für eine Währungsunion zu entscheiden haben. Es ist also zu erwarten, daß bei der ausschlaggebenden politischen Konsensbildung erneut verschiedene nationale Erwägungen und Standpunkte geltend gemacht werden.

Deswegen ist wiederum dem Gutachten des BMWi-Beirats Bedeutung auch für den europäischen Meinungsbildungsprozeß beizumessen. Es ist zwar nicht mit der »deutschen Position« im allgemeinen und auch nicht mit der des deutschen Vertreters im Delors-Ausschuß im besonderen identisch. Die Grundzüge der deutschen Auffassung über Methoden und Wege zur Währungsunion gibt es indessen weitgehend wieder. Nicht zuletzt der Zeitpunkt seiner Veröffentlichung läßt darauf schließen, daß es dazu dienen soll, in einer entscheidenden europäischen währungspolitischen Orientierungsphase den deutschen Standpunkt aus wissenschaftlicher Sicht zu bekräftigen. Faktisch ist ja besonders die am stabilitätspolitischen Leitbild ausgerichtete Geld- und Währungspolitik der Bundesrepublik Deutschland zwangsläufig zur Richtschnur für die Geld- und Interventionspolitik der EWS-Mitgliedsländer geworden. Die damit verbundene dominierende Funktion der DM ist von der Bundesbank durchaus nicht angestrebt worden, und mehrere EWS-Partner nehmen den durch die deutsche Geldpolitik bewirkten Anpassungsdruck weniger bereitwillig als aus Einsicht in die Notwendigkeit einer auch für sie langfristig nützlichen und unerläßlichen Annäherung an das vorrangige Stabilitätsziel in der Wirtschaftspolitik hin. Diese »Rolle der DM als Anker« des EWS wird auch im Delors-Bericht (Absatz 5) anerkannt.

Trotz vieler derartiger Übereinstimmungen in grundsätzlichen geld- und wirtschaftspolitischen Aspekten lassen diese beiden Memoranden wesentliche konzeptionelle Auffassungsunterschiede erkennen. Während das Gutachten des BMWi-Beirates hauptsächlich die Anpassungszwänge der Marktkräfte über eine »Härtung« der bestehenden EWS-Funktionsbedingungen als wesentliche Voraussetzungen für den Fortschritt auf dem Wege zur europäischen Währungsunion einschätzt, vertraut der Delors-Bericht dabei weitaus mehr der Wirksamkeit institutioneller Zwänge. Im Spektrum der währungspolitischen Konzepte bewegt sich die betreffende Argumentation des Gutachtens »Die Europäische Zentralbank: Perspektiven für eine Weiterentwicklung des Europäischen Währungssystems« von Rolf H. Hasse (Hasse-Gutachten) zwischen diesen Positionen. Seine ausführliche analytische Aufarbeitung der bisherigen währungspolitischen Lösungsversuche und Projekte vermitteln einen reichhaltigen empirischen Befund und auf dieser Grundlage Erklärungen sowie Maßstäbe für die zur Diskussion stehenden unterschiedlichen Strategien bei der Verwirklichung der Währungsunion.

Die auch in dieser Diskussion wieder hervortretenden grundsätzlichen Meinungsverschiedenheiten über Methoden und Ziele vornehmlich der Währungsintegration bestehen seit langem und werden – allerdings begrifflich mehr schlecht als recht – einerseits durch die kontrovers verwendeten Begriffe »Monetaristen« und »Ökonomisten« bezeichnet. Andererseits werden die fortwirkenden Auffassungsunterschiede zwischen den »Institutionalisten« und den »Funktionalisten« ebenfalls sichtbar, die den europäischen Integrationsprozeß eigentlich schon von Anfang an begleiten. Das Weiterwirken dieser konzeptionellen Kontroversen ist insofern bemerkenswert, als es gleichzeitig auch symptomatisch ist für die andauernde Wirksamkeit von Widerständen. Sie haben in diesen gegensätzlichen Positionen ihren Ursprung sowie ihre Begründung und behindern oder vereiteln auf den verschiedenen politischen und administrativen Handlungsebenen sowohl die Konsensfindung als auch die praktische Umsetzung von bereits erzielten Kompromissen. So betrachtet, veranschaulichen die fortbestehenden grundsätzlichen Meinungsverschiedenheiten nicht nur die andauernden Schwierigkeiten bei der Entscheidungsfindung. Sie lassen ebenfalls darauf schließen, daß auch das Konzept des Delors-Berichts vor und bei seiner Verwirklichung solchen Einflüssen unterliegen wird, obwohl es im Vergleich zu allen vorher vorgeschlagenen währungspolitischen Lösungsansätzen weitgehend als sachgerechte qualitative Verbesserung angesehen werden kann.

2. Das Gutachten des Wissenschaftlichen Beirats beim Bundesministerium für Wirtschaft

Als Ausgangsposition des Gutachtens des BMWi-Beirats kann man das Bestreben ansehen, in der künftigen Ausgestaltung der europäischen Währungspolitik Mittel und Wege zu vermeiden, die zum durchaus befürworteten Ziel einer europäischen Währungsunion nicht sicher hinführen, wohl aber die bisher gewährleisteten Voraussetzungen und Ergebnisse der deutschen Stabilitätspolitik, die auch den anderen EWS-Ländern über die Anpassung ihrer Geldpolitik zugute kommt, gefährden. Deshalb wird gefordert, daß zuvorderst die Funktionsbedingungen für eine am *Stabilitätsziel* ausgerichtete »objektivierte« europäische Geld- und Währungspolitik geschaffen und verläßlich gesichert werden müssen. Weil die Verantwortung für die Geldpolitik nur ungeteilt sinnvoll und erfolgreich ausgeübt werden kann, ist im Endstadium einer europäischen Währungsunion eine gemeinschaftliche Geldmengenfixierung durch eine europäische Zentralbank unerläßlich.

Voraussetzung für einen Übergang zu einer Währungsunion mit einer Einheitswährung für die gesamte Gemeinschaft sind indessen feste Wechselkurse, die als Ausdruck einer *vertrauenswürdigen* Geldpolitik und einer *konvergenten* Wirtschaftspolitik der Mitgliedsländer durch die Marktkräfte dauerhaft stabilisiert werden und Änderungsvorbehalte deswegen verzichtbar werden lassen, sowie die Garantie einer unwiderruflichen Konvertibilität und der Freiheit des Kapital- und Zahlungsverkehrs. Aufgrund der bisherigen Erfahrungen mit gemeinschaftlich-institutionell – nur unzureichend – herbeigeführten Konvergenzen in der Wirtschafts- und Währungspolitik mißtrauen die Autoren des BMWi-Gutachtens Problemlösungen, die durch institutionalisierte (ex ante) Koordination die Vorstufen zur Währungsunion angeblich schneller und besser bewältigen sollen. Sie befürchten, daß auf diese Weise die anstehenden wirtschafts- und währungspolitischen Probleme tatsächlich nicht einer besseren, objektivierten Lösung zugeführt werden, sondern daß vielmehr lediglich die Willensbildung darüber vergemeinschaftet wird. Dies bedeutet aber, daß der Prozeß der Konsensbildung schwerfälliger und politischen Erwägungen zugänglicher wird, was besonders auf dem Gebiet der Geldpolitik zu falschen Ermessensentscheidungen und zu kompromißhaften »Aufweichungen« des Status quo führen kann. Dadurch würden jedoch die Voraussetzungen für eine Verwirklichung der Wirtschafts- und Währungsunion verschlechtert, was wiederum zu einer psychologischen und politischen Diskreditierung dieses Ziels führen müsse, zumal wenn bereits institutionelle Festlegungen erfolgt sind.

Das BMWi-Gutachten gibt daher zur Vorbereitung des Übergangs in eine europäische Währungsunion, der zeitlich nicht vorbestimmt wird, den Anpassungsprozessen des Marktes unter den Bedingungen einer auf das Stabilitätsziel verpflichteten Wirtschaftspolitik gleichsam als »Einübungsphase« den Vorzug vor ex ante Koordinierungen und perfektionistischen Harmonisierungsbestrebungen. Zwischenstufen vor dem Übergang zur Währungsunion erübrigen sich daher auch. Für den Bereich der europäischen Währungsordnung, der institutionell zu regeln ist, fordern die Verfasser des BMWi-Gutachtens aus deutscher Sicht eine Festlegung auf Geldwertstabilität, die mindestens so stringent sei wie in der Geldverfassung der Bundesrepublik Deutschland, denn »angesichts der Gefahr offener und verdeckter Meinungsunterschiede und Konflikte sollten die normativen Bindungen und institutionellen Vorkehrungen eher noch stringenter ausgestaltet werden als im engen, vom stabilitätsgerichteten Konsens bestimmten politischen Raum der Bundesrepublik« (Absatz 8).

Dementsprechend ergeben sich aus dieser deutschen währungspolitischen Standortbestimmung die Präferenzen für den Weg zur Wirtschafts- und Währungsunion, für die Bewältigung der noch bestehenden Hindernisse sowie für den ordnungspolitischen Rahmen des währungspolitischen Endziels.

Als das Schlüsselproblem auf dem Wege zur europäischen Wirtschafts- und Währungsunion stellen sich auch aus der Sicht des Gutachtens des BMWi-Beirats die immer noch fortbestehenden Divergenzen in der Wirtschaftspolitik, insbesondere in der Geld- und Finanzpolitik, der einzelnen Mitgliedsländer der Europäischen Gemeinschaft, also auch im räumlich engeren Rahmen des EWS. Diese Abweichungen äußern sich nicht nur in einer unterschiedlichen wirtschaftlichen Struktur und Leistungskraft der einzelnen Länder, sondern vor allem in deren Präferenzen für autonome Ziele und Problemlösungen in der Konjunktur- und Wachstumspolitik. Letztlich erweisen sie sich als beständige Auffassungsunterschiede in wirtschaftlicher Ordnungspolitik, beispielsweise ob eine – fragwürdige – Stimulierung des Wachstums und der Konjunktur durch eine »nachgiebige« Geldpolitik sowie um den Preis von Haushaltsdefiziten mit nachfolgenden Zahlungsbilanzschwierigkeiten als wirtschaftspolitisch vertretbar gelten kann. In solchen Auffassungen und den Bestrebungen, sie in der Wirtschaftspolitik anzuwenden, ist dann auch in der Regel das Mißtrauen gegenüber gemeinschaftlichen Problemlösungen und den dafür erforderlichen Kompetenzübertragungen tief verwurzelt.

Bezeichnend für die Hartnäckigkeit solcher Tendenzen ist die Tatsache, daß den bisherigen Bestrebungen der Gemeinschaftsorgane der EG, eine Konvergenz der entsprechenden wirtschaftspolitischen Verhaltensweisen auf dem »Verordnungswege« institutionell herbeizuführen, kein bemerkenswerter Erfolg beschieden war. In dieser Ahnenreihe vergeblicher Bemühungen, das bereits früh erkannte Hindernis vertiefter internationaler wirtschaftlicher Zusammenarbeit, nämlich die nationalen Divergenzen in der Konjunktur-, Wachstums- und Währungspolitik, zu überwinden, lassen sich vor allem die

Vorschläge Alfred Müller-Armacks »Institutionelle Fragen der Europäischen Konjunkturpolitik« bereits aus dem Jahr 1958 und der »Kodex des richtigen konjunkturpolitischen Verhaltens« als erste Belege institutioneller Lösungsansätze einordnen. Obwohl der »Kodex« 1959 von 20 OEEC-Mitgliedsländern inhaltlich Zustimmung fand, wurde er von dieser Organisation letztlich doch nicht angenommen und zur Richtschnur stabilitätspolitischer Ausrichtung der nationalen Wirtschaftspolitiken erhoben.

Ein Rückblick auf diese lange Zeitspanne von Erkenntnis und Nicht-Bewältigung dieses zentralen Problems verdeutlicht nicht nur dessen Resistenzfähigkeit. Er offenbart auch, daß die bisher angewandten *institutionellen* Mittel zur Therapie verhältnismäßig wenig wirksam geworden sind. Die tatsächlichen Annäherungen in den wirtschaftspolitischen Ergebnissen und – zumindest teilweisen – Einsichten innerhalb des EWS sind, wie der BMWi-Beirat zu Recht betont, weitgehend durch die Anpassungszwänge der Marktkräfte bewirkt worden. Daher spricht zumindest der empirische Befund für die Skepsis des Beirates gegenüber der Erfolgsträchtigkeit künftiger institutionalisierter Problemlösungen im Bereich der Konvergenz einerseits und andererseits ebenso für seine entschiedene Verteidigung des Status quo funktionell bewirkter Anpassungen im EWS. In diesem Sinne wird vor den wirtschaftlich und politisch abträglichen Folgen einer Konvergenz bei »mittleren« Inflationsraten gewarnt, durch welche die DM nur noch zum »Schleppanker« im EWS werden würde, das System also den bisher erreichten Grad an Stabilität wieder verlöre. Dadurch würden wiederum die Voraussetzungen für die notwendige Einübung in Stabilitätspolitik als Vorbereitung für den Übergang zur Währungsunion schwinden.

Der BMWi-Beirat plädiert daher für die »Härtung des EWS« (Kapitel 12), die entscheidend durch die im Rahmen des Binnenmarktprogramms vorgesehene Liberalisierung des Kapitalverkehrs und auch durch die anderen vollständig hergestellten Freiheiten des Güter- und Dienstleistungsverkehrs bewirkt werden wird – und zwar ohne verbindliche Detail-Koordinierung. Die dabei entstehenden verstärkten Anpassungszwänge dürften konsequenterweise nicht abgefedert werden im Sinne der vermeintlich herzustellenden Symmetrie der Anpassungslasten, wie sie von stärker inflationierenden EWS-Ländern gefordert wird, um wieder einen größeren Handlungsspielraum für autonome – und in der Folge divergierende – Wirtschaftspolitik zu erhalten. Deshalb entspricht es auch der Auffassung des Beirats (in Kap. 12), im EWS keine erweiterten Kreditfazilitäten, Interventionen in Gemeinschaftswährung, gemeinschaftliche Finanzierung intramarginaler Interventionen und Vergemeinschaftung von

Teilen der Währungsreserven in einem europäischen Währungsfonds zu befürworten.

Der Härtungsgrad des EWS, etwa durch Beseitigung der noch bestehenden Schutzklauseln für den Kapitalverkehr oder durch Verengung der Bandbreiten, soll indessen nur insoweit erhöht werden, wie auch die Voraussetzungen für eine verstärkte Konvergenz tatsächlich verbessert sind. Die Aussichten dafür werden sich allerdings durch eine Annäherung der Geldpolitik der EWS-Länder ergeben, die sie im Verlauf der intensivierten Integration auf den Faktormärkten zwangsläufig herbeiführen werden. Damit aber diese Verantwortung für eine solche stabilitätsorientierte Geldpolitik auch tatsächlich ausgeübt werden kann, muß sie im Vorstadium der Währungsunion noch *ungeteilt* bei den nationalen Instanzen vorhanden sein. Sie sollte und müßte folgerichtig nach der Auffassung des Beirats erst dann auf die zentrale Institution der Währungsunion vollständig übertragen werden, wenn die stabilitätspolitische Disziplin aller einzelnen Mitgliedsländer außer Frage steht und über die Anpassungen auf den liberalisierten Kapital- und Finanzmärkten auch eine Stabilität der Wechselkurse gewährleistet wird.

Nach einer solchen Entwicklung, für die das Gutachten des BMWi-Beirates durchaus gemeinschaftlichen Beistand vorsieht für den Fall, daß auf desorientierten Märkten überschießende Reaktionen entstehen, könnte denn auch auf die währungspolitische ultima ratio einer Wechselkursänderung ersatzlos verzichtet und zu dauerhaft fixierten Wechselkursen übergegangen werden. Während also die »volle Objektivierung« der Geldversorgung in der so vorbereiteten Währungsunion unter zentraler Verantwortung zu erfolgen hat, ist es nicht geboten, daß die Mitglieder auch die finanzpolitische Autonomie aufgeben, weil ja unter den Bedingungen einer Währungsunion ihre Finanzpolitik langfristig diszipliniert werde. Das schließt nicht aus, daß eine begrenzte Einschränkung dieser Autonomie durch eine Koordinationspflicht aus konjunkturpolitischen Erwägungen eingeführt wird. Ein durch die *Währungsunion* bedingter spezifischer Bedarf an Finanzausgleich in Form von intraeuropäischen Transferzahlungen wird in dem BMWi-Gutachten entschieden in Abrede gestellt, zumal da die Vergemeinschaftung der Zahlungsbilanzrisiken bereits eine Solidarleistung der Mitglieder einer Währungsunion darstellt.

Es entspricht der Präferenz des Beirats für eine grundsätzlich funktionelle Vorbereitung der Währungsunion, daß in dem Vorstadium die Verantwortlichkeit für die Geldpolitik ungeteilt bei den nationalen Notenbanken verbleiben soll, zumal da nach seinem Konzept bei gesicherter freier Konvertierbarkeit eine Konvergenz der einzelnen nationalen Geldpolitiken unter den Bedingungen des Binnenmarktes auch ohne Mitwirkung einer Europäischen Notenbank quasi automatisch zustande kommt. Im Gegenteil, dieser Prozeß würde gefährdet werden, wenn die ungeteilte – nationale – Verantwortung für die Geldversorgung durch föderative Kompromisse modifiziert werden würde. Daher lehnt er auch die Methode, durch Absprachen im *Rat der Notenbankgouverneure* eine formelle Koordinierung der Geldpolitik zu erreichen, als untauglich ab, weil dieser in der Regel Kompromisse zugrunde liegen, die durch abweichende Stabilitätsinteressen bedingt sind. Außerdem werden Zweifel gehegt, ob überhaupt wirksame Mechanismen zur Durchsetzung und zur Kontrolle solcher Absprachen angewandt werden könnten.

In einer europäischen Währungsunion mit Einheitswährung müßte dann konsequenterweise auch die europäische Zentralbank die uneingeschränkte Verantwortung für ihre zentrale Aufgabe haben, die Geldversorgung zu objektivieren, im Sinne ihrer *vorrangigen* Zielverpflichtung, die Geldwertstabilität der europäischen Währung zu sichern. Wegen des unterschiedlich ausgeprägten geldpolitischen Stabilitätsbewußtseins in den Mitgliedsländern des EWS empfiehlt der Beirat, wie in anderem Zusammenhang bereits erwähnt wurde, dann auch eine im Vergleich zur Bundesrepublik Deutschland sogar noch stringenter ausgestaltete normative und institutionelle Währungsverfassung. Dazu gehört unter anderem neben dem Gebot der Kaufkraftsicherung das Verbot, über genau festgelegte Grenzen und Bedingungen hinaus Kredite an Mitgliedsländer oder an die Gemeinschaft zu gewähren (Absatz 9). Ein weiterer wichtiger Bestandteil dieser Verfassung ist die rechtliche und institutionelle Unabhängigkeit der zentralen Notenbank und ihrer Entscheidungsträger gegenüber Weisungen und Einflüssen von Regierungen und Behörden, damit Interessenkollisionen bei der »Objektivierung« der Geldversorgung ausgeschlossen bleiben. Aus diesem Grunde wird es auch als problematisch angesehen, »die Führung der europäischen Geldpolitik einem Zentralbanksystem anzuvertrauen, in dem die heute bestehenden Zentralbanken zusammenwirken« (Absatz 9).

3. Der Bericht des Delors-Ausschusses

Im Unterschied zum Gutachten des *BMWi*-Beirates ist der *Delors-Bericht* schon aufgrund des Auftrages an seinen Ausschuß, »die konkreten Etappen zur Verwirklichung der Wirtschafts- und Währungsunion zu prüfen und vorzuschlagen«, weniger ein »Positionspapier« als ein mit der Absicht, grundsätzlich konsensfähig zu sein, verfaßtes

»politisches« Memorandum. Dementsprechend ist es daher auch abstrakter und – besonders in der Ziel-Mittel-Zuordnung – allerdings auch ambivalenter. Sein wesentliches Merkmal ist das vorherrschende Vertrauen in eine wirksamere, schnellere Zielverwirklichung durch formelle ex ante Koordination, also durch eine *institutionelle* Integrationspolitik auf dem Wege zur Währungsunion. Nicht zuletzt was die Anerkennung marktwirtschaftlicher Mechanismen und Ordnungsvorstellungen angeht, kennzeichnet der Delors-Bericht zweifellos einen Fortschritt im Vergleich zu den drei inzwischen bereits »historischen« konzeptionellen Ansätzen für eine Währungsunion. Wegen der nicht verkennbaren Übernahme von Prinzipien, Postulaten und institutionellen Regelungen der Geldverfassung der Bundesrepublik Deutschland, insbesondere wegen seiner Stabilitätsorientierung, wird dem Bericht zuweilen vielleicht etwas zu euphemistisch eine Dominanz der deutschen Position unterstellt. (Die Chance der politischen Verwirklichung solcher Leitideen wäre fraglos größer, wenn statt dessen angenommen werden könnte, sie entsprächen der allgemeinen herrschenden Meinung aus Überzeugung.) Gleichwohl kann man ebenfalls feststellen, daß der Delors-Bericht deutliche Belege für ein offenes oder unterschwelliges Mißtrauen gegenüber der Problemlösungskapazität von Marktmechanismen, etwa im Bereich der Geld- und Finanzpolitik, enthält: »Die von den Marktkräften ausgehenden Zwänge könnten sich entweder als zu langsam und zu schwach erweisen oder aber zu plötzlich und zu drastisch greifen« (Absatz 30).

Indem der Delors-Bericht deshalb vorzugsweise eine Fülle von Koordinationsmaßnahmen als Vorbereitung für die Wirtschafts- und Währungsunion vorsieht, stellt er *ordnungspolitisch* geradezu den Gegenpart zur marktwirtschaftlichen Anpassungsstrategie des BMWi-Beirats dar. Damit hängt auch der gegensätzliche Ablauf der Vorbereitung des Übergangs zur Währungsunion zusammen, der gemäß dem Gutachten des Beirats stufenlos und ohne neue europäische Institutionen, nach dem Delors-Bericht jedoch in 3 Phasen und mit institutionellen Veränderungen sowie mit Kompetenzübertragungen ablaufen soll.

Auf der Grundlage von neuen Verträgen und bei weitestmöglicher Parallelität mit den Integrationsfortschritten im Bereich der Wirtschaftspolitik soll beginnend mit der ersten Phase ab 1. Juli 1990, nämlich der vorgesehenen vollständigen Liberalisierung des Kapitalverkehrs, ohne weiteren festgelegten Zeitplan der 3-Phasen-Ablauf eingeleitet werden.

Die erste Phase soll neben der Vollendung des Binnenmarktes vor allem der Verminderung der noch vorhandenen Disparitäten und der wirtschaftlichen Konvergenz dienen, wobei dem Rat der Wirtschafts- und Finanzminister (Ecofin) die entsprechende wirtschaftspolitische Koordinationsfunktion zufallen soll. Im *monetären* Bereich, für den der Ausschuß der Zentralbankpräsidenten durch Stellungnahmen eine neue Koordinierungsfunktion erhält, sollen vor allem die finanzielle Integration vervollkommnet und die währungspolitische Zusammenarbeit durch Koordination intensiviert werden. Dazu wären möglichst alle Gemeinschaftswährungen in den EWS-Wechselkursmechanismus einzubeziehen, denn es soll ja mit der Festlegung der Wechselkurse begonnen werden. Außerdem sollte die tatsächliche Unabhängigkeit der Zentralbanken gewährt beziehungsweise verstärkt werden.

Die zweite Phase setzt für die vorgesehene schrittweise Übertragung von Kompetenzen und für den institutionellen Rahmen eine neue Vertragsgrundlage voraus. Sie ist als Übergangsphase und als Lernprozeß für zunehmende kollektive Entscheidungen gedacht. Deswegen verbleibt die letzte Verantwortlichkeit noch auf der nationalen politischen Entscheidungsebene. Gleichwohl werden für bestimmte Koordinationsfunktionen im makro-ökonomischen Bereich, vornehmlich für die Unterstützung der konvergierenden Anpassung in der Wirtschaft und für die Regeln zur Begrenzung der Haushaltsdefizite, bereits Mehrheitsvoten vorgesehen.

Im monetären Bereich steht die Gründung des Europäischen Zentralbanksystems (EZBS) im Vordergrund, deren Aufgabe es sein soll, den Übergang von der Koordination der noch vorherrschenden national verantworteten Geldpolitik zu einer von ihm selbst bestimmten zentralen Geldpolitik einzuleiten. In dieser Annäherungsphase an den Endzustand der Währungsunion sollen dann auch im Einklang mit der fortschreitenden wirtschaftlichen Konvergenz die Bandbreiten im Wechselkursmechanismus so weit verengt werden, daß sie funktionslos werden.

In der Endphase würden schließlich die Kompetenzen auf die neuen und bestehenden Gemeinschaftsorgane übertragen werden, damit vor allem haushaltspolitische Vorgaben, finanzielle Transfers festgelegt und besonders die unwiderrufliche Fixierung der Wechselkurse und der Übergang zu einer zentralen gemeinschaftlichen Geldpolitik vollzogen werden können.

Abgesehen von den erwähnten grundsätzlichen Gegensätzen gegenüber dem Gutachten des BMWi-Beirats, lassen die inhaltlichen Phasenbeschreibungen des Delors-Berichts mehrere Unstimmigkeiten erkennen, die man geradezu als Belege für die im Gutachten des BMWi-Beirates geäußerten Bedenken gegenüber bestimmten formellen Koordinationsverfahren ansehen kann. So wird beispielsweise in den beiden ersten Phasen einerseits die fortbestehende *nationale* Verantwortung betont. Andererseits werden im Sinne der bezweckten Einübung von Gemeinschaftsentscheidungen den vorhandenen oder neu gegründeten Institutionen Koordinationsaufgaben sogar mit der Möglichkeit von Mehrheitsvoten übertragen.

Diese Unstimmigkeiten muten geradezu wie eine konkrete Bestätigung der im Gutachten des BMWi-Beirats beschriebenen Gefahr einer Aufweichung der Stabilitätspolitik der Bundesrepublik an, wenn nämlich durch eine solche bloße Vergemeinschaftung der Willensbildung ohne eine angemessene *zielverpflichtete* Koordinations*kompetenz* Beschlüsse oder auch nur »Empfehlungen« zustande kommen, die zwar formell nicht bindend sind, aber unter dem Einfluß von nationalen Interessen »gemeinschaftlichen« politischen Druck ausüben und eine Abweichung vom Stabilitätskurs erzwingen. Der sibyllinische Hinweis des Delors-Berichts für das Programm der ersten Phase, »andere Anpassungsmechanismen funktionstüchtiger zu machen« (Absatz 52), um Änderungen der Wechselkursparitäten vermeiden zu können, läßt beispielsweise in doppelter Hinsicht mögliche Konflikte mit dem Stabilitätsgebot vermuten.

Wenn nämlich die Wechselkurse institutionell »befestigt« werden, müßten bei bestehenden Inflationsunterschieden um so mehr Zinsveränderungen als entsprechende Reaktion auf die Devisenmärkte zustande kommen (können). Es war jedoch bisher schon ein insbesondere von Frankreich gegenüber der Stabilitätspolitik der Deutschen Bundesbank beständig vorgebrachter Einwand, daß diese wegen ihrer Dominanz über die Zinsen im EWS autonom bestimme, also eine Zinshöhe bewirke, die anderen Mitgliedsländern aus nationalen haushalts- und wachstumspolitischen Erwägungen nicht genehm ist. Angesichts dieses Sachverhalts ist es durchaus nicht realitätsfern anzunehmen, daß in den vorgesehenen währungspolitischen und wirtschaftspolitischen (z. B. Ecofin) Institutionen der Gemeinschaft, zumal wenn sie in den Übergangsphasen vertraglich noch nicht eindeutig auf Ziele und Regeln festgelegt sind, der Anpassungsdruck mehr gegen die Befürworter der stabilitätsorientierten Wirtschafts- und Währungspolitik als auf die Wirtschaftspolitik der Schwachwährungsländer gerichtet werden wird. Das Ergebnis wäre nicht die erforderliche Vorbereitung einer »Objektivierung« der europäischen Geldversorgung, sondern vielmehr die Eröffnung institutioneller Bedingungen für eine permissive Geldpolitik mit abgeschwächten oder gar anderen Prioritäten.

Eine Referenzgrundlage für die Relativierung der Priorität der Geldwertstabilität könnte sogar der Delors-Bericht bieten, da er nämlich bei der Rollenzuweisung für die Koordinierung der Wirtschaftspolitiken die Förderung von »Preisniveaustabilität *und* wirtschaftlichem Wachstum« nennt (Absatz 30 und ähnlich 16, 33, 56). Vergegenwärtigt man sich hierzu, daß bereits durch den Artikel 102 a der Einheitlichen Europäischen Akte für die Konvergenzbemühungen der Mitgliedstaaten auf den – auch einen »hohen Beschäftigungsstand« und das Gleichgewicht der Gesamtzahlungsbilanz umfassenden – Zielkatalog des Artikels 104 verwiesen wird, so erscheint in der politischen Praxis eine Abschwächung des im Delors-Bericht enthaltenen Bekenntnisses zur Geldwertstabilität durchaus möglich. Will man daher dieses bewährte Prinzip der Geldpolitik auch auf dem Wege zur Europäischen Währungsunion tatsächlich als Richtschnur zur Geltung bringen, dann können die Vorkehrungen dafür, es im normativen und institutionellen Regelwerk für die Vorbereitung und Gestaltung der Währungsunion zu verankern, nicht sorgfältig genug sein. Die genannten Beispiele sprechen dafür, daß zumindest in dieser zentralen Frage die Ausführungen des BMWi-Beirats stringenter sind als diejenigen des Delors-Berichts.

Abgesehen von diesem institutionellen »Enthärter« für stabilitätsorientierte Geldpolitik deutet das Zitat zur Wechselkursbefestigung zugleich auf einen Konflikt grundsätzlicher Art hin. Einerseits besteht nämlich – bereits im EWS – das Ziel, die Wechselkurse zu stabilisieren, und zwar letztlich auch, sobald es unwiderruflich geschehen kann, um den Übergang zur Währungsunion vollziehen zu können. Dabei wird davon ausgegangen, daß inzwischen die wirtschaftlichen Anpassungsprozesse in den einzelnen EWS-Mitgliedsländern sich so konvergent vollzogen haben, daß von der Ausgleichsfunktion über die Wechselkurse als ultima ratio kein Gebrauch gemacht zu werden braucht, weil ja über funktionsfähige Faktormärkte die erforderlichen Anpassungen erfolgen. Sollen die Wechselkurse nun vorzeitig durch »formelle Koordination« unbeweglich gemacht werden, um – vermeintlich – den Übergang zur Währungsunion verkürzen zu können, so wäre dies allenfalls eine verhängnisvolle währungspolitische Fata Morgana. Es würde nämlich das entscheidende (Zwischen-)Ziel vor der Währungsunion nicht das Ergebnis eines erfolgreichen Konvergenzprozesses sein, sondern lediglich als fingiertes Symptom dafür gebraucht, um das Endziel institutionell näherzurücken. Dadurch würde jedoch ein Instrument (und zugleich auch Indikator) ausgeschaltet, das gerade zum Abbau von Spannungen zwischen Währungen unerläßlich ist, solange deren Volkswirtschaften und deren Wirtschaftspolitiken sich nicht angepaßt haben.

Eine derartige Integrationspolitik, die sich der Wirtschaftspolitik als Mittel bedient, erinnert an Stilmittel der »Monetaristen« ebenso wie an die empirischen Befunde der Erfolglosigkeit von Annäherungsversuchen an die Währungsunion in zurückliegenden Jahren. Sie werden ausführlich im Hasse-Gutachten analysiert (S. 48 ff.). Eine solche »Beschleunigung« stünde im Widerspruch zur Einsicht in die notwendige *Parallelität* zwischen den Integrationsfortschritten in der Wirtschafts- *und* Währungspolitik, zu der sich auch der Delors-Bericht bekennt. Gerade die Währungspolitik bietet jederzeit hinreichend Beispiele dafür, daß ein Agieren von Institutionen gegen die Marktkräfte in der Regel ebenso kurzatmig wie erfolglos ist. Deshalb ist es wohl nur scheinbar ein Schönheitsfehler, daß im Delors-Bericht für die einzelnen Phasen kein zeitliches Programm vorgesehen ist. Es würde erfahrungsgemäß durch die sehr wahrscheinliche Diskrepanz zwischen dem verkündeten Integrationsfahrplan und den zurückbleibenden tatsächlichen Fortschritten psychologisch und politisch nur kontraproduktiv wirken – auch und gerade wenn aus der Not eine Tugend gemacht wird, indem die Zeitzwänge dazu benutzt werden (sollen), die Integrationsdynamik zu erhalten.

Allem Anschein nach vertraut der Bericht des Ausschusses für Wirtschaft, Währung und Industriepolitik des *Europäischen Parlaments* vom 22. März 1989 über die Entwicklung der europäischen Währungsintegration (»Franz-Bericht«) auch darauf, daß solche Wirkungen möglich und währungspolitisch ergiebig sind, denn er enthält zahlreiche Zeitvorgaben, wie auch diejenige, daß »spätestens zum 1. Januar 1995« die Europäische Währungsunion zu vollenden ist. Alle Erfahrungen mit den zurückliegenden vergeblichen Anläufen zur Währungsunion mahnen indessen zur Besinnung darauf, daß Währungspolitik, weil sie auf höchst sensiblen, komplexen Wirkungsmechanismen beruht und sich in besonderem Maße auf Vertrauen gründen muß, nicht in das Prokrustesbett zeitlicher und institutioneller Zwänge gedrängt werden kann.

4. Die offiziellen Positionsbestimmungen und die konzeptionellen Akzente des Hasse-Gutachtens

Im Anschluß an diese Gegenüberstellung wesentlicher Standpunkte in den beiden »offiziellen« Positionsbestimmungen auf dem Wege zur Europäischen Währungsunion lassen sich folgende Grundbedingungen hervorheben, die als unerläßlich für die Weiterentwicklung des Europäischen Währungssystems angesehen werden können. Diese Folgerungen sollen zugleich dazu dienen, die konzeptionellen Akzente und die aktuelle Problemorientierung des Hasse-Gutachtens zu veranschaulichen. In diesem Sinne lassen sich aus der Diskussion über die Erfolgsbedingungen die folgenden Komponenten nennen:

1. Für den Weg zur Währungsunion ist der Grundsatz »Eile mit Weile« letztlich erfolgversprechender als ein von Terminvorgaben künstlich erzeugter institutioneller Handlungsbedarf, der die unerläßlichen funktionellen, marktmäßigen Anpassungsvorgänge nicht dauerhaft erzwingen kann. Die monetäre Integration kann keine Schrittmacherfunktion übernehmen (vgl. Hasse-Gutachten S. 48). Hasse weist darauf hin, daß die »ökonomistische« Erkenntnis einer unerläßlichen Parallelität zwischen wirtschafts- und währungspolitischen Integrationsfortschritten bereits im Abschlußbericht der »Werner-Kommission« niedergelegt war, von Frankreich und der EG-Kommission jedoch damals in Frage gestellt wurde (S. 58 f.).

2. Die »Vollendung des Binnenmarktes« setzt nicht eine *Währungsunion* voraus, sondern für seine volle Funktionsfähigkeit ist schon die Integration der Geld- und Finanzmärkte ausreichend, also die uneingeschränkte Freizügigkeit von Kapital und Finanzinstitutionen. Unter diesen Bedingungen der funktionellen Integration fördert die Freizügigkeit auf den Güter- und Finanzmärkten ihrerseits die Vorbereitung auf die Währungsunion, also bereits ohne institutionelle Maßnahmen. Die kommunizierenden Finanzmärkte wirken sich disziplinierend auf die Wirtschaftspolitik der Mitgliedsländer des EWS aus, da expansive Geldpolitik Anpassungsreaktionen auslöst, auf die mit Zinserhöhungen reagiert werden muß, wenn nicht Wechselkursänderungen in Kauf genommen werden sollen. Im Hasse-Gutachten wird in diesem Zusammenhang die stabilitätsfördernde Rolle des EWS überprüft und insofern relativiert, als auf die Leitwährungsrolle der DM und ihre ausschlaggebende Funktion als »monetärer Anker« hingewiesen wird (S. 83). Damit wird zugleich einmal mehr die unverzichtbare Wirksamkeit der funktionellen Komponente für den Integrationsfortschritt sichtbar gemacht.

3. Zweifellos erfordert die europäische Integration die Koordination von einzelnen Maßnahmen und Zielen der Wirtschaftspolitik, insbesondere auch im monetären Bereich. Der Bedarf dafür wird zum Teil durch »Altlasten« – im Sinne von Defiziten, wie sie Hasse (S. 48 f.) aus dem EWG-Vertrag ableitet – und durch neue Aufgaben im fortschreitenden Integrationsprozeß erzeugt. Der Verlauf der europäischen Integration ist inzwischen reich an Beispielen dafür, daß die Gemeinschaftsorgane eine hohe Präferenz für zentrale Maßnahmen formeller Koordination und Harmonisierung haben. Der Gedanke, daß sich nationale Regulierungs-

systeme im Wettbewerb miteinander bewähren können (sollten), weil sie bereits praktische Akzeptanz und dezentrale Subsidiarität verkörpern, hat erst allmählich Zugang zu den Konzepten der Gemeinschaft gefunden. Der Delors-Bericht scheint mit seinen zahlreichen Vorschlägen formeller Koordinationsmaßnahmen durchaus noch in dieser Tradition zu stehen. Die Verfasser des BMWi-Gutachtens mahnen indessen beredt zur Skepsis gegenüber so umfangreichen Koordinationsbegehren, weil sie den dezentral wirkenden Marktmechanismen größere Kompetenz beimessen als zentraler bürokratischer Koordination, die ebenso Irrtümern wie partikularen Interessen zugänglich ist. Es wäre dem Integrationsziel sicherlich dienlich, wenn besonders für den sensiblen Bereich der monetären Integration das Verhältnis zwischen funktionellen Marktmechanismen und formellen Koordinationsmaßnahmen konsequenter nach dem Prinzip der Subsidiarität bemessen würde.

4. Die institutionelle Koordination verfehlt ihr vorgegebenes Ziel, die Europäische Währungsunion vorzubereiten bzw. ihr näherzurücken, wenn sie – abgehoben von den Marktprozessen – zu einer bloßen Vergemeinschaftung der Meinungsbildung führt ohne Gewähr für eine Objektivierung der gemeinschaftlichen Geldpolitik. Unter solchen Bedingungen wäre die Beschränkung auf eine funktionelle Integrationsstrategie vorzuziehen. Wie Hasse darlegt (S. 155), ist, um durch solche Einflüsse bewirkte Zielverfehlungen zu vermeiden, eine strikte Zuordnung, Finalität, aller Maßnahmen und Schritte der Koordination auf das angestrebte Ziel hin notwendig. Daher ist es zweckmäßiger, die Zahl von Zwischenstufen zu begrenzen oder gar diese überhaupt – wie im Konzept des BMWi-Beirats – ganz zu vermeiden und vertraglich Regelungen, wie sie der Delors-Bericht vorsieht, uno actu und nicht portionsweise zu verabschieden. So betrachtet (und vor allem wegen seiner wahrscheinlichen geldpolitischen »Weichmacher«-Wirkung), ist auch der im Delors-Bericht als Minderheitsvorschlag enthaltene Europäische Reservefonds nicht zielkonform.

5. Wenn institutionell koordiniert werden soll, so muß nicht nur die Finalität der Maßnahmen gewährleistet sein. Es müssen, besonders in der Geldpolitik, auch die Koordinationsträger der richtigen Regelungsmaterie zugeordnet sein und dafür über angemessene Kompetenzen verfügen. Die Aufgabe, in einem einheitlichen Währungsraum für eine objektivierte, stabilitätspolitisch angemessene Geldmenge zu sorgen, kann nur zentral von einer einzigen verantwortlichen Instanz wahrgenommen werden. Dieser geldpolitische Grundsatz verlangt Beachtung bei der endgültigen

Ausgestaltung des Europäischen Zentralbanksystems wie auch für die Vorbereitungsphasen, die der Delors-Bericht vorsieht. Wenn nämlich das EZBS bereits besteht und mit Koordinationsaufgaben – wenn auch nur zur »Einübung« – betraut ist, die eigentliche Verantwortung jedoch bei den nationalen Entscheidungsträgern verbleibt, wird entweder deren Zuständigkeit faktisch eingeschränkt oder das Gemeinschaftsorgan wäre funktionslos. Dann würde es in jedem Falle der geldpolitischen Objektivitätsbedingung besser entsprechen, wenn diese Phase ganz entfiele. Für die Konstruktion des EZBS ist daraus zu folgern, daß hierfür nur allein die zweckmäßige Aufgabenerfüllung im Sinne einer wirksamen – zentralen – Geldpolitik und nicht sachfremde Subsidiaritäts- oder Föderalismuserwägungen ausschlaggebend sein können. Das Hasse-Gutachten belegt dieses Prinzip ausführlich und führt dazu auch die Konstruktionsmerkmale möglicher Referenzorganisationen für eine Europäische Zentralbank an (S. 150 ff.). Es enthält auch einen Vorschlag zur Einrichtung eines »Direktoriums der Europäischen Zentralbankräte« in der Übergangsphase, das zur Koordinierung der Geldpolitik auf der nationalen und auf der Gemeinschaftsebene beitragen und als erster Schritt zur Unabhängigkeit und gleichzeitig zur Bildung des EZBS dienen soll (S. 157 f. u. S. 174 ff.). Die Diskrepanz zwischen Funktion und Kompetenz des EZBS, die für dieses Organ in der ersten Phase im Delors-Bericht besteht, wird zwar durch die Funktionsbeschreibung dieses Organs verringert, aber nicht ganz beseitigt. Die nachgeordneten nationalen Zentralbanken sollen nämlich noch »einen Spielraum in der Durchführung der Geldpolitik« behalten, weil dadurch den nationalen Unterschieden in der Struktur der Geldnachfrage und in den geldpolitischen Instrumenten besser entsprochen werden könne (S. 158).

In diesem Zusammenhang verdient es, an die Feststellung des BMWi-Gutachtens erinnert zu werden, daß wegen des in den meisten EWS-Ländern viel weniger stark als in der Bundesrepublik ausgeprägten Stabilitätskonsens die Institutionen und Normen der europäischen Geldpolitik eigentlich noch stringenter sein müßten als im deutschen Modell. Es sind u. a. auch diese Grunderfordernisse einer zentralisierten Geldpolitik, die übereinstimmend im Delors-Bericht, im BMWi-Gutachten und im Hasse-Gutachten (S. 113 ff.) mit dazu beitragen, die Tauglichkeit der Parallelwährungsstrategie und auch die entsprechende Verwendbarkeit der ECU (als Korbwährung) zur Vorbereitung der Währungsunion auszuschließen.

6. Mit Recht nimmt in der Diskussion um die Europäische Wäh-

rungsunion die Unabhängigkeit der für die Geldpolitik zuständigen Institution – Zentralbank oder EZBS – eine vorrangige Position ein. Sie ist zweifelsfrei für eine von Partikularinteressen freie objektivierte Geldpolitik die unerläßliche Voraussetzung, zumal da in den einzelnen EWS-Mitgliedsländern sowohl die Unabhängigkeit der Institution de facto und de jure als auch das entsprechende Rollenverständnis der leitenden Personen recht unterschiedlich ausgeprägt ist. In allen hier erwähnten Stellungnahmen wird der Bedeutung der Unabhängigkeit Rechnung getragen (im Gutachten von Hasse S. 124 ff.) – am wenigsten betont wohl im Delors-Bericht. Auch wenn dieses Postulat formell erfüllt werden wird, obwohl mindestens in Frankreich noch erhebliche Widerstände zu überwinden sein werden, so garantiert die de jure gewährte Unabhängigkeit der Europäischen Notenbank noch nicht die Objektivierung der Geldpolitik dieser Institution. Denn es bedarf zudem neben der fachlichen Kompetenz auch eines geldpolitischen Instrumentariums, das von den Mitgliedern des EZBS einvernehmlich im Geltungsbereich der Währungsunion eingesetzt werden kann, und zwar zumindest gleichermaßen effizient, wie zuvor nationale Geldpolitik betrieben worden war. Insofern werden die Ansprüche des BMWi-Beirats gegenüber europäischen Institutionen abermals akzentuiert.

7. Unter den normativen Komponenten in einem Europäischen Währungssystem gebührt nicht nur entsprechend ihrem Stellenwert in der aktuellen Diskussion der Geldwertstabilität als Zielverpflichtung für die Träger einer Europäischen Währungspolitik der erste Rang. Nur wenn sie dauerhaft durch ein Europäisches Währungssystem gesichert werden kann, wird dieses überhaupt Bestand haben können – aber dann auch seine Vorzüge beweisen. Auch das EWS verdankt seine Erfolgsphase dem – allerdings überwiegend nicht systembedingten – Übergang zu einer stabilitätsorientierten Politik in Europa, wie Hasse (S. 67 ff.) ausführlich nachweist. Er bewertet auch den Wechsel in Frankreichs Wirtschaftspolitik im Jahre 1983 als Beginn einer »Stabilitätskonkurrenz« mit der Bundesrepublik (S. 139 f. u. S. 169), die die Grundlage eines deutsch-französischen Stabilitätspakts werden könnte. Er könnte den harten Kern eines funktionsfähigen Europäischen Währungssystems bilden. Eine solche hoffnungsvolle Perspektive enthält das BMWi-Gutachten nicht, weil es unter diesem Aspekt vornehmlich auf die Verteidigung und künftige Sicherung des in der Bundesrepublik wirtschaftspolitisch bewährten Stabilitätsstandards ausgerichtet ist. Deshalb fordert es für eine Europäische Zentralbank kompro-

mißlos die Verpflichtung auf die prioritäre Sicherung der Kaufkraft der europäischen Währung. Gerade weil sich für die zahlreichen Befürchtungen dieses Gutachtens, wie sehr das erfolgreich erprobte wirtschaftspolitische Leitmotiv der stabilitätsorientierten Geldpolitik auf der europäischen Gemeinschaftsebene relativiert werden könnte, im Delors-Bericht viele Anhaltspunkte finden lassen, kann man folgern, daß die Diskussion über die Weiterentwicklung des Europäischen Währungssystems belebt bleiben wird. Dies ist wahrscheinlich auch ein Symptom dafür, daß die Europäische Währungsunion nicht so schnell Wirklichkeit werden wird, wie es Terminvorgaben glauben machen möchten.

Die Europäische Zentralbank: Perspektiven für eine Weiterentwicklung des Europäischen Währungssystems

Rolf H. Hasse

Vorbemerkung

Ein Thema aus der politischen Aktualität hat immer mehrere Aspekte. Für einen Wissenschaftler ist es eine reizvolle Herausforderung, sich der Aufgabe zu stellen, theoretische und empirisch-fundierte Erkenntnisse in die politische Diskussion einzubringen. Auf der anderen Seite zwingt eine so aktuelle Arbeit zu einem Arbeitsrhythmus, der vor allem für die Mitarbeiter eine besondere Belastung bedeutet. Nur wenn dieser Hintergrund sich mit demselben Engagement der Aufgabe widmet, sind die inhaltlichen Vorstellungen auch umzusetzen. Externe Vorgabe von Arbeitszeiten und Arbeitsintensität müssen ihren restriktiven Charakter verlieren.

Herr Dipl.-Volkswirt Th. Koch unterstützte mich tatkräftig bei der Zusammenstellung der Anhänge. Frau Ch. Schäfer und in unermüdlicher Weise Frau F. Helmers bearbeiteten meine Manuskripte und ließen sich auch von der zeitlichen Enge nicht erdrücken. Ihnen gilt mein besonderer Dank. Für alle anderen Betroffenen ist diese intensive Phase meiner geistigen Auswanderung in die europäische Währungsunion – vorerst jedenfalls – beendet.

Der Bertelsmann Stiftung und der Forschungsgruppe Europa der Universität Mainz danke ich für die vertrauensvolle Zusammenarbeit.

Hamburg, im September 1989
Rolf H. Hasse

1. Die Problemstellung

Die EG hat sich in mehrfacher Hinsicht alte Ziele und neue Zeithorizonte gesetzt:

Mit dem Ziel, bis Ende 1992 den Binnenmarkt zu verwirklichen, werden nun die Bereiche in die Integration einbezogen, für die bei der Gründung der EWG und bis zur Verabschiedung der Einheitlichen Europäischen Akte (EEA) am 17. und 28. Februar 1986 kein politischer Konsens gefunden worden ist. Sie sind im EWG-Vertrag zwar verankert worden, aber ihr Integrationsniveau stagnierte. Die zu lösenden Aufgaben sind gewaltig, da es vielfach gilt, im gewerblichen Sektor national hoch regulierte Branchen dem internationalen Wettbewerb zu öffnen.

Für das Ziel, eine europäische Währungsunion zu erreichen, wird ein vierter Anlauf genommen. Der Eintritt in die 1. Stufe ist auf der Tagung des Europäischen Rates im Juni 1989 in Madrid beschlossen worden. Der erste Anlauf ist 1961 Teil des Aktionsprogramms der EG-Kommission für die zweite Stufe der Zollunion gewesen. Sie argumentierte technisch, daß als Folge des »grünen Dollar« des Agrarpreissystems und der Konsequenzen von Wechselkursänderungen für den Agrarmarkt der Gemeinsame Markt durch eine Währungsunion ergänzt werden müsse. Der zweite Anlauf wurde auf der Gipfelkonferenz von Den Haag (1./2. Dezember 1969) eingeleitet und führte zum Werner-Plan und den Ratsbeschlüssen vom 22. März 1971 und 21. März 1972 über die stufenweise Verwirklichung der Wirtschafts- und Währungsunion. Der dritte Versuch wurde über das Europäische Währungssystem eingeleitet, das am 13. März 1979 in Kraft trat und den Europäischen Wechselkursverbund ablöste.

Mit dem geplanten vierten Anlauf versuchen die EG-Staaten, eine politische Konzeption zu wiederholen, die bereits Grundlage des zweiten Anlaufs gewesen ist: die Erweiterung der EG mit einer Vertiefung der wirtschaftlichen Integration zu verbinden. Damit ist die Idee der europäischen Währungsintegration aus dem Rahmen der Diskussion und der Praxis technischer Korrekturen am europäischen Wechselkurssystem mit seiner unverbindlichen Koordinierung der Geldpolitik herausgetreten, die kennzeichnend war für die Zeitspanne seit 1972. Ähnlich wie 1970[1] werden seit 1985 und verstärkt seit Ende 1987 Wege und Mittel erwogen, die zur europäischen Währungsunion führen sollen. Es hat sich eine allgemeine politische Aufbruchstimmung entwickelt, die nicht mit den Beschlüssen von Basel

---

[1] Vgl. hierzu eingehend: Willgerodt, H., A. Domsch, R. Hasse, V. Merx, Wege und Irrwege zur europäischen Währungsunion, Freiburg 1972, S. 77–123.

(18. September 1987) zum Ausbau des EWS, den Überlegungen über die ECU als Parallelwährung und als internationale Reservewährung und auch nicht allein mit der häufigen Kritik an der asymmetrischen Verteilung der Anpassungslasten im EWS erklärt werden kann. Vielmehr gibt es vier Faktoren, die als Verursacher des feststellbaren Optimismus angesehen werden können:

– Die Vertreter der Vorschläge zugunsten eines raschen institutionellen Ausbaus des EWS gehen von einer – von anderen Seiten heftig umstrittenen[2] – Komplementarität zwischen dem Ziel des Binnenmarktes und dem der europäischen Währungsunion aus.
– Die Verbesserung der wirtschaftlichen Konvergenz im EWS wird in der Form bewertet, daß damit eine wichtige Vorbedingung für den Übergang in eine zweite, institutionelle Phase erfüllt sei.
– Ebenso wird die bisherige forcierte Liberalisierung des Kapitalverkehrs und die Fortsetzung dieses Prozesses auf der Grundlage des Beschlusses der Wirtschafts- und Finanzminister vom 13. Juni 1988 so interpretiert, daß damit einer der wichtigsten »Prüfsteine« für eine effektive, funktionelle Währungsintegration erfüllt würde. Bis Mitte 1990 sollen alle Beschränkungen des Kapitalverkehrs zwischen den Gebietsansässigen in den Mitgliedstaaten beseitigt werden; für Griechenland, Irland, Portugal und Spanien wird eine längere Frist bis Ende 1992 eingeräumt, die Griechenland und Portugal um weitere drei Jahre verlängern dürfen.
– Der vierte Faktor ist die Diskussion um die Gründung einer Europäischen Zentralbank (EZB), die von einigen Gruppierungen vehement befürwortet, von anderen als politisch interessant bewertet, von wieder anderen skeptisch geprüft und von wenigen eindeutig als verfrüht abgelehnt wird. Dieser Vorschlag zielt in das politische Zentrum einer europäischen Währungsunion. Gleichzeitig berührt er die Triade der »nationalen monetären Identität«, die sich aus der nationalen Zentralbank, der nationalen Geldpolitik und der nationalen Währung zusammensetzt.

Mit dem Vorschlag, frühzeitig eine EZB einzurichten, wird die bis dahin ausgesparte Erörterung des institutionellen Aufbaus einer europäischen Währungsunion nicht nur zum ersten Mal in den Mittelpunkt der politischen Diskussion gestellt, sondern auch ein unortho-

---

[2] U. a. führt der wissenschaftliche Beirat beim Bundesministerium für Wirtschaft in seinem Gutachten »Europäische Währungsordnung« vom 21. Januar 1989 aus: »Weitere Fortschritte zur Vollendung des europäischen Binnenmarktes erfordern allerdings nicht zwingend auch eine Währungsunion. Das weitere Zusammenwachsen der Güter- und Faktormärkte in Europa ist auch bei Fortbestehen der nationalen Zuständigkeiten für die Geld- und Währungspolitik möglich, sofern diese die uneingeschränkte Freiheit des Geld- und Kapitalverkehrs verbürgt«; Gutachten des Wissenschaftlichen Beirats beim Bundeswirtschaftsministerium, Europäische Währungsordnung, Bonn, 21. Januar 1989, S. 3.

dox erscheinender Weg gewählt, einen Integrationsfortschritt über eine Institution des Endzustands einer Währungsunion anzustreben. Diese Vorstellung hat ein besonderes politisches Gewicht erhalten, indem der Europäische Rat auf seinem Treffen im Juni 1988 in Hannover beschloß, eine Expertengruppe (Delors-Kommission) einzusetzen; ihr wurde die Aufgabe übertragen, »die konkreten Etappen zur Verwirklichung dieser Union zu prüfen und vorzuschlagen«. Am 17. April 1989 hat die Delors-Kommission ihren am 12. April einmütig angenommenen Bericht vorgelegt.[3] Am 27. Juni 1989 beschloß der Europäische Rat, die vorgeschlagene 1. Stufe beginnen zu lassen. In ihr liegt aber der Schwerpunkt in der funktionellen Integration, in der Liberalisierung des Geld- und Kapitalverkehrs und in dem Beitritt aller EG-Staaten ins EWS.

Die Strategie, eine EZB so früh zu gründen, steht im Widerspruch zu historischen Erfahrungen, nach denen eine Zentralbank und eine einheitliche Geldordnung immer erst *nach* der Bildung einer politischen Union realisiert worden sind. Auch ist zu prüfen, ob die Schrittmacherfunktion einer EZB prinzipiell und unter den heute gegebenen Bedingungen anders zu bewerten ist als die Strategie von 1969/70, die scheiterte: Durch das Vorauseilen währungspolitischer Entscheidungen, die Bandbreitenverringerung und die Fixierung der Wechselkurse sollten Sachzwänge zur Koordinierung der Wirtschafts- und Geldpolitik ausgeübt werden. Ist der Ansatz, eine EZB zu schaffen, ein währungspolitischer Wechsel auf die Zukunft oder der Versuch einer Erhöhung des Problems im Sinne der »coincidentia oppositorum« der Philosophie des Nikolaus von Cues, also die Vorstellung, daß sich Gegensätze auf einer höheren Ebene aufheben?

Die Betrachtung des Vorschlags wird von zwei Seiten vorgenommen. Erstens wird sie im Rahmen der Argumentation ihrer Befürworter analysiert, um die Zielvorstellungen zu ermitteln, die dahinterstehen. Dieser Ansatz wird eine Antwort auf die Frage erlauben, ob sich die Strategie, zur Währungsunion über eine EZB zu gelangen, von den Integrationsvorstellungen derjenigen unterscheidet, die 1969/70 dieses Ziel über eine frühzeitige Fixierung der Wechselkurse anzustreben versuchten. Gleichzeitig bieten die Ergebnisse einen Ausgangspunkt für einen zweiten analytischen Ansatz. Es soll geklärt werden, wie im Rahmen der politischen Zielsetzung, eine EZB frühzeitig zu gründen, diese unter der Zielsetzung einer Währungsunion als Stabilitätsgemeinschaft konzipiert werden müßte. Damit wird das

---

[3] Bericht zur Wirtschafts- und Währungsunion in der Europäischen Gemeinschaft, 12. April 1989 (»Delors-Bericht«), abgedruckt in: Europa-Archiv, 10/1989, S. D283–304.

in den aktuellen Positionsbestimmungen häufig vorgetragene Argument, ein Binnenmarkt benötige keine EZB, von einer erweiterten Fragestellung aufgegriffen: Könnte eine EZB trotz dieses Sachverhalts integrationspolitische Impulse bewirken? Dies setzt voraus, daß es Zwischenlösungen geben muß, die den Integrationsprozeß zur Währungsunion positiv beschleunigen. Nur so könnten die historischen Erfahrungen über die Entstehung einheitlicher Geldordnungen widerlegt werden, zumal die Alternative eines qualitativen Sprunges in Form einer Währungsreform nicht zur Debatte steht. Damit verbunden ist, daß es nicht nur um die Schaffung einer EZB als zentrale Institution geht. Sowohl als Zwischenlösung als auch als endgültige Organisation ist ein Europäisches Zentralbanksystem denkbar, in dem zwar eine einheitliche geldpolitische Willensbildung existiert, das aber weitaus stärker dezentral ist in der Ausübung der geldpolitischen Leitlinien. Auf diesen Unterschied wird in Kapitel 6.4. eingegangen. Wenn zuvor von einer EZB gesprochen wird, schließt dies die Variante eines Europäischen Zentralbanksystems (EZBS) immer ein.

In einem engen Zusammenhang mit der EZB steht die Forderung, eine Einheitswährung einzuführen. Dafür wird von allen EZB-Befürwortern die ECU genannt. Hinzu kommt, daß die Strategie einer Parallelwährung als Alternative oder als Teil der Gesamtstrategie über eine EZB vorgeschlagen wird. Auch hierbei wird die ECU als Medium betrachtet. Diese Diskussionsebene wird aus mehreren Gründen eingehender behandelt:

– Einmal soll geprüft werden, inwieweit die ECU in unterschiedlicher Ausgestaltung überhaupt eine Chance hat, als Parallelwährung Geldfunktionen zu übernehmen und die nationalen Währungen zu verdrängen.
– Ferner soll untersucht werden, ob die prinzipielle Trennung zwischen funktioneller Integration durch Marktprozesse (Parallelwährung) und institutioneller Integration über Elemente einer Währungsreform, zu der auch eine EZB gehört, so einfach aufrechtzuerhalten ist. Die institutionellen Nebenbedingungen einer Parallelwährung schärfen den Blick für die im Zentrum des Gutachtens stehende Frage nach der Stellung und den Funktionen einer EZB.

Zuvor sollen in Form einer integrationspolitischen Bestandsaufnahme das Fundament der gegenwärtigen Diskussion dargelegt und der integrationstheoretische Bezugsrahmen einer Währungsunion umrissen werden. Diese Grundlage ermöglicht es festzustellen, ob die nationalen Regierungen gegenüber 1969/70 ihre Integrationsstrategien verändert haben. Wenn das nicht der Fall sein sollte, sind analoge Konflikte wie im zweiten Anlauf zu befürchten. Sollten allerdings Wandlungen feststellbar sein, ist zu prüfen, inwieweit dadurch die Chancen verbessert worden sind, eine Wirtschafts- und Währungsunion zu realisieren. Auf dieser Grundlage soll auch der Delors-Bericht untersucht werden. Er wird mit den Erfahrungen des Integrationsprozesses und mit den Ergebnissen der eigenen Analyse verglichen, um eine Aussage zu wagen, wie realistisch die Vorschläge der Delors-Kommission sind.

2. Bedingungen einer Wirtschafts- und Währungsunion

Die Erfahrungen mit dem Anlauf von Den Haag 1969 lehren, daß es hilfreich ist, die Zielsetzung des Integrationsprozesses am Anfang klar zu beschreiben. Dieser Aufbau einer Referenzordnung dient als Orientierungsmaß und ist als eine ex-ante-Klärung der wirtschaftlichen und politischen Erfordernisse zu verstehen, mit der falsche Weichenstellungen vermieden bzw. entlarvt werden sollen.

1969 wurde der politische Wille bekundet, eine »Gemeinschaft der Stabilität und des Wachstums« anzustreben und stufenweise eine Wirtschafts- und Währungsunion zu errichten.[4] 1978 beschränkte man die Zielsetzung und betonte, daß »das Hauptanliegen darin bestehen sollte, die Konvergenz der Wirtschaftspolitik im Hinblick auf eine größere Stabilität zu verstärken« sowie eine »stabile Währungszone in Europa« anzustreben.[5] Die Perspektive, »das Währungssystem wird ... dem Prozeß der Europäischen Union neue Impulse verleihen«[6], findet sich nur in den Schlußfolgerungen des Vorsitzes des Europäischen Rates. 1986 wurde mit der EEA die Vollendung des Binnenmarktes beschlossen. Die parallel dazu diskutierten Verbesserungen des EWS mündeten nur allmählich in die Zielsetzung von 1969 ein. Fragen der Binnenmarktliberalisierung wurden mit einem gewissen Vorrang behandelt, bis Mitte Juni 1988 die Entscheidung zur Verwirklichung des Kapitalmarktes fiel und der Europäische Rat am 27./28. Juni 1988 die Delors-Kommission einsetzte.

---

[4] Ziffer 8 des Kommuniqués der Konferenz der Staats- bzw. Regierungschefs der EWG-Mitgliedstaaten in Den Haag am 1. und 2. Dezember 1969, in: Währungsausschuß der Europäischen Gemeinschaften, Kompendium von Gemeinschaftstexten im Bereich der Währungspolitik, Brüssel-Luxemburg 1974, S. 14 (zitiert: Währungskompendium 1974).

[5] Entschließung des Europäischen Rates zur Errichtung des Europäischen Währungssystems (EWS) und damit zusammenhängende Fragen, Brüssel, 5. Dezember 1978, abgedruckt in: Europäische Gemeinschaften, Währungsausschuß der Europäischen Gemeinschaften, Kompendium von Gemeinschaftstexten im Bereich der Währungspolitik, Brüssel-Luxemburg 1986, S. 43/46 (zitiert: Währungskompendium 1986).

[6] Auszug aus den Schlußfolgerungen des Vorsitzes des Europäischen Rates in Brüssel am 4. und 5. Dezember 1978, abgedruckt in: Währungskompendium 1986, S. 42.

Der Ansatzpunkt des neuen Anlaufs ist insofern nicht identisch mit dem von 1969, aber die politische Tragweite des Zieles »Wirtschafts- und Währungsunion« verlangt, die Erfahrungen des Fehlstarts von 1969/1971 zu beachten (vgl. 3.), um dessen negative Rückwirkungen zu vermeiden. Ein qualitativer Sprung über eine Währungsreform ist nicht beabsichtigt, sondern eine stufenweise Integration. Diese Strategie verlangt eine eindeutige Beschreibung des angestrebten Endzustands und klare Vorstellungen über die zeitliche Abfolge und die Rangfolge von wirtschafts- und währungspolitischen Maßnahmen. Insbesondere erfordert dieser Weg ex ante einen soliden politischen Konsens in den Bereichen, die in die traditionellen Bereiche der nationalen wirtschaftlichen Souveränität reichen.

In ihrem Abschlußbericht definierte die Werner-Gruppe 1970 und analog die Delors-Kommission[7] die vollendete Währungsunion so: »Eine Währungsunion erfordert im Innern die vollständige und irreversible Konvertibilität der Währungen, die Beseitigung der Bandbreiten der Wechselkurse, die unwiderrufliche Festsetzung der Paritätsverhältnisse und die völlige Liberalisierung des Kapitalverkehrs. Sie kann mit der Beibehaltung nationaler Geldzeichen einhergehen oder mit der Einführung einer einheitlichen Gemeinschaftswährung gekrönt werden. Technisch gesehen mag die Wahl zwischen diesen beiden Lösungen ohne Bedeutung sein. Psychologische und politische Gründe sprechen aber für die Einführung einer einheitlichen Währung, welche die Unwiderruflichkeit des Prozesses demonstrieren würde.«

Diese Definition kann um ein Element ergänzt werden: Eine Währungsunion erfordert gemeinschaftlich anpassungsfähige Wechselkurse gegenüber Drittstaaten als Garant für eine markt- und außenwirtschaftliche Absicherung.

Eine Währungsunion setzt die wirtschaftliche *und* wirtschaftspolitische Konvergenz einer Wirtschaftsunion voraus. Mit der Währungsunion wird ein *einheitlicher Währungsraum* geschaffen, der den *einheitlichen Wirtschaftsraum* der Wirtschaftsunion ergänzt, in dem binnenmarktähnliche Verhältnisse bestehen. Eine Währungsunion fügt den drei konstitutiven Grundfreiheiten und den anderen Merkmalen einer Wirtschaftsunion (Freiheit des Warenaustauschs und des Dienstleistungsverkehrs, Freizügigkeit für Arbeitskräfte, Niederlassungsfreiheit, das Fehlen erheblicher Steuerunterschiede, die (bewußt) den Wettbewerb verzerren, Sicherung des Binnenmarktes

---

[7] Bericht an Rat und Kommission über die stufenweise Verwirklichung der Wirtschafts- und Währungsunion in der Gemeinschaft: »Werner-Bericht«, Bulletin der Europäischen Gemeinschaften, Beilage 11/1970, S. 10 (zitiert: Werner-Bericht 1970); Delors-Bericht, Kapitel II, Ziffer 22, 23.

durch eine wirksame Wettbewerbspolitik) die vierte konstitutive Freiheit hinzu: die irreversible Konvertibilität der Währungen. Sie ermöglicht eine Allokation des Kapitals an den Orten der höchsten Grenzerträge im gesamten Währungsgebiet.

Die weiteren Vorteile der Währungsunion liegen[8]

– in der Verringerung der Kosten bei allen grenzüberschreitenden Transaktionen im Güter- und Leistungsverkehr sowie bei der kurzfristigen Zinsarbitrage;
– in der Aufhebung des Wechselkursrisikos innerhalb des Währungsraumes. Damit entfallen spekulative Kapitalbewegungen. Ebenso ist das Risiko von Verzerrungen der Wettbewerbsverhältnisse als Folge diskretionärer Wechselkursänderungen ausgeschaltet;
– in der Chance, bei Geldwertstabilität das Sparen anzuregen, das Sparkapital innerhalb des Finanzraumes zu halten und/oder Repatriierungen von den internationalen Finanzmärkten zu bewirken. Diese statischen Effekte helfen, die kurz- und in erster Linie die langfristigen Zinsen zu senken. Verstärkt werden sie durch dynamische Effekte, wenn die institutionellen Regelungen abgebaut werden und ein einheitlicher Finanzmarkt geschaffen wird, auf dem größerer Wettbewerb entsteht. Der Wettbewerb und der größere Finanzmarkt führen auf beiden Marktseiten zu einem Bündel operationaler Kostendegressionen. Der Prozeß der Transformation von Sparmitteln in Investitionen wird schneller und kostengünstiger, die allokative Effizienz des Finanzierungsprozesses wird verbessert, und Kreditnehmer sowie Kreditgeber werden sich einer größeren Palette von Finanzierungsinstrumenten gegenübersehen, die ihre Wahlmöglichkeiten erhöht. Das Sinken der Transaktionskosten und das der Zinsen werden die Investitionen anregen.
– Die Fusion der nationalen Finanzmärkte wird ferner die Schockabsorptionsfähigkeit gegenüber monetären Schocks von außen vergrößern. Ein gemeinsamer, großer Finanzmarkt wirkt wie eine Risikoversicherung auf Gegenseitigkeit.

Diese positiven Wirkungen sind aber nur gesichert, wenn den binnenwirtschaftlichen Verhältnissen auf den Märkten binnenwirtschaftliche Bedingungen in der Wirtschafts- und Währungspolitik gegenüberstehen.

– Eine Währungsunion erfordert eine *gemeinschaftliche Währungs-*

---

[8] Vgl. Hasse, R., Costs und Benefits of Financial Integration in Europe, in: Fair, D.E. und C. de Boissieu (Hrsg.), International Monetary and Financial Integration – The European Dimension, Dordrecht u. a. 1988, S. 299–302.

politik, die durch Koordinierung der nationalen Geld- und Kredit-
politiken oder durch eine zentralisierte Geldmengen- und Zinspolitik über eine gemeinsame Zentralbank erreicht werden kann.
– Eine Wirtschaftsunion erfordert eine gemeinschaftliche Wirtschaftspolitik, die entweder zentral ausgeübt werden kann oder die
  zu einer Koordinierung von Kerngrößen der Fiskal- und Konjunkturpolitik führt (Haushaltsdefizite und deren Finanzierung, Veränderung der Steuersysteme, Einkommenspolitik[9]). Im Gegensatz
  zur Währungspolitik haben die Erfahrungen in föderalen Staaten
  gezeigt, daß der Spielraum für eine regionale bzw. nationale Fiskalpolitik dadurch zwar eingeschränkt, aber nicht aufgehoben
  wird[10]: Eine Zentralisierung der Fiskalpolitik ist nicht zwingend
  erforderlich, in der Währungspolitik aber geboten.
Innerhalb dieses Rahmens müssen wichtige *ordnungspolitische Entscheidungen* auf Gemeinschaftsebene getroffen werden, die alle eine
Anpassung der nationalen Regeln und Instrumente erfordern:
– Zuerst muß eine Einigung darüber erreicht werden, wie und wann
  die wirtschafts- und währungspolitischen Instrumente eingesetzt
  werden – eine Entscheidung über die *Priorität der gesamtwirtschaftlichen Ziele* in der Wirtschafts- *und* in der Währungspolitik.
– Ferner muß geklärt werden, welche *wirtschafts- und währungspolitischen Instrumente* (marktkonforme, dirigistische) eingesetzt werden sollen, um vorgegebene Ziele zu realisieren.
– Schließlich muß entschieden werden, welche Institutionen auf Gemeinschaftsebene geschaffen werden sollen, welche gesamtwirtschaftlichen Ziele sie verfolgen sollen, welche Kompetenzen und
  Instrumente sie erhalten und welchen Einfluß der politischen Exekutive auf diese gemeinschaftlichen *Träger der Wirtschafts- und
  Währungspolitik* eingeräumt werden soll.
Aus wohlerwogenen theoretischen und politischen Gründen ist eine
Ausrichtung der Geldpolitik auf das Ziel der Geldwertsicherung zu
verankern und jede Abschwächung dieser Priorität durch ein weite-
res gesamtwirtschaftliches Ziel abzulehnen. Darüber hinaus ist dem
Umstand Rechnung zu tragen, daß die Geldpolitik ein besonde-
rer Funktionsbereich der Wirtschaftspolitik ist, in dem politische
Kompromisse in der Regel nur negative Auswirkungen haben. Des-

---

[9] Gemeint ist hierbei, daß es zwischen den EG-Staaten stark divergierende Eingriffsmöglichkei-
ten des Staates in die Lohn- und Einkommensbildung gibt. In der Bundesrepublik Deutschland
ist dies aufgrund der Tarifautonomie ein politikfreier Raum, in Großbritannien und in mehreren
anderen Staaten hat der Träger der Wirtschaftspolitik das Recht, die Entwicklung durch Lohn-,
Dividenden- und Preisstopps zu beeinflussen. Dies ist ein besonders sensibler Bereich der Koordinierung, da er auch die Sozialpolitik i.w.S. berührt.

[10] Vgl. hierzu: Gutachten des Wissenschaftlichen Beirats, Europäische Währungsordnung, S. 9
und 28 ff.

halb ist eine weisungsungebundene Zentralbank anzustreben (vgl. Kapitel 5).

Die Bedingungen eines einheitlichen Wirtschafts- und Währungsraumes bedeuten einen Verzicht auf autonome Wirtschafts- und Währungspolitik, der weit über das faktische Maß der Einschränkung innerhalb der EWG und des EWS hinausreicht. Die marginalen politischen Kosten der Integration werden steigen, weil mit dem Ziel der Wirtschafts- und Währungsunion definitiv in das Zentrum der institutionellen Infrastruktur dieser Bereiche »wirtschaftlicher Souveränität« eingegriffen wird. Bei der Wirtschaftspolitik ist dies leicht zu erkennen, weil die Träger der Wirtschaftspolitik überall die politische Exekutive und Legislative sind. Dies trifft auch für die Währungspolitik als Wechselkurspolitik zu.

Und dennoch wird der Eingriff bei der Wirtschaftspolitik längere Zeit nicht so gravierend sein wie bei einer Zentralbank. Die schwache Stellung des gemeinschaftlichen Budgets gegenüber den nationalen Haushalten und die politisch schwache Position des Europäischen Parlaments verhindern eine vollständige Zentralisierung der Wirtschafts- und Konjunkturpolitik. Bei jeder Form der Koordination bleiben die nationalen Regierungen direkt beteiligt. Ein weiterer Aspekt ist bereits erwähnt worden: Auch in einer Wirtschaftsunion verlieren die nationalen Regierungen und Gebietskörperschaften nicht vollständig ihren Handlungsspielraum. Die Bemühungen müssen auf die Abstimmung der gesamtwirtschaftlichen Ziele konzentriert werden; dieser Konsens darf nicht konträr zur Zielpriorität in der Geld- und Währungspolitik sein.

Bei der Geldpolitik dagegen ergeben sich andere tatsächliche und empfundene Verzichtssituationen. Historische Erfahrungen zeigen, daß Währungsunionen immer nur dann eine Überlebenschance gehabt haben, wenn mindestens die Geld- und Währungspolitik zentralisiert worden sind.[11] Aufgrund der verschiedenen nationalen Lösungen der Grundprobleme der Geldverfassung bestehen unterschiedliche Formen des Politikeinflusses auf die Zentralbank als Notenmonopol und Exekutivorgan der Geld- und Kreditpolitik (vgl. Anhang 2). Auch hier erfordert die Übertragung von Kompetenzen auf die Gemeinschaftsebene einen politischen Verzicht. Die Autonomieverzichte sind wohl unterschiedlich in Form und Intensität, je nachdem, welche Lösung für eine gemeinschaftliche Geld- und Kreditpolitik sowie für eine gemeinschaftliche Zentralbank gewählt wird. Eine Europäische Zentralbank wäre eine gemeinschaftliche Institution. Je unabhängiger sie gestaltet wird, desto stärker ist der Verlust an politi-

---

[11] Vgl. Krämer, Hans R., Experience with Historical Monetary Unions, Kieler Diskussionsbeiträge, Nr. 5, Kiel, 1970, passim.

scher Einflußnahme. In diesem Falle ist es vollständig belanglos, ob die nationale Zentralbank angesichts der Globalisierung der Finanzmärkte und der Erosion der Wirksamkeit der Geldpolitik für bestimmte Ziele (zum Beispiel die Phillips-Kurve) überhaupt einen nennenswerten Gestaltungsspielraum gehabt hat. Wenn die Regierung eine Autonomieillusion als Folge eines Perzeptionslags hat und ihre Weisungsbefugnis deshalb politisch hoch bewertet, entstehen Verzichtsempfindungen und politische Widerstände.

Aufgrund des hohen politischen Gehalts ist immer wieder betont worden, daß ein Integrationsprozeß mit dem Ziel einer Wirtschafts- und Währungsunion ohne die Vision einer politischen Union leicht zu einem Spielball von tagespolitischen Konflikten wird. Ohne einen analogen politischen Konsens wird dieses Ziel nicht zu realisieren sein.[12]

Bei einem stufenweisen Integrationsprozeß gibt es – im Gegensatz zur Alternative des qualitativen Sprunges durch eine Währungsreform – immer Möglichkeiten, diesen politischen Konsens zu verlassen, selbst wenn er am Anfang bestanden haben sollte. Deshalb müssen wichtige Entscheidungen immer wieder am Leitbild des Endzieles geprüft werden. Vor allem ist darauf zu achten, daß keine Strategien gewählt werden, die darauf zielen, der monetären Integration eine Schrittmacherfunktion gegenüber dem wirtschaftlichen Zusammenschluß sowie der wirtschaftlichen und wirtschaftspolitischen Konvergenz einzuräumen. Damit ist die Währungs- und Geldpolitik überfordert. Statt Fortschritt ist in diesen Fällen ein Scheitern des Integrationsprozesses eher wahrscheinlich.

3. Währungsintegration als Ziel und Methode: Erfahrungen aus den bisherigen Integrationsbemühungen

3.1. Die Koordinierung der Wirtschafts- und Währungspolitik im EWG-Vertrag: ein wachsendes Koordinierungsdefizit in der Übergangszeit

Die Europäische Wirtschaftsgemeinschaft (EWG) ist ein politischer Kompromiß auf vielen Ebenen und zwischen vielen Integrationsstra-

[12] Vgl. dazu. Willgerodt, H., A. Domsch, R. Hasse und V. Merx, Wege und Irrwege zur europäischen Währungsunion, a.a.O., besonders S. 13 ff., 255 ff. Unmißverständlich formuliert dies auch der Sachverständigenrat zur Begutachtung der gesamtwirtschaftlichen Entwicklung in seinem Gutachten 1988/1989 in Ziffer 52*: »Letztlich ist die Währungsunion nicht ohne die politische Union zu bekommen«. Krämer kommt in seiner Untersuchung über historische Währungsunionen zu der Schlußfolgerung, daß nur die Währungsunionen Bestand gehabt haben, die in eine allgemeine politische Union eingebettet worden sind. Krämer, Hans R., Experience with Historical Monetary Unions, a.a.O., S. 11.

tegien. Der EWG-Vertrag weist deshalb »logische« Unzulänglichkeiten auf, die mit fortschreitender Integration als Defizit empfunden werden.

Die wirtschaftliche Integration in Form einer weitgefaßten Zollunion war der realisierbare politische Nenner, nachdem der große Wurf einer Europäischen Verteidigungsgemeinschaft und damit die Europäische Politische Gemeinschaft am 30. August 1954 scheiterten. Die EWG ist ein Kompromiß zwischen divergierenden Integrationsmodellen (additive Integration der Wirtschaftssektoren analog zur Montanunion mit supranationalen Kompetenzen; Zollunion; Vorrang für den weltweiten Abbau von Hemmnissen im Handels- und Kapitalverkehr). Vor allem ist sie aber ein Kompromiß zwischen wirtschaftlichen und integrationspolitischen Notwendigkeiten sowie den politischen Widerständen gegen Einschränkungen der wirtschaftspolitischen Souveränität. Dieses Spannungsverhältnis charakterisiert und erklärt die Regelungen für eine Koordinierung der Währungs- und Wirtschaftspolitik. Der EWG-Vertrag wurde somit im institutionellen Bereich eine Mischung aus einigen supranationalen und vielen intergouvernementalen Elementen.

L. Erhard hat diesen Zustand für die Wirtschafts- und Währungspolitik treffend formuliert:

»Vorerst sieht der Gemeinsame Markt wie ein Kraftwagen aus, dessen Karosserie gepanzert ist, dessen Schutzscheiben aus kugelsicherem Glas bestehen, in dem die Sitze sorgsam verteilt sind und der im übrigen mit einer überstarken Bremse und einem unterentwickelten Motor ausgerüstet ist«.[13]

Die Vertragsparteien waren sich über die Probleme durchaus im klaren.[14] Der Durchbruch zu konsequenten Lösungen im Sinne der ökonomischen Logik des Integrationsprozesses wurde dennoch nicht erreicht. Zwar wurden alle drei Koordinierungsebenen – Träger der Wirtschaftspolitik, wirtschaftspolitische Ziele und wirtschaftspolitische Instrumente – aufgegriffen, die Formulierungen bzw. Verfahren blieben jedoch entweder sehr vage oder rechtlich unverbindlich.

Die wichtigsten Artikel für die Wirtschafts- und Währungspolitik im EWG-Vertrag sind:

Art. 2:   Allgemeine Aufzählung der wirtschaftspolitischen Ziele;

Art. 6:   Koordinierung der Wirtschaftspolitik;

---

[13] Zitiert bei Tuchtfeldt, E., Probleme der Europäischen Wirtschaftsgemeinschaft, Nürnberg 1958, S. 38.
[14] Vgl. Küsters, H.J., Die Gründung der Europäischen Wirtschaftsgemeinschaft, Baden-Baden 1982, S. 359 ff., 455 ff.

Art. 67–73:   Zahlungs- und Kapitalverkehr;
Art. 103:   Konjunkturpolitik;
Art. 104:   Zahlungsbilanz;
Art. 105:   Koordinierung der Wirtschafts- und Währungspolitik
                sowie Koordinierungsorgane;
Art. 106:   Kapitalverkehr;
Art. 107:   Wechselkurspolitik;
Art. 108/109:   Zahlungsbilanzpolitik.
Durch die EEA ist der Art. 102 a hinzugekommen.

In den Art. 2 und 104 sind die Ziele des magischen Vierecks der Wirtschaftspolitik in enumerativer Form erwähnt. Da dieser Zielkatalog in jedem Land in irgendeiner Form bestand, konnte ihrer Aufnahme in den Vertrag keine besondere Bedeutung beigemessen werden, dies um so weniger, da die unterschiedlichen Zielpräferenzen innerhalb der EWG damit nicht bereinigt wurden.[15] Ebenso offen wurden auch die Koordinationsverfahren der Wirtschafts- und Währungspolitik formuliert. Im Vertrag wird in Art. 6 Abs. 1 und in Art. 105 Abs. 1 eher konstatiert: »die Mitgliedstaaten koordinieren in enger Zusammenarbeit mit den Organen der Gemeinschaft ihre Wirtschaftspolitik, soweit dies zur Erreichung der Ziele des Vertrages erforderlich ist« (Art. 6 Abs. 1). Ebenso wird den Organen der Gemeinschaft (Kommission, Art. 103, 105 u. a.) sowie dem Ministerrat der Auftrag erteilt, dafür zu sorgen, daß »zur Verwirklichung der Ziele und nach Maßgabe dieses Vertrages . . . für die Abstimmung der Wirtschaftspolitik der Mitgliedstaaten« gesorgt wird (Art. 145).

Der Vertrag gab keine klare Zielorientierung. Darüber hinaus wurden durch die häufig verwendete Formulierung »soweit dies zur Erreichung der Ziele des Vertrages erforderlich ist« Unbestimmtheitsaspekte und Interpretationsspielräume eingebaut. Hinzu kommt, daß den Gemeinschaftsorganen keine wirtschaftspolitischen Kompetenzen übertragen wurden. Entweder wurde das Prinzip der Einstimmigkeit festgelegt, oder die Gemeinschaftsorgane besitzen lediglich das Recht, am Ende des wirtschaftspolitischen Koordinierungsverfahrens Stellungnahmen und Empfehlungen auszusprechen, die gemäß Art. 189 Abs. 5 »nicht verbindlich« sind. Konsequenterweise blieben die wirtschaftspolitischen Instrumente in der Kompetenz der Mitgliedstaaten. Dies wird in mehreren Artikeln (103, 104, 105, 107, 108) durch das Possessivpronomen »ihre« hervorgehoben, wie z. B. in Art.

[15] Vgl. zu den Präferenzen der Träger der Wirtschaftspolitik gegenüber wirtschaftspolitischen Zielen und Instrumenten die empirische Studie von: Kirschen, E.S., u. a., International vergleichende Wirtschaftspolitik. Versuch einer empirischen Grundlegung, Berlin 1967.

103: »Die Mitgliedstaaten betrachten *ihre* Konjunkturpolitik als eine Angelegenheit von gemeinsamem Interesse« (Hervorh. v. Verf.).

Dieses Bild der Vertragsbestimmungen wird abgerundet durch die Ausweichklauseln des Art. 73 für den Kapitalverkehr und der Art. 108/109 für den Handelsverkehr. Sie ermöglichen es den Mitgliedsländern, befristet die Liberalisierungsmaßnahmen des Wirtschaftsverkehrs auch ohne vorherige Konsultationen aufzuheben, wenn »ein Mitgliedstaat in eine plötzliche Zahlungsbilanzkrise (gerät)« (Art. 109 Abs. 1). Aus diesem Grunde ist die EWG auch eine »Zollunion mit Rücktrittsbremse«[16] genannt worden. Später traf dies für die Wechselkursunion des Europäischen Währungsverbundes ebenso zu (vgl. 3.2.).

Die Unzulänglichkeiten der rechtlichen Regeln traten mit fortschreitender Integration immer deutlicher hervor, zumal eine Änderung der konjunkturpolitischen Verhaltensweisen in den Mitgliedstaaten nicht zu beobachten war. Zugespitzt wurde die Problematik durch die Entwicklung eines Agrarpreissystems, das auf einem »Grünen Dollar« aufbaute und dadurch die Fiktion starrer Wechselkurse in die EWG trug. Das Koordinierungsproblem wurde aufgegriffen. Eine Lösung wurde in der Gründung einer Reihe von Ausschüssen gesucht, die zwei Effekte verbinden sollten: intergouvernementale Absprachen und das Lernen von Koordinierung in einem Politikbereich, in dem bereits auf nationaler Ebene Konflikte zwischen den wirtschaftlichen und politischen Bewertungen von Zielen und Mitteln bestehen.

Zusätzlich zu dem bereits im EWG-Vertrag, Art. 105 Abs. 2 verankerten Währungsausschuß wurden gegründet:
– der Ausschuß für Konjunkturpolitik – 9. März 1960;
– der Ausschuß für mittelfristige Wirtschaftspolitik – 15. April 1964;
– der Ausschuß der Zentralbankpräsidenten – 8. Mai 1964;
– der Ausschuß für Haushaltspolitik – 8. Mai 1964.
Die Ausschüsse für Konjunkturpolitik, für mittelfristige Wirtschaftspolitik und für Haushaltspolitik wurden am 18. Februar 1974 zum Ausschuß für Wirtschaftspolitik fusioniert. Die Aufgaben der Ausschüsse wurden auf die Erarbeitung von Vorschlägen, Gutachten und Stellungnahmen und auf das Sammeln von Informationen beschränkt. Die EWG besaß damit eine beachtliche Anzahl von Institutionen, die aber in der Wirtschaftspolitik ohne echte Leitungsfunktion existierten.

Angesichts dieser Rahmenbedingungen ist es wenig verwunder-

---

[16] Röpke, W., Gemeinsamer Markt und Freihandelszone. 28 Thesen als Richtpunkte, in: Ordo, Jahrbuch für die Ordnung von Wirtschaft und Gesellschaft, Bd. 10 (1958), S. 49.

lich, daß den wirtschafts- und währungspolitischen Empfehlungen des Rates und der Kommission im bisherigen Integrationsprozeß wenig Erfolg beschieden war.[17] So 1961 bei der deutschen Aufwertung. Die Mißachtung von EWG-Regeln und Koordinierungsanstrengungen ist aber 1964/65 und 1968/69 am deutlichsten sichtbar geworden. Am 15. April 1964 gab der Rat eine konjunkturpolitische Empfehlung »zur Wiederherstellung des inneren und äußeren Gleichgewichts der Wirtschaftsentwicklung der Gemeinschaft«. Dem Ziel der Preisniveaustabilität wurde die Priorität eingeräumt. Die Empfehlung enthielt den Vorschlag, die Steigerungsrate der öffentlichen Ausgaben auf 5% gegenüber dem Vorjahr zu begrenzen. Die Ergebnisse sind sehr bescheiden gewesen. Kaum ein Land hat sich an die Empfehlung gehalten, wie die Kommission in ihren Berichten resignierend feststellte.[18]

In noch krasserem Ausmaße wurden die Konsultationsverpflichtungen von Frankreich nach den Mai-Unruhen 1968 mißachtet, als es den Handels- und Kapitalverkehr in einer Form einschränkte, die selbst die ratio legis der Art. 73 und 109 EWG-Vertrag überschritt.[19] Erst als die Kommission drohte, Klage beim Europäischen Gerichtshof einzureichen, wurden einzelne Restriktionen gelockert bzw. aufgehoben. Ebenso unbefriedigend verliefen die Konsultationsverfahren bei der Ab- und Aufwertung des französischen Franc und der DM im August sowie September/Oktober 1969. Die EWG hat zwar Koordinierungsinstitutionen für alle betroffenen Bereiche der Wirtschafts- und Währungspolitik geschaffen. Damit hat sie erreicht, über die unverbindlichste Form der Koordinierung – die freiwillige Koordinierung – hinauszukommen. Es ist aber weder gelungen, eine gemeinsame Rangordnung der wirtschaftlichen Ziele zu verabreden noch verbindliche Verfahrensregeln für die Zusammenarbeit in Konjunktur- und Währungsfragen zu beschließen. Die gewählten rechtlichen Lösungen waren zu schwach und wurden zu wenig beachtet, um eine wirtschaftliche Solidarität zwischen den EWG-Staaten zu begründen, die dem zunehmenden Integrationsstand entsprochen hätte, der am 1. Juli 1968 zu einer vorzeitigen Vollendung der Zoll-

---

[17] Vgl. Müller-Armack, A., R. Hasse, V. Merx und J. Starbatty, Stabilität in Europa. Strategien und Institutionen für eine internationale Stabilitätsgesellschaft, Düsseldorf 1971, S. 63 ff.
[18] Kommission der Europäischen Wirtschaftsgemeinschaft, Die Wirtschaftslage der Gemeinschaft, 3. Quartalsbericht 1964, S. 95 ff.; Kommission der Europäischen Wirtschaftsgemeinschaft. Die Wirtschaftslage der Gemeinschaft, 2. Quartalsbericht 1965, S. 109.
[19] Aufgrund der Ausweichklauseln der Art. 73 und 109 dürfen die Mitgliedsländer wohl den Handels- und Kapitalverkehr einschränken. Ihre Maßnahmen dürfen aber »nur ein Mindestmaß an Störungen im Funktionieren des Gemeinsamen Marktes hervorrufen und nicht über das zur Behebung der plötzlich auftretenden Schwierigkeiten unbedingt erforderliche Ausmaß hinausgehen« (Art. 109, Abs. 1).

union führte. Die Koordinierungsansätze kamen nicht über die klassische Form einer konsensualen Abstimmung der Wirtschafts- und Währungspolitik hinaus. Diese zweite Form einer institutionalisierten, aber rechtlich unverbindlichen Koordinierung tastet die wirtschaftspolitische Souveränität der Mitgliedstaaten nicht an. Bereits in einer Zollunion mit festen, aber anpassungsfähigen Paritäten kommt es jedoch zu starken Spannungen, wenn diese Form der Koordinierung nicht gelingt.

Mit fortschreitender Fusion der Volkswirtschaften und mit Integrationszielen, die über die Zollunion hinausreichen, muß die dritte Stufe der Koordinierung aktiviert werden, die rechtlich verbindliche Koordinierung, die auch in eine begrenzte Zentralisierung von wirtschafts- und währungspolitischen Kompetenzen einmünden kann. Wenn man diese Ziele und diese »logischen« Koordinierungspfade einschlägt, sollte zuvor geprüft werden, ob die politischen Rahmenbedingungen diesen Zielen entsprechen. In einem Integrationsraum müssen sich Erfahrungsgemeinsamkeiten[20] entwickelt haben, die zur Entwicklung gemeinsamer Normen des gegenseitigen Beachtens der Interessen der Partner geführt haben. Erst wenn dieser Lernprozeß im Rahmen von Konsultationen soweit fortgeschritten ist, daß die gemeinschaftliche Politik ein anerkanntes Gegengewicht zur nationalen Orientierung der Politiker und der allgemeinen Politik ist, sind Kompetenzübertragungen möglich.

Die Einfügung des Art. 102 a in den EWG-Vertrag macht deutlich, daß dieser Zustand noch nicht erreicht ist. Die einschränkende Formel im Absatz 2, »sofern die weitere Entwicklung im Bereich der Wirtschafts- und Währungspolitik institutionelle Veränderungen erforderlich macht, findet Artikel 236 Anwendung«, dokumentiert nationale Vorbehalte, die aufbauen auf den Erfahrungen mit abweichenden Integrationsstrategien, die auch in Zukunft nicht ausgeschlossen werden.

3.2. Wirtschafts- und Währungsunion als Ziel: der Streit zwischen »Ökonomisten« und »Monetaristen« über die Integrationsstrategie

Die gegenläufige Entwicklung zwischen einer zunehmenden Marktintegration und einer Desintegration der Wirtschafts- und Währungspolitik der EWG-Mitgliedstaaten veranlaßte die EG-Kommission

---

[20] Vgl. Wessels, W., Koordination in der EG – Ein Mehrebenenspiel, in: Scharrer, H.-E., und W. Wessels (Hrsg.), Stabilität durch das EWS? Koordination und Konvergenz im Europäischen Währungssystem, Bonn 1987, S. 408 ff.

1968/69, aktiv zu werden. Sie diagnostizierte realistisch, daß der Zerfall der Konsultations- und Koordinierungsmechanismen nicht nur drohte, den Fortschritt der Marktintegration zu hemmen, sondern auch den erreichten Integrationsstand zu gefährden. Zusätzlich mußte das Problem gelöst werden, welche Entwicklung eine erweiterte EWG nehmen sollte.

Auf der Grundlage des Memorandums der Kommission (Barre-Memorandum) vom 12. Februar 1969[21] entschieden die Staats- und Regierungschefs auf der Gipfelkonferenz in Den Haag vom 1. und 2. Dezember 1969, *alle* Probleme mit einer weitreichenden Integrationsvision zu lösen. Sie beschlossen, daß »im Laufe des Jahres 1970 ein Stufenplan für die Errichtung einer Wirtschafts- und Währungsunion ausgearbeitet wird«, die zu einer »Gemeinschaft der Stabilität und des Wachstums« führen muß (Ziffer 8 des Kommuniqués).

Doch schon unmittelbar nach diesem Beschluß zeigte sich in den offiziellen und inoffiziellen Plänen, daß die Auffassungen über das Ziel und in noch stärkerem Maße die Vorstellungen über die Integrationsstrategien divergierten.[22] Der Zwischenbericht[23] der vom Ministerrat eingesetzten Expertenkommission, die einen Stufenplan ausarbeiten sollte (Werner-Kommission), dokumentierte noch die Konfliktlinien zwischen den Auffassungen der beiden rivalisierenden Lager der »Monetaristen« und der »Ökonomisten«.

Oberflächlich betrachtet schien es ein mehr technischer Streit um das Wechselkurssystem, um die Interventionsmethoden, die Finanzierung der Interventionen (Devisenausgleichsfonds, Reservepoolung) und den Zeitpunkt der ersten Bandbreitenverringerung zu sein. In Wirklichkeit handelte es sich um eine Auseinandersetzung über integrationspolitische Grundsätze, über die allgemeinen politischen, wirtschafts- und währungspolitischen Bedingungen sowie über die Prioritäten der volkswirtschaftlichen Ziele im Integrationsprozeß. Dabei fällt der wirtschafts- und währungspolitischen »Einbettung« einer Verringerung der Wechselkursbandbreiten sowie der Realisierung fester Wechselkurse mit engen Bandbreiten in einem universalen System flexibler Wechselkurse eine besondere Bedeutung zu. Die Ausgestaltung eines Multi-Währungsinterventionssystems entschei-

---

[21] Memorandum der Kommission an den Rat über die Koordinierung der Wirtschaftspolitik und die Zusammenarbeit in Währungsfragen innerhalb der Gemeinschaft, Brüssel, 12. Februar 1969, abgedruckt in Bulletin der Europäischen Gemeinschaften, 1/1971.

[22] Vgl. dazu: Willgerodt, H., A. Domsch, R. Hasse, V. Merx, Wege und Irrwege zur europäischen Währungsunion, a.a.O., insbesondere S. 77–123.

[23] Bericht an Rat und Kommission über die stufenweise Verwirklichung der Wirtschafts- und Währungsunion in der Gemeinschaft (»Werner-Bericht«).

det über seine Funktionsfähigkeit und über die Liquiditätswirkungen der Interventionen auch über den Stabilitätsstandard des Währungsverbunds.[24]

Ein Währungs- und Wechselkurssystem hat die Funktion eines Synchrongetriebes und eines Katalysators. Es verbindet sich in seiner technischen Ausgestaltung mit allen internationalen kommerziellen Transaktionen und beeinflußt somit die Richtung und die Stärke der makroökonomischen Flußgrößen. Es entscheidet mit, wie groß die Chancen sind, die Zielsetzungen einer nationalen Wirtschaftspolitik zu realisieren. Die Impulse, die von einem oder über ein Währungssystem ausgeübt werden, hängen von den institutionellen Regelungen der nationalen Geldverfassungen und des internationalen Währungs- und Wechselkurssystems ab. Dabei dreht sich der politische Streit um die Schwierigkeiten, das Währungssystem so zu gestalten, daß es gleichermaßen die strukturellen Überschußländer und die chronischen Defizitländer einem Anpassungszwang unterwirft (Symmetrie).

Im folgenden werden die möglichen, unterschiedlichen innen- und außenpolitischen Motive der EWG-Länder außer acht gelassen, die die Beschlüsse von Den Haag erklären und gleichzeitig ihre Ernsthaftigkeit erschüttern.[25] Die Betrachtung konzentriert sich auf den Integrationskonflikt. Er hat eine Art Maßstabcharakter, denn später wird zu prüfen sein, inwieweit 1989 andere Positionen und damit andere Erfolgsaussichten bestehen.

Die Kontroverse zwischen den »Monetaristen« und den »Ökonomisten« rankte sich um vier Grundprobleme, für die abweichende Lösungsvorschläge vorgetragen wurden, hinter denen sich unversöhnliche Zielvorstellungen verbargen.[26]

Grundproblem 1: Das Verhältnis zwischen der Wirtschafts- und der Währungsunion und damit zwischen wirtschafts- und währungspolitischen Schritten.

Grundproblem 2: Der politische Gehalt einer Währungsunion.

Grundproblem 3: Das Verhältnis der wirtschafts- und währungspolitischen Organe zu den korrespondierenden politischen Instanzen.

Grundproblem 4: Die wirtschaftspolitische Zielformulierung für eine Währungsunion.

---

[24] Vgl. im einzelnen hierzu: Hasse, Rolf, Multiple Währungsreserven. Probleme eines Währungsstandards mit multiplen Devisenreserven, Stuttgart/New York 1984, insbesondere S. 149–278.

[25] Vgl. hierzu: Hasse, Rolf, Europäische Währungsunion – Illusion oder Wirklichkeit, Aus Politik und Zeitgeschichte, 20, 15. Mai 1971, S. 9 f.

[26] Vgl. ausführlicher: Hasse, Rolf, Europäische Währungsunion – Illusion oder Realität?, a. a. O., S. 10 ff.

Die »Ökonomisten« vertraten im Rahmen der »Krönungstheorie« den Grundsatz, daß im Integrationsprozeß die Koordinierung der Wirtschafts- und Währungspolitik zeitlich und politisch Vorrang haben müsse oder daß mindestens drei Parallelitätsgebote beachtet werden müßten: 1. Eine parallele Entwicklung zwischen wirtschafts- und währungspolitischen sowie politischen Integrationsschritten. 2. Eine Parallelität zwischen Maßnahmen einer gemeinschaftlichen Wirtschaftspolitik und einer gemeinsamen Währungspolitik. 3. Eine Parallelität zwischen der Übertragung nationaler wirtschafts- und währungspolitischer Kompetenzen auf Gemeinschaftsinstanzen und der Schaffung von Voraussetzungen dafür, daß auf Gemeinschaftsebene wirksame Instrumente eingesetzt werden können. Die Wechselkursbandbreiten sollten erst dann verringert werden, wenn die innergemeinschaftlichen Ursachen von Währungsunruhen und Paritätsänderungen gemindert oder aufgehoben seien, also eine wirtschaftliche Konvergenz erreicht sei, die auf einer wirtschaftspolitischen Konvergenz aufbaut. Die Währungsunion sollte zu einer Stabilitätsgemeinschaft führen, ein Ziel, das als genereller Vorrang der Wirtschaftspolitik und als ausschließliche Zielsetzung für die gemeinschaftliche Währungspolitik einer weisungsunabhängigen Europäischen Zentralbank gelten sollte. Vertreter dieser Richtung waren die Bundesrepublik Deutschland, die Niederlande und Italien.[27]

Die »Monetaristen« dagegen lehnten den politischen Charakter einer Wirtschafts- und Währungsunion, den Vorrang einer Koordinierung der Wirtschaftspolitik sowie die wesentlichsten Teile der drei Parallelitätspostulate ab. Sie vertraten die Auffassung, daß bereits im Anfangsstadium die Wechselkursbandbreiten verringert werden sollten, um auf die Wirtschafts- und Währungspolitik der Mitgliedsländer einen Sachzwang zur Koordination der Wirtschaftspolitik und zu verstärkter Integration auszuüben. Sie lehnten aber gleichzeitig alle Vorschläge ab, mit denen versucht wurde, die Koordination der Wirtschaftspolitik rechtlich abzusichern. Sie beschränkten sich darauf, als komplementäre Maßnahmen zur Verringerung der Schwankungsbreiten nur Instrumente einer gemeinschaftlichen Finanzierung von Zahlungsbilanzungleichgewichten zu fordern: Mechanismen des

---

[27] Vielfach wird behauptet, Italien habe eine Mittelstellung eingenommen. Stärker »ökonomistisch« sind jedoch die Äußerungen des italienischen Schatzministers, E. Colombo, am 23. und 24. Februar 1970 auf der Tagung der Finanzminister und Notenbankpräsidenten der EWG-Länder gewesen. Vgl. Hellmann, Rainer, Europäische Wirtschafts- und Währungsunion. Eine Dokumentation, Baden-Baden 1972, S. 88–94. Ebenso zu werten sind die Ausführungen von R. Ossola: Ossola, Rinaldo, The European Economic Community at the Cross-roads. Essays in honour of Thorkil Kristensen, OECD, 1970, S. 91 ff.

kurz- und mittelfristigen Zahlungsbilanzkredits, teilweise Finanzierung von Zahlungsbilanzsalden durch die eigene Währung des Defizitlandes (Ausweitung des Leitwährungsprivilegs) sowie eine schrittweise Vergemeinschaftung (Poolung) der Devisenreserven.[28] Vertreter dieser Strategie waren die Kommission der EG, Frankreich und Belgien.

Die »Ökonomisten« befürchteten, daß mit einem Stufenplan, der primär den Vorstellungen der »Monetaristen« folgen würde, das Ziel einer europäischen Stabilitätsgemeinschaft gefährdet und das langfristige Ziel einer Wirtschafts- und Währungsunion kaum zu erreichen sei. Die Maßnahmenkombination der »Monetaristen« lief nach ihren Einschätzungen auf eine bloße Wechselkurs- und Währungsreservenunion hinaus. Sie bezweifelten, daß die »Monetaristen« ernsthaft eine Währungsunion anstreben wollten. Die ökonomische Logik ihrer Vorschläge ließ den Schluß zu, daß sie gar nicht bereit seien, sich einem Sachzwang zu unterwerfen. Das Instrumentarium eröffnete Möglichkeiten, die vollständige wirtschafts- und währungspolitische Autonomie zu behalten und den Spielraum für eine nationale expansivere Politik zu vergrößern, indem die Anpassungsprozesse teilweise exportiert werden (inflatorische Asymmetrie).

Der Abschlußbericht der Werner-Kommission ist trotz seines Kompromißcharakters bei den längerfristigen Perspektiven ökonomistischen Vorstellungen gefolgt.

1. Es wurde die politische Bedeutung des Integrationszieles hervorgehoben: »Die Wirtschafts- und Währungsunion erscheint somit ein Ferment für die politische Union, ohne die sie auf die Dauer nicht bestehen kann«.
2. Es wurde die Schaffung von zwei arbeitsfähigen wirtschaftspolitischen Institutionen auf Gemeinschaftsebene vorgeschlagen. Ein Entscheidungsgremium für die Fiskal- und Konjunkturpolitik, das durch ein politisch gestärktes Europäisches Parlament kontrolliert werden sollte. Ein gemeinschaftliches Zentralbankensy-

---

[28] Eine Verengung der Bandbreite oder gar eine Fixierung der Wechselkurse als erster Schritt zur Währungsunion ist nicht zwangsläufig falsch. Erst die zusätzlichen Rahmenbedingungen entscheiden über die Wirkungen. Letztlich kann jeder Wechselkurs nachträglich zu einem Gleichgewichtswechselkurs gemacht werden, wenn die Wirtschaftspolitiker bereit sind, die binnenwirtschaftlichen Wertgrößen durch Inflation (bei unterbewertetem Kurs) oder Deflation (bei überbewertetem Kurs) an das Datum des Wechselkurses anzupassen. Die deflatorische Alternative wählten Großbritannien 1926 mit der Rückkehr zur Goldparität von 1914 und teilweise auch die Regierung Brünning, indem sie sich weigerte, die Reichsmark abzuwerten. Ein Sachzwang geht aber von der Fixierung nur aus, wenn die Wirtschaftspolitik zur abhängigen Variablen des Wechselkurses wird. Dieser Zwang bestünde, wenn keine Währungsreserven zur Stabilisierung eingesetzt würden. Eine Finanzierung mit Hilfe der Devisen des Auslandes bedeutet demgegenüber, die eigene expansive Geldpolitik auf das Ausland transferieren und damit den Inflationsstandard bestimmen zu können.

stem, das nach dem Vorbild des amerikanischen Federal Reserve System organisiert werden könnte und weisungsunabhängig sein sollte. Als Keimzelle wurde der Ausschuß der Zentralbankpräsidenten gesehen.

3. Als wirtschaftspolitische Zielsetzung wurde festgelegt: Die Wirtschafts- und Währungsunion » . . . soll es ermöglichen, Wachstum und Stabilität in der Gemeinschaft zu sichern . . . und aus der Gemeinschaft einen Stabilitätsblock zu machen«.

4. Es wurde eine Parallelität zwischen der wirtschaftlichen Konvergenz und der Vergemeinschaftung von wirtschaftspolitischen Kompetenzen postuliert.

5. Für die Koordinierung der kurz- und mittelfristigen Wirtschafts- und Währungspolitik in der ersten Stufe wurden institutionelle Vorschläge unterbreitet. Unter anderem wurden Verfahren erwogen, die Konsultationsverfahren durch den Verzicht auf Ausweichklauseln verbindlicher zu machen.[29]

6. Die Bandbreiten der Wechselkurse sollten zwischen den Teilnehmerwährungen verringert werden. Zur Erleichterung der Finanzierung sollten eine kurzfristige und eine mittelfristige Fazilität geschaffen werden. Zwar wurde die Gründung eines »Europäischen Fonds für währungspolitische Zusammenarbeit« vorgeschlagen, dieser sollte aber keineswegs die weitreichenden Aufgaben erhalten, die die »Monetaristen« mit ihrem Vorschlag eines Devisenausgleichsfonds angestrebt hatten.

7. Für den Übergang in die zweite Stufe, in der die institutionellen Grundlagen für die vollständige Währungsunion geschaffen werden sollten, wurde eine Regierungskonferenz auf der Grundlage des Art. 236 EWG-Vertrag vorgeschlagen.

Der Bericht der Werner-Kommission wurde mit nur geringen Abweichungen von fünf Regierungen begrüßt. Die ablehnende Stellungnahme der französischen Regierung drang nur indirekt an die Öffentlichkeit[30], sie wurde aber evident in den deutsch-französischen Konsultationen vom 25./26. Januar 1970 in Paris.[31] Die EG-Kommission belegte ihre abweichende Position in ihren Entschlie-

---

[29] Die Konsultationspflicht wurde immer mit folgender Ergänzung eingeschränkt: » . . . sofern die Umstände dem nicht entgegenstehen«. Da mit einer Verweigerung oder einer verspäteten Konsultation keine Rechtsfolgen bzw. Sanktionen verbunden waren, wurde diese Ausweichklausel häufig als Begründung herangezogen. Vorgeschlagen wurde, auf diese Ausweichklausel zu verzichten; ferner sollte sich jedes betroffene Land bei Abstimmungen über wirtschaftspolitische Empfehlungen der Stimme enthalten.

[30] Es drangen inoffizielle Informationen durch, daß gaullistische Politiker und Staatspräsident Pompidou das französische Mitglied in der Werner-Kommission und Vizepräsident der Banque de France, B. Clappier, gerügt hätten, weil er den Abschlußbericht unterzeichnet habe, obwohl in ihm der französische Standpunkt kaum enthalten sei.

[31] Vgl. Hasse, Rolf, Europäische Währungsunion – Illusion oder Wirklichkeit?, a. a. O., S. 20–22.

ßungsvorschlägen und -entwürfen für den Rat vom 29. Oktober 1970.[32] Gemeinsam bemühten sie sich
- um monetaristische Gegengewichte,
- um eine Ausklammerung des politischen Endzieles und institutioneller Reformen,
- um eine Relativierung des Stabilitätsziels,
- um eine Abschwächung der Verbindlichkeit der wirtschaftspolitischen Koordinierung,
- um eine Weichenstellung für eine weisungsabhängige Europäische Zentralbank, indem die Koordinierung der Geld- und Kreditpolitik »im Rahmen der vom Rat« beschlossenen Leitlinien der Wirtschafts- und Währungspolitik stattfinden sollte
- und um Aufhebung der Parallelität zwischen wirtschafts- und währungspolitischen Maßnahmen.

Die Ursachen für das Scheitern dieses Anlaufs sah eine Studiengruppe 1975 in widrigen Ereignissen (internationale Währungskrisen 1971/73, Ölkrise 1973/74), im mangelnden politischen Willen und »in unzulänglichen Vorstellungen davon, was eine Wirtschafts- und Währungsunion ist und welche Bedingungen erfüllt sein müssen, damit sie entstehen und funktionieren kann«.[33] Diese Diagnose ist richtig, sie ist aber gleichzeitig zu global.

Der Schlüssel zur Erklärung liegt in den Positionen Frankreichs und der Bundesrepublik Deutschland. Ihre Integrationskonzepte waren nicht kompromißfähig. Sie prallten in den Konsultationen am 25./26. Dezember 1971 aufeinander und führten zu einem Formelkompromiß, der durch eine Verfallsklausel (clause de sauvegarde) ergänzt wurde, die die berechtigte deutsche Skepsis über die französischen Ziele verankerte. Der Kompromiß ermöglichte die Ratsbeschlüsse vom 22. März 1971 und 21. März 1972; diese blieben aber deutlich hinter den Erfordernissen des gesteckten Zieles zurück. Verbindlich wurden für die erste Stufe nur die Verengung der Wechselkursbandbreiten beschlossen (vgl. Abbildung A1 im Anhang). Noch vor dieser Entscheidung äußerte sich der französische Minister M.

---

[32] Kommission der Europäischen Gemeinschaften, Mitteilungen und Vorschläge der Kommission an den Rat über die stufenweise Einführung der Wirtschafts- und Währungsunion, Dok. (70) 1250, Brüssel 1970; abgedruckt in: Hellmann, R., Dokumentation 1972, S. 184–195.
[33] Vgl. Kommission der Europäischen Gemeinschaften, Bericht der Studiengruppe »Wirtschafts- und Währungsunion 1980«, Brüssel, März 1975, S. 3.

Debré und formulierte die Grenzen der französischen Integrations-
bereitschaft.[34]

Auch das als Hilfe gedachte »Dritte Programm« für die mittelfristige Wirtschaftspolitik für die Jahre 1971–75 mit seinen ehrgeizigen
Stabilitätszielen (vgl. Tabelle 1) löste ebensowenig Koordinierungs-
und Anpassungsanstrengungen aus, wie die »Konvergenzentschei-
dung« und die Richtlinie des Rates über Stabilität, das Wachstum
und die Vollbeschäftigung vom 18. Februar 1974.[35] Der politische
Konsens hierfür fehlte.

Einerseits reihten sich diese Entscheidung und die Richtlinie in
die Reihe der seit der Gründung der EWG verabschiedeten ein. Sie
enthalten verbal starke Grundsätze, die aber zum Zeitpunkt der
Beschlüsse ohne Realitätspotential waren. Auf der anderen Seite

Tabelle 1: Wirtschaftspolitische Koordinierung: Soll-Ist-Vergleich
der Entwicklung der Preisindizes des privaten Verbrauchs
auf der Grundlage des 3. Programms für die mittelfristige
Wirtschaftspolitik, (Soll) 1971–75 (Periodendurchschnitte
in Prozent)

	1960–70	Soll 1971–75	Ist 1975	Soll minus Ist*
Belgien	3,1	2,6–3,1	8,5	−5,6
Bundesrepublik Deutschland	2,8	1,8–2,3	6,2	−4,1
Frankreich	4,1	2,3–2,8	8,8	−6,3
Italien	4,0	2,3–2,8	11,6	−9,0
Luxemburg	2,6	2,3–2,8	7,3	−4,7
Niederlande	4,2	2,3–2,8	8,7	−6,1

* Mittelwert der Sollvorgabe minus Durchschnitt 1971–75.

[34] »Das Kennzeichen des Gaullismus ist die ständige Sorge um das Maß der Unabhängigkeit
Frankreichs ... Frankreich, sicherlich, wird Verpflichtungen eingehen, aber Verpflichtungen
nach seinem Maßstab, die mit seinem eigenen Willen übereinstimmen ... Die Sorge um eine nationale Währung, die im Inland und im Ausland geschätzt wird, gehört zum gaullistischen Erbe.
Die Währung ist in erster Linie das Kennzeichen einer politischen Autorität. Wer die Steuer hat,
wer die Ersparnisse hat, wer den Kredit hat, der hat die Macht. Das Wort ›europäische Währung‹ ist deshalb zweideutig. Um es ganz klar auszudrücken, das würde bedeuten, daß Europa
eine Nation ist und daß alles entschieden ist. Das ist nicht unser Weg. Wir dagegen sind für eine
Konzertierung und Zusammenarbeit, um exzessive Veränderungen der Wechselkurse zu vermeiden. Ebenso wie uns der letzte Aspekt realistisch zu sein scheint, ebenso ist der andere gegenwärtig eine Utopie«. M. Michel, Debré définit les caractéristiques de l'héritage gaulliste, in: Le
Monde, 26. Februar 1971 (eigene Übersetzung).
[35] Entscheidung des Rates vom 18. Februar 1974 zur Erreichung eines hohen Grades an Konvergenz der Wirtschaftspolitik der Mitgliedstaaten der Europäischen Wirtschaftsgemeinschaft
(74/120/EWG), Richtlinie des Rates vom 18. Februar 1974 über die Stabilität, das Wachstum
und die Vollbeschäftigung in der Gemeinschaft (74/121/EWG), beide abgedruckt in: Währungsausschuß, Kompendium 1986, S. 19–26.

sind sie geprägt von einem organisatorischen und juristischen Perfektionismus, sie setzen keine Prioritäten bei den wirtschaftspolitischen Zielen, und sie enthalten ordnungspolitisch problematische Vorstellungen. Dies soll am Beispiel der »Richtlinie über Stabilität, das Wachstum und die Vollbeschäftigung in der Gemeinschaft« für die Geldpolitik dargelegt werden, denn diese Richtlinie wird möglicherweise bei konkreten Maßnahmen im Bereich der Geld- und Kreditpolitik in den kommenden Jahren die juristische Basis sein. Es wird in ihr der wichtige Komplex aufgegriffen, die Instrumentarien der nationalen Währungsbehörden in ihrer Breite anzugleichen. Es wird vorgegeben, daß sie über folgende Instrumente verfügen sollen (Art. 9): Passiv- und Aktivmindestreserve; Offenmarktpolitik mit kurz-, mittel- und langfristigen Papieren; Rediskontkontingente und veränderbare Interventionssätze bei den Zinsen. Ferner sollen die Währungsbehörden »soweit dies möglich ist«, über Instrumente verfügen, um folgende Maßnahmen treffen zu können: Änderung der Soll- und Habenzinsen der öffentlichen Kreditanstalten; Einführung oder Änderung der Konditionen für Konsumentenkredite, Teilzahlungsgeschäfte und Hypothekarkredite sowie quantitative und qualitative Kreditkontrollen. Darüber hinaus wird in Art. 10 den Mitgliedstaaten vorgegeben, »soweit sie dies für zweckmäßig halten«, Vorschriften zu erlassen, mit denen sie im Bedarfsfalle »Preis- und Einkommenssteigerungen unverzüglich für befristete Zeit global oder selektiv begrenzen können«.

Diese Richtlinie entspricht den Bedingungen einer administrativen Steuerung sowohl der volkswirtschaftlichen Rahmenbedingungen als auch des Wirtschaftsprozesses. Sie entspricht jedoch nicht der Erfordernis, die Wirtschafts- und Währungspolitik zwischen wettbewerblich organisierten und offenen Volkswirtschaften zu koordinieren. Eine administrative, quantitativ und/oder selektiv gestaltete Kreditpolitik ist desintegrierend. Das Instrument der Preis- und Einkommenspolitik hebt den Marktmechanismus auf, es wirkt desintegrierend und ist in einigen Ländern verfassungswidrig (Bundesrepublik Deutschland). Die Richtlinie vom 18. Februar 1974 ist als katastrophaler Irrweg zu bewerten, die Wirtschafts- und Währungspolitik zu koordinieren. Dies muß beachtet werden, falls auf diese Richtlinie zurückgegriffen werden sollte.

Der Europäische Wechselkursverbund wurde im April 1972 als Institution der Zentralbanken gegründet. Er nahm aber eine Entwicklung, die vollständig von den ursprünglichen Absichten abwich: Seine Mitgliederzahl schwankte (vgl. Tabelle 2). Frankreich entzog sich zweimal seiner disziplinierenden Wirkung. Häufige Wechselkursänderungen (vgl. Tabelle 3) und die Dominanz der DM als »mo-

Tabelle 2: Die Schwankungen der Mitgliederzahl am Europäischen Wechselkursverbund von 1972–1979[*]

24. April 1972:	Beginn des Wechselkursverbunds (»Schlange«). Mitgliedsländer: Belgisch-Luxemburgische Währungsunion, Bundesrepublik Deutschland, Frankreich, Italien, Niederlande.
1. Mai 1972:	Dänemark, Großbritannien und Irland schließen sich dem Wechselkursverbund an.
23. Mai 1972:	Norwegen wird dem Wechselkursverbund assoziiert.
23. Juni 1972:	Großbritannien und Irland verlassen den Wechselkursverbund.
26. Juni 1972:	Italien stellt den Antrag, aus dem Wechselkursverbund auszuscheiden.
27. Juni 1972:	Dänemark verläßt formal-rechtlich den Wechselkursverbund, hält aber weiterhin die Bandbreiten ein.
10. Oktober 1972:	Dänemark tritt offiziell dem Wechselkursverbund wieder bei.
13. Februar 1973:	Italien scheidet aus dem Wechselkursverbund aus.
19. März 1973:	Schweden wird dem Wechselkursverbund assoziiert.
29. März 1973:	Österreich koppelt sich ohne vertragliche Bindung an den Wechselkursverbund an.
19. Januar 1974:	Frankreich verläßt zum ersten Mal den Wechselkursverbund.
10. Juni 1975:	Frankreich tritt dem Wechselkursverbund wieder bei.
15. März 1976:	Frankreich verläßt zum zweiten Mal den Wechselkursverbund. Der Wechselkursverbund zwischen den Benelux-Staaten (»Wurm in der Schlange« – interne Bandbreite ± 1,5 v. H.) wird aufgegeben.
29. August 1977:	Schweden kündigt die Assoziierung und scheidet aus dem Wechselkursverbund aus.
12. Dezember 1978:	Norwegen verläßt den Wechselkursverbund.
13. März 1979:	Das Europäische Währungssystem tritt in Kraft.

[*] Tage des Inkrafttretens.

Tabelle 3: Die Wechselkursanpassungen* innerhalb des Europäischen Wechselkursverbunds

---

1973
1. 19. März:	Die DM wird um 3 v. H. aufgewertet.
2. 29. Juni:	Die DM wird um 5,5 v. H. aufgewertet.
3. 17. September:	Der niederländische Gulden wird um 5 v. H. aufgewertet.
4. 16. November:	Die norwegische Krone wird um 5 v. H. aufgewertet.

1974
5. Mitte Mai: Österreich erweitert die Bandbreite gegenüber den »Schlangen«-Währungen von 2,25 auf 4,5 v. H. und wertet den effektiven Kurs des Schillings gegenüber den »Schlangen«-Währungen und dem Schweizer Franc um 3 v. H. auf.

1976
6. 15. März: Der Wechselkursverbund zwischen den Benelux-Staaten (»Wurm in der Schlange« – interne Bandbreite ± 1,5 v. H.) wird aufgegeben.

7. 18. Oktober: Realignment innerhalb des Wechselkursverbunds
– die DM wird um 2 v. H. aufgewertet;
– die dänische Krone wird um 4 v. H. abgewertet;
– die norwegische und schwedische Krone werden um je 1 v. H. abgewertet.

1977
8. 4. April: Die »nordischen« Mitglieder am Wechselkursverbund verändern ihre Leitkurse
– die schwedische Krone wird um 6 v. H. abgewertet;
– die norwegische und dänische Krone werden um je 3 v. H. abgewertet.

9. 29. August: Die norwegische und dänische Krone werden gegenüber den Währungen der Benelux-Staaten um je 5 v. H. abgewertet.

1978
10. 13. Februar:	Die norwegische Krone wird um 8 v. H. abgewertet.
11. 16. Oktober:	Realignment innerhalb des Wechselkursverbunds

– die DM wird um 4 v. H. aufgewertet;
– der belgische Franc und der niederländische Gulden werden um je 2 v. H. aufgewertet.

---

* Wechselkursänderungen innerhalb der »Schlange« wurden gegenüber den Sonderziehungsrechten erklärt, die als gemeinsame Basis für die Berechnung der bilateralen »Paritäten« und des »Paritätengitters« dienten.

Abb. 1: Schwankungsbreite der prozentualen Steigerungen der Verbraucherpreise gegenüber dem Vorjahr zwischen den Teilnehmerländern am Europäischen Wechselkursverbund und in den übrigen EWG-Ländern, 1964 bis 1978
(die Zeichen I, o, + und − geben die prozentualen, jährlichen Steigerungen der Verbraucherpreise in einzelnen Ländergruppen und damit die Streuung der Preisniveauzuwächse wieder).

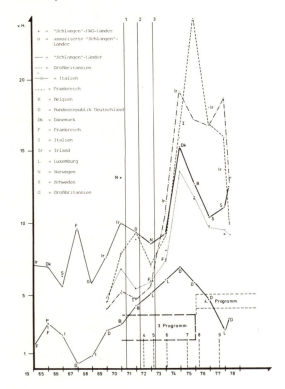

1) 24. April 1972: Beginn des Europäischen Wechselkursverbunds; 2) 1. Januar 1973: Beitritt Dänemarks, Großbritanniens und Irlands zu den EG; 3) 19. März 1973: Beginn des Blockfloatens; 4) 23. Juni 1972: Großbritannien verläßt die »Schlange«; 5) 13. Februar 1973: Italien verläßt die »Schlange«; 6) 19. Januar 1974: Frankreich verläßt zum 1. Mal die »Schlange«; 7) 10. Juni 1975: Frankreich verläßt zum 2. Mal die »Schlange«; 9) 29. August 1977: Schweden verläßt die »Schlange«.
Quelle: International Monetary Fund, International Financial Statistics, versch. Jgg.

netärer Anker« erhielten das Wechselkurssystem, von dem keine integrationsfördernden Impulse ausgingen. Die wirtschaftliche Konvergenz zwischen den sechs Gründungsländern der EWG, zwischen den neun EWG-Ländern und auch zwischen den »Schlangen-Ländern« war schlechter als in der Phase vor 1972 (vgl. Abb. 1). Darüber hinaus wurde ein Bereich massiv deliberalisiert, der als Prüfstein für eine Währungsunion anzusehen ist: Durch Kapitalverkehrskontrollen wurde die Konvertibilität der Währungen eingeschränkt, um die autonome Wirtschaftspolitik außenwirtschaftlich abzusichern.[36]

Die Bemühungen, eine Wirtschafts- und Währungsunion im Sinne der Ratsentschließungen vom März 1971 und März 1972 zu schaffen, kamen Anfang 1974 zum Stillstand. Eine Annäherung der Grundsatzpositionen fand nicht statt. Frankreich insistierte ausschließlich auf einer Ausweitung der gemeinschaftlichen Finanzierung von Interventionen, einer Multilateralisierung des Saldenausgleichs von Interventionskrediten und einer teilweisen Vergemeinschaftung von Reserven[37]. Die Bundesrepublik Deutschland machte diese Ausweitung von Fortschritten der wirtschaftlichen Konvergenz abhängig, die nicht ernsthaft versucht wurden. So blieben lediglich Einzelteile erhalten – Kreditmechanismen, Wechselkursverbund – einmal, weil sie auch unabhängig von dem wirtschafts- und währungspolitischen Ziel als zweckmäßig eingeschätzt wurden, und zum anderen, um zu demonstrieren, daß die Integrationsziele formell weiterbestanden.

3.3. Das Europäische Währungssystem: wirtschaftliche Konvergenz durch wirtschaftspolitische Konvergenz?

3.3.1. Die Zielsetzung des EWS

Am 13. März 1979 trat rückwirkend zum 1. Januar 1979 das Europäische Währungssystem (EWS) in Kraft. Diese neue Konstruktion erleichterte Frankreich die politische Rückkehr in das System fester Wechselkurse. Aber auch Irland und Italien traten bei, Italien allerdings unter Inanspruchnahme größerer Bandbreiten. Der Wirtschafts- und der Währungsraum fallen als Integrationsraum bis heute auseinander, weil Großbritannien, Griechenland und Portugal am Wechselkurssystem überhaupt nicht teilnehmen.

Das EWS ist ein Musterbeispiel dafür, daß wirtschaftswissen-

---

[36] Vgl. Hasse, R., H. Werner und H. Willgerodt, Außenwirtschaftliche Absicherung zwischen Markt und Interventionismus. Erfahrungen mit Kapitalverkehrskontrollen, Frankfurt/Main 1975, passim.

[37] Kommission der Europäischen Gemeinschaften, Währungsausschuß der Europäischen Gemeinschaften, 14. Jahresbericht, Stellungnahme für Rat und Kommission, 5. September 1972, S. 16 ff.; Kommission der Europäischen Gemeinschaften, Bericht über die Umgestaltung des kurzfristigen Währungsbeistands und die Bedingungen einer Vergemeinschaftung der Reserven vom 27. Juni 1973, abgedruckt in: Bulletin der EG, Beilage, 12/1973.

schaftliche Prognosen gleichzeitig falsch und richtig sein können. Dem EWS sind nahezu keine Überlebenschancen eingeräumt worden. Vaubel begründet dies wie folgt: »Das neue Europäische Währungssystem wird uns – solange es aufrechterhalten wird – nicht Wechselkursstabilität, sondern Inflation und wirtschaftliche Desintegration bescheren. Es wird deshalb nicht lange überleben. Sein Zusammenbruch wird das Ziel der politischen Union in Europa aufs neue und diesmal noch schwerer diskreditieren«.[38] Für diese Prognose gab es genügend und wohl begründbare währungstheoretische, -politische und allgemein-politische Annahmen: die Erfahrungen seit 1972 und die Unzulänglichkeit der beschlossenen Regelungen. Dennoch hat sich diese Voraussage als unzutreffend herausgestellt. Und auf eine Bedingung, die seine Prognose widerlegen könnte, wies Vaubel[39] selbst hin: die Existenz einer Leit- bzw. Hegemonialwährung im EWS und damit die Bereitschaft der übrigen Länder, ihre Geldpolitik dem Wechselkursziel unterzuordnen. Aber dies erklärt das unzweifelhaft feststellbare Überleben und die Fortschritte in der wirtschaftlichen Konvergenz nur zu einem Teil.

Die Kontroversen im Vorfeld über die Interventionsregeln und deren Finanzierung dokumentierten weiterhin große Uneinigkeiten. Die Ziele des EWS wurden gegenüber 1971/72 viel bescheidener gesetzt: Das EWS sollte 1. durch ein höheres Maß an Währungsstabilität den innergemeinschaftlichen Handel fördern und positive Wachstumseffekte schaffen; 2. einen größeren Schutz gegen destabilisierende Einflüsse aus dem Dollarraum bieten sowie 3. die Konvergenz der wirtschaftlichen Entwicklung verbessern. Diese letzte Zielsetzung wurde in zweierlei Hinsicht präzisiert. Einmal durch Absichtserklärungen über eine Verstärkung der Regionalpolitik. Ferner, indem das EWS »zu einer stabilen Währungszone in Europa« führen sollte. Der Europäische Rat betonte in seiner Entschließung vom 5. Dezember 1978, daß » . . . das Hauptanliegen darin bestehen sollte, die Konvergenz der Wirtschaftspolitiken im Hinblick auf eine größere Stabilität zu verstärken« (Abschnitt B, Ziffer 1). Als einen Weg dorthin sah er allgemein »symmetrische Rechte und Pflichten der Teilnehmer«, die er an anderer Stelle konkreter auf Überschuß- und Defizitländer bezog.

[38] Vaubel, R., Die Rückkehr zum neuen Europäischen Währungssystem, in: Wirtschaftsdienst, 1/1979, S. 30.
[39] Vaubel, R., Choice in European Monetary Union. The Institute of Economic Affairs, Occasional Papers, No. 55, Lancing 1979, S. 17. »This is because for the smaller economies, being more open, the benefit of exchange-rate constancy has a larger weight as compared with domestic price-level stability than for the larger countries . . . The hegemonial-currency role is then performed by the currency of the largest economy in the region . . . because the largest economy, being least open vis-à-vis the rest of the world, can best afford to adopt a purely passive exchange-rate policy«.

Das Ziel der Währungsunion wurde nur indirekt aufgenommen durch Hinweise auf den geplanten Übergang in eine zweite, institutionelle Phase nach zwei Jahren, den Ausbau des Europäischen Fonds für währungspolitische Zusammenarbeit (EFWZ) in einen Europäischen Währungsfonds und durch Äußerungen außerhalb der Entschließung vom 5. Dezember 1978, in denen die Zielsetzungen von März 1971/März 1972 aufgegriffen wurden. Mit der Beschränkung auf eine Wechselkursunion wurden aber keineswegs geringere wirtschafts- und währungspolitische Anforderungen übernommen als bei einer Währungsunion in der Übergangszeit.

Die Fixierung der Wechselkursrelationen war die einzige währungspolitische Entscheidung. Wie sicher, glaubwürdig und dauerhaft waren die beschlossenen Wechselkursrelationen als Kennzeichen der externen Stabilität, und welche Vorkehrungen gab es für die Sicherung der internen Stabilität?

3.3.2. Die Absicherung der Wechselkursstabilität im EWS-Regelsystem: inflatorische Asymmetrie

Ein integrations- und wachstumsfördernder Ausgleich der Zahlungsbilanz bei festen Wechselkursen setzt voraus, daß weder der Handels- und Dienstleistungs- noch der Kapitalverkehr beschränkt werden. Im EWS wurde dieser Problemkomplex überhaupt nicht aufgegriffen. Die Ausweichklauseln der Art. 73 und 108/109 EWG-Vertrag blieben bestehen und wurden bis 1985 ausgiebig in Anspruch genommen (zum Zusammenhang von Integrationsziel und Formen des Zahlungsausgleichs vgl. Abbildung A2 im Anhang). Die Reduzierung des Zieles auf eine Wechselkursunion hat den Weg geebnet, die Liberalisierung des Kapitalverkehrs vollständig auszuklammern und die Kapitalverkehrskontrollen als Instrumente der Wechselkursstabilisierung bei divergierenden nationalen Wirtschaftspolitiken zu behalten.

Da feste Wechselkurse die Wirksamkeit der geld- und fiskalpolitischen Instrumente verändern, bedürfen sie einer wirtschaftspolitischen Absicherung. Deren Glaubwürdigkeit ist am größten, wenn die Teilnehmer eine Stabilitätspolitik verfolgen und Sanktionen gegenüber Staaten bestehen, die den Stabilitätspfad verlassen. Innerhalb des EWS ist zwar mit der Abweichungsschwelle ein Mechanismus vorgesehen gewesen, der bei einer stärkeren Abweichung einer Währung gegenüber den Kursrelationen aller anderen Teilnehmerwährungen »angemessene Maßnahmen« zur Korrektur auslösen kann (diversifizierte Interventionen, interne Maßnahmen, Änderungen der Leitkurse, andere wirtschaftspolitische Maßnahmen). Dieser Indikator löst jedoch keine Automatik, sondern nur eine Vermutung aus, daß reagiert wird. Sanktionen gar für den Fall der Inaktivität wurden nie ernsthaft erwogen. Darüber hinaus stellte sich heraus, daß die Abweichungsschwelle ein äußerst unzuverlässiges Signal ist.[40]

Andere Verfahren zur Koordinierung einer Stabilitätspolitik wurden nicht beschlossen, auch sind bestehende Regelungen weder aktiviert noch verstärkt worden. Die Grundlage der internen Stabilität ist eine allgemeine »Bemühungszusage« aller Teilnehmer. Und selbst diese wird nicht im Entschließungstext erwähnt. Sie wird vielmehr aus einem zunehmenden geldpolitischen Stabilitätsbewußtsein in den Mitgliedsländern extrapoliert.[41]

Die bisher betrachteten Elemente des EWS ließen keine Zone der Stabilität erwarten. Es wurde darüber hinaus behauptet, daß die Regeln des EWS einen Sachzwang und eine währungspolitische Solidarität hervorrufen, daß letztlich die gewünschten und erforderlichen wirtschaftspolitischen Maßnahmen für eine Stabilitätspolitik getroffen würden.[42] Wie stabilitätsfördernd sind die Regeln des EWS?

Gerade die Wirkungen des Interventionssystems sind Bestandteil auch des Vorwurfs, das EWS wirke asymmetrisch (vgl. 3.3.3.). Die Wechselkurs- und Interventionsregeln sind ein Kompromiß zwischen den französischen Wünschen nach festen Wechselkursen und einer teilweisen Poolung der Währungsreserven, um die Interventionen zu finanzieren, und der deutschen Abwehrstrategie, die Interventionsregeln und die Finanzierung der Wechselkursstützungen so zu konstruieren, daß keine Inflationsübertragung gefördert wird. Aus diesen Gründen lehnten die Bundesregierung und die Deutsche Bundesbank auch ein Interventionssystem auf der Grundlage nur der ECU-Leitkurse (Korbmechanik) ab, das von Frankreich, Großbritannien, Italien und Irland präferiert wurde. Es führt zu einseitigen, asymmetrischen Interventionsverpflichtungen, aus denen asymmetrische, inflatorische Liquiditätswirkungen erwartet wurden.[43]

Es wurde auf das Paritätengitter des Europäischen Wechselkurs-

---

[40] Schröder, W., Fußangeln bei der Interpretation der Abweichungsschwellen, in: Wirtschaftsdienst, 5/1979, S. 236–238; Vaubel, R., Logische Implikationen und Anreizwirkungen des europäischen Währungssystems, in: Zeitschrift für Wirtschafts- und Sozialwissenschaften, Bd. 101 (1981), S. 1–23.

[41] »Nur auf der Basis der Umkehr der Tendenz, die die Staaten verfolgen, kann man es wagen, eine solche Währungsgemeinschaft ins Werk zu setzen, wie es hier jetzt geschehen wird«. Bundeskanzler H. Schmidt vor dem Bundestag am 6. Dezember 1978, in: Presse- und Informationsamt der Bundesregierung, Bulletin, 146/8. Dezember 1978, S. 1355.

[42] Vgl. Wegner, M., Das Europäische Währungssystem und die Folgen, in: Europa-Archiv, 7/1979, S. 196.

[43] Interview mit dem Bundesbankpräsidenten Otmar Emminger in: The Banker, September 1978, S. 22. Eine Analyse der Liquiditätswirkungen zeigt, daß diese nicht einseitig sein müssen. Aber es besteht in der Korbmechanik eine größere Unsicherheit, gegen bzw. für welche Währung interveniert werden soll. Vgl. dazu ausführlicher: Hasse, Rolf, Multiple Währungsreserven, a. a. O., S. 186 ff.

verbunds zurückgegriffen, das sicherstellt, daß bei Währungsspannungen immer mindestens zwei Währungen an den entgegengesetzten Interventionspunkten der Bandbreite notieren. Ergänzt wurde dieses Wechselkurssystem, indem – im Vergleich zum Europäischen Wechselkursverbund – die Fristen bis zum Saldenausgleich im Rahmen der in der Höhe unlimitierten »sehr kurzfristigen Finanzierung« verlängert wurden und die Kreditmöglichkeiten des »Kurzfristigen Währungsbeistands« und des »Mittelfristigen finanziellen Beistands« stark ausgeweitet wurden. Eine weitere, französische Forderung wurde nur bedingt übernommen. Es wurden 20% der Gold- und Devisenreserven auf den EFWZ übertragen, allerdings nicht in Form einer Abtretung, sondern als revolvierende 3-Monats-Swaps. Darüber hinaus wurde die Verwendung dieser in ECU ausgewiesenen Reserven im Saldenausgleich bis zum Abkommen von Basel (18. September 1987) auf 50% der Pflichtquote des Gläubigers beschränkt. Ferner verabredeten die Zentralbanken, daß *nur* die obligatorischen (marginalen) Interventionen über die »sehr kurzfristige Finanzierung« und damit über den Saldenausgleich des EFWZ abgewickelt werden. Intramarginale Interventionen bedurften der Absprache zwischen den betroffenen Zentralbanken, die bis zum Abkommen von Basel auch autonom über deren Finanzierung entschieden haben. Schließlich vereinbarten die Zentralbanken, daß Teilnehmerwährungen nur in Höhe von sogenannten Arbeitsguthaben als Währungsreserven gehalten werden sollten. Damit wurden die mit einem Multiwährungsstandard verbundenen Probleme ausgeklammert.[44]

Die Liquiditätswirkung im Paritätengitter ergibt sich aus folgenden Elementen und Verpflichtungen für die obligatorischen Interventionen:

1. Mindestens zwei Währungen erreichen immer gleichzeitig ihre entgegengesetzten Devisenankaufs- und -verkaufspunkte.

2. Es besteht die Pflicht für beide Zentralbanken, an den Interventionspunkten in Teilnehmerwährung einzugreifen, indem die schwache Währung gekauft und die starke Währung verkauft wird (symmetrische Interventionsverpflichtung).

---

[44] Vgl. Abkommen vom 13. März 1979 zwischen den Zentralbanken der Mitgliedstaaten der Europäischen Wirtschaftsgemeinschaft über die Funktionsweise des Europäischen Währungssystems, abgedruckt in: Währungsausschuß, Dokumentation 1986, S. 48–56, hier: Art. 2 und 15. Im »Baseler Abkommen« vom 10. April 1972 für den Europäischen Wechselkursverbund wurde in Art. VI Absatz 2 noch vorgesehen, daß die betroffenen Zentralbanken im Saldenausgleich auch vereinbaren können, » . . . den Saldenausgleich teilweise oder in vollem Umfang auf andere Weise – auch in der Währung der Schuldner-Zentralbank – vorzunehmen«. Diese Bestimmung wurde allerdings kaum angewendet.
Vgl. Abkommen zwischen den Zentralbanken der Mitgliedstaaten der Gemeinschaft vom 10. April 1972 über die Verringerung der Bandbreiten zwischen den Währungen der Gemeinschaft, abgedruckt in: Währungsausschuß, Dokumentation 1974, S. 58–60.

3. Die Zentralbank der schwachen Währung (Schuldner-Zentralbank) erhält die starke Währung von der betreffenden Zentralbank (Gläubiger-Zentralbank) als Interventionskredit in unbegrenzter Höhe.
4. Die Rückzahlung des Interventionskredits erfolgt im Saldenausgleich. Dabei kann die Schuldner-Zentralbank ECU-Guthaben, andere primäre Reserveaktiva und unter bestimmten Bedingungen auch die starke Währung verwenden, die sie für diesen Zweck am Devisenmarkt zwischenzeitlich erworben hat.
5. Der Saldenausgleich kann über die Inanspruchnahme der Kreditmechanismen (kurz- und mittelfristiger Kredit) verzögert werden.

Unterstellt man, daß die Interventionen durch unterschiedliche Expansionsraten des Geldangebots (monetäre Datenänderung) in beiden Ländern ausgelöst werden, dann finden die internationalen Anpassungsprozesse in den Veränderungen der (monetären) Zuwachsraten statt. Durch die symmetrische Interventionsverpflichtung entstehen in beiden Ländern gegenläufige Liquiditätswirkungen. Die Geldmenge im Schuldnerland sinkt und die im Gläubigerland steigt in Höhe des Interventionsvolumens (symmetrische Liquiditätswirkungen).

In dieser formalen Symmetrie liegen aber unterschiedliche Asymmetrien. Die symmetrischen Liquiditätswirkungen sind nur begrenzt stabilitätsfördernd. Es bleibt ein Nettoliquiditäts- und damit ein Nettoinflationseffekt der monetären Datenänderung bestehen.[45]

Das auslösende Ungleichgewicht zwischen dem Geldangebot und der Geldnachfrage zu konstanten Preisen im Schuldnerland $(M^S_r > M^D_r)$ wird durch die Interventionen nur teilweise aufgehoben, weil – abhängig vom Offenheitsgrad der Volkswirtschaft – nur ein Teil zahlungsbilanzwirksam wird. Es verbleibt hier ein Nettoinflationseffekt.[46] Im Gläubigerland expandiert die Geldmenge endgültig, da der Regel-Saldenausgleich in primären Reserveaktiva liquiditätsneutral ist.[47] Dadurch verbleibt ein Teil des Inflationspotentials im Kreislauf.

Daraus ergibt sich, daß die Interventionsregeln des EWS-Paritätengitters zwar symmetrisch und auch die direkten Liquiditätswir-

---

[45] Dies gilt unter der Annahme, daß das Schuldnerland keine restriktive Geldmengenpolitik einleitet, die über die Geldmengenreduktion der Interventionen hinausreicht, und das Gläubigerland seinerseits nicht in der Lage ist, den Teil der Geldmengenexpansion zu sterilisieren, der als inflationsneutral eingeschätzt wird (potentialorientierte Geldmengenregel).
[46] Vgl. Hasse, Rolf, Multiple Währungsreserven, a. a. O., S. 219 ff.
[47] Vgl. zu den Liquiditätswirkungen des Saldenausgleichs: Ebenda, S. 251–269.

kungen formal symmetrisch sind. Bei monetären Datenänderungen – und diese überwogen bei Zahlungsbilanzungleichgewichten im EWS – besteht aufgrund der Nettoliquiditätseffekte eine *inflatorische Asymmetrie*. Ihr Gewicht kann erhebliche Ausmaße annehmen, wenn ein Land bei Konstanz der Wechselkurse den Spielraum seiner nationalen Wirtschaftspolitik im Rahmen aller Kreditlinien definiert. Die optimistischen Annahmen, daß EWS würde aus seinen Regeln heraus eine Stabilitätspolitik bewirken, läßt sich nicht begründen.

3.3.3. Das tatsächliche Interventionsverhalten im EWS: Elemente einer stabilitätspolitischen Asymmetrie

Nicht die Problematik einer inflatorischen Asymmetrie beherrscht die Diskussion um das EWS, sondern eher ein Argument, das die These stützen könnte, das EWS sei ein Eigenproduzent stabilitätsorientierter Wirkungen. Es wird behauptet und abgeleitet, daß das EWS
– asymmetrische Liquiditätswirkungen nur im Schwachwährungsland fördere und
– asymmetrische Effekte auf die Währungsreserven bewirke, die längerfristig den Dispositionsspielraum lediglich der Schwachwährungsländer verringerten.[48]
Speziell der Deutschen Bundesbank wird eine übertriebene Stabilitätspolitik bzw. Anti-Inflationspolitik unterstellt, der Vorwurf einer Deflationspolitik neu formuliert.[49] Der Schlüssel für eine Teilerklärung dieser Kontroverse und der Stabilisierungswirkungen liegt nicht *im* EWS, sondern in der Nicht-Beachtung der Normal-Regeln dieses Währungssystems. Das Paritätengitter wurde im Prinzip aufgegeben und durch ein Interventionssystem ersetzt, das dem des »Korbmechanismus« ähnelt, der 1978 vor allem von den Ländern abgelehnt worden ist, die es heute in einer diskretionären Form bevorzugen – den Hartwährungsländern. Nicht die obligatorischen Interventionen an den beiderseitigen Interventionspunkten dominieren, sondern genau umgekehrt die intramarginalen Interventionen. Daher ist das

[48] Vgl. Bofinger, P., New Rules for the European Monetary System?, Geld und Währung. Working Papers, Nr. 5, Institut für Geld und Währung der Johann Wolfgang Goethe-Universität, Frankfurt/Main 1987.
[49] So u. a., Mr. Balladur's dream, in: Financial Times, 22. Januar 1988; Balladur, E., Il faut aller vers une monnaie commune en Europe, Interview in Le Figaro, 14. Januar 1988; vgl. auch: T. Padoa-Schioppa u. a., Effizienz, Stabilität und Verteilungsgerechtigkeit. Eine Entwicklungsstrategie für das Wirtschaftssystem der Europäischen Gemeinschaft, Wiesbaden 1988, S. 16 f., 47 f. (zitiert: Padoa-Schioppa-Bericht, 1988).

EWS in der währungspolitischen Praxis auch nicht das stringente Festkurssystem seiner Planer – aber deshalb ist es stärker stabilitätsorientiert. Durchschnittlich 80%, periodenweise auch 100%[50] aller Interventionen im EWS sind intramarginal, sie werden verstärkt mit Nicht-EWS-Währungen finanziert und fallen nicht in die Saldenausgleichsregel des EFWZ.

Ein weiteres Ergebnis dieser Umkehrung der Interventionsregel ist, daß – wie es die Logik des »Korbmechanismus« erfordert – die DM die Rolle der Leitwährung übernommen hat. Das System intramarginaler Interventionen ist bei der Wahl der Interventionswährung ebenso indeterminiert wie der Korbmechanismus. Im Korbmechanismus werden deshalb in erster Linie Währungen gewählt, die ein großes Gewicht im Währungskorb haben, um den ECU-Wert zu verändern. Aufgrund ihres hohen offiziellen und noch höheren tatsächlichen Korbanteils (vgl. Tabelle A1 und Abb. A3) wäre die DM zur Hauptinterventionswährung geworden. Sie hätte dadurch faktisch die Funktion einer Leitwährung zugemessen bekommen. Allerdings wären die Liquiditätswirkungen umgekehrt wie beim Dollar im System von Bretton Woods gewesen: Solange die DM stark gewesen wäre, hätte sie im Rahmen der Finanzierungsregeln des EWS immer eine Ausweitung der DM-Geldmenge über die Intervention anderer EWS-Zentralbanken hinnehmen müssen.

Die DM ist auch im System intramarginaler Interventionen die Hauptinterventionswährung geworden, weil sie von allen EWS-Währungen als einzige die wesentlichen Bedingungen einer Leitwährung erfüllte: Sie ist international nach dem Dollar die zweitwichtigste Anlagewährung für private Anleger- und für Währungsbehörden.[51] Es besteht ein großer internationaler und nationaler Finanzmarkt und ein großes Transaktionsvolumen auf beiden Marktseiten des Devisenmarktes. Die Kontinuität der Transaktionen wird gesichert, weil die DM konvertibel ist und die Deutsche Bundesbank mit ihrer Geldwertsicherungspolitik die Wertaufbewahrungsfunktion der DM im internationalen Vergleich garantiert.

In der devisenmarktpolitischen Praxis wurden nicht nur die Interventionsregeln, sondern auch die Liquiditätswirkungen der Stützungsaktionen *umgekehrt*. Die offizielle ECU wurde nahezu funk-

---

[50] So für die Deutsche Bundesbank vom 12. Januar 1987 bis Ende März 1988 bei einem Bruttointerventionsvolumen von 91,4 Mrd. DM. Innerhalb des EWS insgesamt vom 1. April 1987 bis 31. März 1988. Vgl. Geschäftsbericht der Deutschen Bundesbank für das Jahr 1987, S. 70; Bank für Internationalen Zahlungsausgleich, 58. Jahresbericht, Basel 1988, S. 220.

[51] Vgl. International Monetary Fund, International Financial Statistics, Supplement on International Liquidity, Supplement Series, No. 14, Washington, D.C., 1987, S. 172f.; Bank für Internationalen Zahlungsausgleich, 58. Jahresbericht, Basel, 1988, S. 136ff.; vgl. auch: Hasse, R., Multiple Währungsreserven, a. a. O., S. 54ff.

tionslos.[52] Das EWS baut auf obligatorischen Interventionen in den Teilnehmerwährungen an den Interventionspunkten auf, die beidseitig und gleichzeitig erreicht werden. Intramarginale Interventionen sollten die Ausnahme bleiben, so daß ihre Zeitpunkte und die sehr vielfältigen Finanzierungsformen vertraglich nicht geregelt wurden.

Obligatorische Interventionen sind zweiseitig (beide Zentralbanken intervenieren) und führen zu zweiseitigen, symmetrischen Liquiditätswirkungen: Kontraktion der Zentralbankgeldmenge im Schwachwährungsland und umgekehrt zur Expansion im Hartwährungsland. Der Grund liegt in der Finanzierung der Interventionen über Zentralbankkredite und in der Form des Saldenausgleichs über die offizielle ECU. Intramarginale Interventionen werden in der Regel nicht über Zentralbankkredite finanziert und haben deshalb *einseitige* Geldmengenwirkungen. Die Schwachwährungsländer finanzieren ihre Interventionen

– mit Dollarwährungsreserven,
– mit EWS-Währungen, die durch Interventionen erworben wurden und auf den Finanzmärkten gehalten worden sind,
– mit EWS-Währungen, die auf den Finanzmärkten ad hoc als Kredit aufgenommen werden
– oder mit einem DM-Kredit der DBB, dessen Saldenausgleich frei vereinbart werden kann, also auch zu einem Kontenausgleich noch am selben Tag oder am kommenden Börsentag führen kann.

Das liquiditätspolitische Ergebnis sind einseitige Interventionen und asymmetrische Geldmengenveränderungen allein im Interventionsland. Die Interventionen *können* zweiseitig sein, wenn die Zentralbank der stärkeren Währung beschließt, ebenfalls vor dem Erreichen des obligatorischen Devisenankaufpunktes einzugreifen. Mit diesen intramarginalen Stützungskäufen und -verkäufen wird der Saldenausgleich über den EFWZ und mit der offiziellen ECU umgangen. In welchem Umfang diese Transaktionsform gewählt worden ist, kann mit Hilfe der veröffentlichten Zahlen der Interventionen der DBB für den Zeitraum von März 1979 – Dezember 1987 verdeutlicht werden (vgl. Tabelle 4 und 5 sowie A2).

Die größere Stabilitätsorientierung dieser Interventionspraxis ist leicht zu erkennen, wenn man sie mit Blick auf das Schwachwährungsland betrachtet und als Auslöser der Interventionen eine zu große Geldmengenexpansion dort annimmt. Allein in diesem Lande sinkt die Zentralbankgeldmenge und hebt die Ursache der Gleichge-

---

[52] Vgl. International Monetary Fund, The Role of the SDR in the International Monetary System, Occasional Paper, No. 51, Washington, D.C., 1987, S. 35, Tabelle 2.

wichtsstörung auf. Die Stabilitätsorientierung aus der Sicht des Landes mit starker Währung ist nicht unmittelbar zu erkennen. Sie ist in folgenden Punkten zu finden:

- Einmal in der freieren Wahl des Interventionszeitpunktes und damit auch in der Wahl, wann und zu welchem Zeitpunkt die Liquiditätseffekte sterilisiert werden;
- zum anderen in der Liquiditätsneutralität von intramarginalen Interventionen der Zentralbank des Schwachwährungslandes, wenn es Gläubigerwährung aus eigenen Reserven einsetzt, die sie auf dem Finanzmarkt gehalten hatte, oder Gläubigerwährung einsetzt, die sie als Kredit auf dem Finanzmarkt des Gläubigerlandes aufnimmt;
- ferner in der automatischen Sterilisierung von Liquiditätseffekten. Auch wenn die Gläubigerzentralbank Kredite für intramarginale Interventionen freiwillig bereitgestellt hat, erfolgte der Saldenausgleich primär in Gläubigerwährung und zu Zeitpunkten, die die Gläubigerzentralbank stärker beeinflußte als im Rahmen der »sehr kurzfristigen Finanzierung«;
- schließlich in der freien Disposition über den Zeitpunkt und den Umfang eigener Interventionen und den Termin und die Art der Sterilisierung der Geldmengenausweitung im Bankensystem.

Tabelle 4: Art der Interventionen der Deutschen Bundesbank, März 1979–März 1988 (in Mrd. DM und in Prozent)

1. Kumuliertes Bruttointerventionsvolumen (März 1979–März 1988) davon:	519,8 Mrd. DM	100%
– obligatorische Interventionen	100,3 Mrd. DM	19,3%
– intramarginale Interventionen	419,5 Mrd. DM	80,7%
2. Kumuliertes Bruttointerventionsvolumen (Januar 1982–März 1988) davon:	452,1 Mrd. DM	100%
– obligatorische Interventionen	71,2 Mrd. DM	15,7%
– intramarginale Interventionen	380,9 Mrd. DM	84,3%

Quelle: Deutsche Bundesbank, Geschäftsbericht für das Jahr 1986, S. 74; Deutsche Bundesbank, Geschäftsbericht für das Jahr 1987, S. 70 (eigene Berechnungen), Tabelle A2.

Einen Eindruck von dem Umfang der intramarginalen Interventionen und damit von der Möglichkeit, Liquiditätswirkungen von Interventionen aus Stabilitätsüberlegungen zu vermeiden, erhält man aus den Angaben der DBB für den Zeitraum März 1979 bis März 1988. Die Zahlen geben deutlich die veränderte Interventions- und Sterilisierungspolitik und damit die Abkoppelung der internen Geldmengenpolitik von den Liquiditätswirkungen durch Devisenmarktinterventionen seit Anfang 1982 wieder (vgl. Tabelle 5).

Tabelle 5: Bruttointerventionsvolumen der Deutschen Bundesbank im EWS und ihre Liquiditätswirkungen, März 1979–März 1988 (in Mrd. DM und in Prozent)

	Gesamte Interventionen (1)	Liquiditäts- wirkungen (2)	(2) in % von (1)
März 1979–Dezember 1981	67,7	61,4	90,7
Januar 1982–Dezember 1987	452,1	105,3	23,3
8. Juli 1986–11. September 1987	110,2	24,7	22,4
14. September 1987–Ende März 1988	44,2	16,1	36,4

Quelle: Deutsche Bundesbank, Geschäftsbericht für das Jahr 1986, S. 74; Deutsche Bundesbank, Geschäftsbericht für das Jahr 1987, S. 70 (eigene Berechnungen); Tabelle A2.

Die Zahlen weisen aber auch aus, daß sich die Möglichkeiten, im EWS eine Geldmengenpolitik nach den eigenen geldpolitischen und stabilitätspolitischen Vorstellungen durchzusetzen, offensichtlich nach dem Abkommen von Basel vom 12. September 1987 verändert haben. Mit dem Argument, die bestehenden gemeinschaftlichen Instrumente zu nutzen und die offizielle ECU zu stützen, ist die Möglichkeit eröffnet worden, auch intramarginale Interventionen über das System der »sehr kurzfristigen Finanzierung«, den EFWZ und die offizielle ECU zu finanzieren und abzurechnen. Kurz nach Inkrafttreten dieser Beschlüsse sind die neuen Finanzierungsformen bereits in Anspruch genommen worden – in einem Zeitraum, in dem alle Interventionen innerhalb des EWS intramarginal erfolgt sind.[53] Damit wurde eine Änderung verwirklicht, die die französische Regierung im Rahmen ihrer Asymmetrie-Kritik am EWS als Mittel zur Überwindung der einseitigen Wirkungen vorgeschlagen bzw. gefordert hatte. Gläubigerländern wird dadurch die Möglichkeit der Sterilisierung erschwert, so daß ein – geplanter – größerer Einfluß auf die Geldmengenentwicklung dieser Länder gewonnen wird. Darüber

[53] Vgl. Bank für Internationalen Zahlungsausgleich, 58. Jahresbericht, a.a.O., S. 220.

hinaus wird diesen Ländern im Saldenausgleich mit der offiziellen ECU eine liquiditätspolitisch schwächere, unattraktive Währung angeboten, im Vergleich mit den Ad-hoc-Vereinbarungen des Saldenausgleichs bei intramarginalen Interventionen vor dem Abkommen von Basel.[54]

Auf die zweite Komponente der Asymmetrie-These, die einseitige Verringerung der Währungsreserven der Schwachwährungsländer, wird hier nicht in voller analytischer Breite eingegangen. Es handelt sich um ein Argument, das dem Stand der Theorie und Praxis der Reservenbildung und des Reservenabbaus nicht mehr entspricht – selbst die Verfechter dieser These verhalten sich anders. Die Vorstellung, daß Währungsreserven in einem System fester Wechselkurse den Spielraum für eine nationale Wirtschaftspolitik definieren, ist aus mehreren Gründen problematisch. In einem Integrationsraum bedeutet diese These, daß man das Recht haben möchte, jederzeit einen nationalen Weg der Wirtschaftspolitik zu wählen. Der damit dokumentierte Autonomieanspruch ist wenig integrationsfördernd. Gegenüber Drittländern greift das Argument auch nicht: Bei »externen« Datenänderungen und allgemein festen Wechselkursen muß der Einsatz von Devisenreserven in Relation zu den Währungsreserven aller Länder des Währungsblocks gesehen werden (Pool-Effekt); ferner ist dieser Anpassungspfad nur einer von mehreren (interne Geld- und Kreditpolitik, Wechselkursanpassung). Entscheidender ist, daß die Rolle von Währungsreserven sich mit der zunehmenden Konvertierbarkeit der Währungen und der weltweiten Fusionierung der nationalen und internationalen Finanzmärkte verändert hat. Länder mit Bonität auf diesen Märkten können sich ohne große Schwierigkeiten »refinanzieren« und sogar durch Staatsanleihen »Währungsreserven auf Kredit« ansammeln. Da die Grenzen zwischen traditionellen Währungsreserven und »Währungsreserven auf Kredit«[55] fließend sind, besitzt das Reserven-Argument innerhalb der Asymmetrie-These keine ökonomische Bedeutung. Als Element einer politischen Argumentation kann es aber von Interesse sein, für eine Analyse der Asymmetrie-These aus der Sicht der politischen Ökonomie.

---

[54] Das Abkommen wird meistens als »Abkommen von Nyborg/Basel« tituliert. Dieser Bezeichnung wird hier bewußt nicht gefolgt. Es handelt sich wie bei allen Abkommen um Vereinbarungen der Zentralbanken untereinander und *nicht* um Entscheidungen, die die Zentralbanken im Auftrage der EG-Finanzminister (Tagung am 12. September 1987 in Nyborg) getroffen haben. Auf dieses berechtigte Statusproblem weist die DBB ausdrücklich hin. Vgl. Geschäftsbericht der Deutschen Bundesbank für das Jahr 1987, S. 68.

[55] Vgl. International Monetary Fund, The Role of the SDR in the International Monetary System, a. a. O., S. 7 ff.; Hasse, Rolf, Grundprobleme eines Währungsstandards mit multiplen Devisenreserven, in: A. Woll (Hrsg.), Internationale Anpassungsprozesse, a. a. O., S. 88 ff.

3.3.4. Wirtschaftliche Konvergenz durch wirtschaftspolitische Konvergenz?

Inwieweit ist der Optimismus des Bundeskanzlers H. Schmidt vom 6. Dezember 1978 bestätigt worden, daß sich ein zunehmendes Stabilitätsbewußtsein im EWS entwickeln würde? (vgl. Fn. 41). In der Literatur gibt es stark abweichende Antworten auf die Frage, ob das EWS Ursache der zu beobachtbaren wirtschaftlichen Konvergenz sei.[56] Das eine Lager befürwortet diese These vehement und »beweist« es mit statistischen Zeitreihen. Das andere Lager vergleicht den EWS-Raum mit ähnlichen Regionen und bestreitet aufgrund dieser Ergebnisse eine besondere Stabilitätsfunktion des EWS. In allen Analysen werden zwei tragende Säulen der Konvergenz zu gering beachtet: Ist die wirtschaftliche Konvergenz das Ergebnis einer wirtschaftspolitischen Konvergenz? Wie groß ist die Kontinuität der wirtschaftlichen und wirtschaftspolitischen Konvergenz einzuschätzen? Denn mit ihr werden weitere Schritte zur Währungsunion begründet.

Die Ergebnisse der statistischen Zeitreihenvergleiche und von ökonometrischen Analysen belegen, daß seit März 1979, vor allem aber seit Mai 1983, die wirtschaftliche Konvergenz bei zentralen gesamtwirtschaftlichen Daten zugenommen hat. Die Inflationsraten innerhalb der EG haben sich generell und die der Teilnehmer am Wechselkurssystem im besonderen auf einem höheren Stabilitätsniveau angenähert (vgl. Abb. 2). Die Schwankungen der realen und nominalen Wechselkurse gegenüber den Teilnehmerwährungen am Paritätengitter des EWS sind im Vergleich zum Zeitraum 1974–78 und gegenüber Währungen außerhalb des EWS zwar immer geringer gewesen, die Verringerung ihrer Volatilität ist aber während der Zeitspanne 1979–86 deutlicher gesunken (vgl. Tabelle 6). Eine IMF-Studie kommt im Rahmen einer Hauptkomponenten-Analyse zu dem Ergebnis, daß – im Vergleich mit 17 Industrieländern – die Teilnehmerländer am EWS bei folgenden monetären Variablen einen höheren Grad an wirtschaftlicher Konvergenz aufzuweisen haben: bei den bilateralen Wechselkursen gegenüber dem Dollar, beim Konsumentenpreisindex, bei den nominalen kurzfristigen Zinssätzen, bei den nominalen Zinssätzen, bei den nominalen langfristigen Zinssätzen und

---

[56] Vgl. u. a. Kloten, N., Zur »Endphase« des Europäischen Währungssystems, in: A. Woll (Hrsg.), Internationale Anpassungsprozesse, Schriften des Vereins für Socialpolitik, N.F., Band 114, Berlin 1981, S. 161–191; Ungerer, Horst, u. a., The European Monetary System: Recent Developments. Occasional Paper, No. 48, Washington, D.C., 1986; Guitián, M., und M. Russo und G. Tullio, Policy Coordination in the European Monetary System, a.a.O., S. 48 ff.; Padoa-Schioppa-Bericht, a.a.O., S. 70 ff.; Harbrecht, W., und Jürgen Schmid, Die Beziehungen zwischen Wechselkursstabilisierung und wirtschaftlicher Konvergenz, in: Issing, O., (Hrsg.), Wechselkursstabilisierung, EWS und Weltwährungssystem, Hamburg 1988, S. 189–228.

Abb. 2a und b: Konvergenz der Inflationsraten in der EG und zwischen den WKM-Ländern[1] von 1978 bis 1988 (Deflator des privaten Verbrauchs)

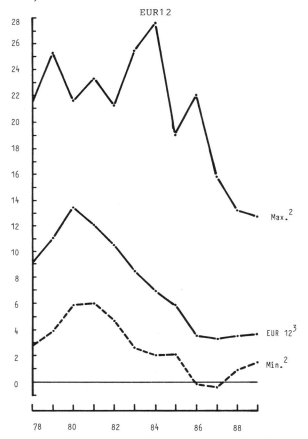

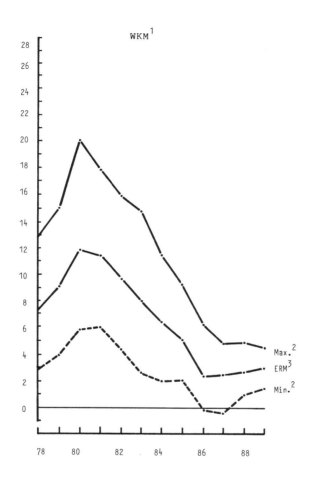

WKM[1]

Max.[2]

ERM[3]

Min.[2]

[1] Länder, die am Wechselkursmechanismus des EWS teilnehmen
[2] Höchste bzw. niedrigste Inflationsrate in der Gemeinschaft bzw. in den WKM-Ländern
[3] Gewichtete durchschnittliche Inflationsrate in der Gemeinschaft bzw. in den WKM-Ländern

Quelle: Kommission der Europäischen Gemeinschaften, »1992 vorbereiten«, Jahreswirtschaftsbericht 1988–1989, Brüssel 1988, S. 7.

Tabelle 6: Schwankungen von Wechselkursen gegenüber den Teilnehmerwährungen am Paritätengitter des EWS (EWS-P-Währungen) und gegenüber anderen Währungen, 1974–1986 (Periodendurchschnitte)

	Bilaterale Wechselkurse[1]								Effektive Wechselkurse			
	Gegenüber EWS-P-Währungen				Gegenüber anderen Währungen							
	Nominal		Real[2]		Nominal		Real[2]		Nominal		Real[3]	
	1974–78	1979–86	1974–78	1979–86	1974–78	1979–86	1974–78	1979–86	1974–78	1979–86	1974–78	1979–86
Belgien	20,3	13,3	21,9	13,9	36,7	47,7	35,8	46,9	18,8	16,9	28,1	26,2
Bundesrep. Deutschland	29,2	16,1	28,0	15,7	35,7	43,1	32,8	44,3	25,3	22,3	27,3	21,3
Dänemark	25,0	14,4	25,8	14,1	32,3	44,4	37,3	44,0	19,3	22,6	32,8	25,4
Frankreich	31,6	16,9	30,4	17,9	37,8	51,1	35,3	47,7	22,2	26,4	27,8	19,1
Irland	36,0	15,8	27,7	19,4	37,0	46,6	33,4	43,6	29,9	22,3	21,6	21,5
Italien	36,0	18,3	26,0	18,3	38,0	48,2	32,3	43,2	27,1	22,6	27,7	15,9
Niederlande	21,1	12,8	21,0	13,1	36,8	46,7	34,3	48,3	18,8	19,6	19,4	27,9
Durchschnitt EWS-P-Währungen	28,4	15,4	25,8	16,1	36,3	46,8	34,5	45,4	23,1	21,8	26,4	22,5
Großbritannien	32,7	41,0	28,3	44,6	49,6	51,3	40,0	53,1	32,9	37,8	42,0	49,1
Österreich	20,3	11,8	19,3	11,0	39,5	47,9	35,5	48,8	23,2	24,6	16,9	18,2
Schweiz	44,0	25,7	35,7	23,4	48,0	49,0	43,4	49,0	41,2	30,1	44,9	23,6

(Fortsetzung Tabelle 6)

Durchschnitt der europäischen anderen Währungen[4]	30,5	27,8	27,2	27,8	42,5	46,3	37,0	46,3	29,2	26,6	37,5	29,2
Durchschnitt aller anderen Währungen[4]	34,5	36,8	31,7	36,1	39,6	43,2	35,3	44,1	28,7	28,9	33,9	32,0

[1] Gewichteter Durchschnitt auf der Grundlage des »Multilateral Exchange Rate Model (MERN)« des IWF gegenüber Teilnehmerwährungen am EWS-Paritätengitter und gegenüber anderen Währungen. Die Schwankungen wurden mit dem Schwankungskoeffizienten ermittelt und mit 1000 multipliziert auf der Grundlage bilateraler und monatlicher Durchschnitte der Wechselkurse.

[2] Nominale Wechselkurse deflationiert mit den relativen Veränderungen der Konsumentenpreisindizes, bei Irland der Großhandelsindex.

[3] Nominale Wechselkurse deflationiert mit den relativen Veränderungen der Lohnstückkosten.

[4] Ungewichtete Durchschnitte.

Quelle: Guitián, M., M. Russo und G. Tullio, Policy Coordination in the European Monetary System, Occasional Paper, No. 61, IMF, Washington, D.C., September 1988, S. 20.

beim Geldvolumen M1 (vgl. Tabellen A3 und A4). Innerhalb dieser Variablen hat es aber keinen kontinuierlichen Zuwachs an wirtschaftlicher Konvergenz gegeben, wenn man die Zeiträume März 1973 bis Februar 1979, März 1979 bis Februar 1983 und Mai 1983 bis März 1986 vergleicht. Bei den zwei monetären Variablen »nominal langfristige Zinssätze« und »Geldvolumen M1« ist der Konvergenzgrad zwischen allen Ländern insgesamt nicht hoch, und auch die EWS-Teilnehmer untereinander haben ihrerseits ein nur unwesentlich besseres Konvergenzniveau. Bei den langfristigen nominalen Zinssätzen ist es sogar gesunken. Diese Ergebnisse deuten auf offene Bereiche hin, in denen keine bzw. eine nur unzureichende wirtschaftspolitische Konvergenz besteht.

Die DM hat nach einer Schwächephase zu Beginn des EWS die Funktion einer Leitwährung eingenommen. Sie ist zum »monetären Anker« des Systems geworden. Diese Stellung kann aber nicht aus dem Wirtschaftspotential erklärt werden, wie es für den Dollar in der Zeit von Bretton Woods zutraf.[57] Das Bruttosozialprodukt der Bundesrepublik Deutschland ist nur unwesentlich größer als das von Frankreich, Italien oder Großbritannien.[58] Darüber hinaus ist die Volkswirtschaft der Bundesrepublik Deutschland wesentlich offener und verwundbarer gegenüber externen Schocks, als es die der USA je gewesen ist (vgl. Tabelle A5). Diese Faktoren sprechen eher gegen die DM-Dominanz im EWS. Entscheidend war wohl, daß die Preisstabilität und die Wertaufbewahrungsfunktion der DM immer relativ besser verteidigt worden sind als die der europäischen Alternativen. Ferner ist die DM innerhalb des EWS lange die einzige Währung gewesen, die einen nationalen Finanzmarkt besaß, der nicht durch Kapitalverkehrskontrollen abgeschottet worden ist. Die Lira und der französische Franc sind für ausländische Anleger lange Zeit »Mausefallenwährungen« gewesen, weil der Kapitalexport genehmigungspflichtig war.[59]

Diese Faktoren reichen keineswegs aus, die Entwicklung zur wirtschaftlichen Konvergenz und die beklagte Asymmetrie zugunsten der DM im EWS zu erklären. Es gilt zu prüfen, inwieweit wirtschaftspolitische Verhaltensweisen diese Entwicklung erst ermöglicht haben. Die Dominanz der DM wird mit den EWS-Regeln erklärt. Zuvor

---

[57] Zur Erklärung der Leitwährungsrolle aus der relativen Größe der deutschen Volkswirtschaft, vgl. Giavazzi, F., und A. Giovannini, Models of the EMS: Is Europe a Greater Deutsche-Mark-Area?, unveröffentlichtes Manuskript, Januar 1987, S. 25.

[58] Vgl. Bofinger, P., Das Europäische Währungssystem und die geldpolitische Koordination in Europa, in: Kredit und Kapital, 21. Jg. (1988), S. 330.

[59] Vgl. Matthes, H., Die Geldpolitik der Bundesrepublik Deutschland im Zeichen der europäischen Integration. Referat anläßlich des Seminars »Wirtschaftspolitik-Neuorientierungen in der Geldpolitik« in der Gustav-Heinemann-Akademie in Freudenberg, 9. Mai 1987.

ist abgeleitet worden (vgl. 3.3.3.), daß im EWS die intramarginalen Interventionen vorherrschten, die es der Deutschen Bundesbank ermöglichten, ihre geldpolitischen Ziele einzuhalten, indem sie die Liquiditätswirkungen der Interventionen durch eine flexible Offenmarktpolitik (Wertpapierpensionsgeschäfte) sterilisierte. Es gelang ihr, ab 1983 den Einfluß der außenwirtschaftlichen Komponente auf die Geldmenge auszuschalten und durch die inländische Komponente zu ersetzen (vgl. Abb. 3).

Die so gewonnene Kontrolle über die Geldmenge ist aber das Ergebnis mehrerer Faktoren:

1. Die intramarginalen Interventionen sind nicht *die* EWS-Regeln, sondern bedeuten ihre totale Umkehrung. Diese ist nicht ein Diktat des Marktes oder der DBB gewesen. Sie ist möglich geworden, weil andere EWS-Teilnehmerländer die stabilitätsfördernde Asymmetrie akzeptierten, die von dieser Interventionsform ausgeht. Insofern liegt eine wirtschafts- und währungspolitische Kooperation vor, allerdings in der unverbindlichsten Form: eine freiwillige Koordinierung und Koppelung an externe Daten.

   Damit erhält die These, *das* EWS habe die wirtschaftliche Konvergenz ermöglicht, eine andere Deutung. Einmal kann damit nur das EWS gemeint sein, das mit umgekehrten, asymmetrischen und dadurch stabilitätsfördernden Regeln praktiziert wird. Ferner erklärt dies erst die Festigung der Leitwährungsrolle der DM und ihre Funktion als »monetärer Anker«. Ausschlaggebend für diese Entwicklung sind jedoch wirtschafts- und währungspolitische Entscheidungen und Verhaltensweisen gewesen, denn die Koordinierung der Geldpolitik über das EWS allein ist zu schwach.

2. Zu dem Bereich der wirtschaftspolitischen Konvergenz gehört auch die veränderte Haltung im EWS Wechselkursänderungen genenüber, spätestens seit 1983. Sie werden schneller vorgenommen, und die Änderungsraten sind dadurch kleiner geworden (vgl. Tabelle A6), obgleich sie noch nicht das Maß haben, daß Gros/Thygesen vorschlagen, um diese Anpassungsvariable noch marktschonender einzusetzen.[60] Mit der Wechselkursänderung wird zwar sichtbar, daß die wirtschaftliche Konvergenz noch nicht erreicht ist, es wird aber ein Anpassungsinstrument gewählt, dessen ökonomische und politische Anpassungskosten wohl geringer sind als

---

[60] Gros/Thygesen schlagen vor, die Auf- und Abwertungen so frühzeitig vorzunehmen, daß die Änderungsraten innerhalb der bestehenden Bandbreite von 2,25% gehalten werden können. Dadurch würden sich die alte und die neue Bandbreite um den Leitkurs überlappen. Ein gleitender Übergang der Devisenmarktnotierungen ohne große Spekulationsbewegungen wäre wahrscheinlich. Vgl. Gros, D., und N. Thygesen, The EMS. Achievements, Current Issues and Directions for the Future, a.a.O., S. 7ff.

Abb. 3: Komponenten der Geldmenge in der Bundesrepublik
Deutschland von 1960–1986

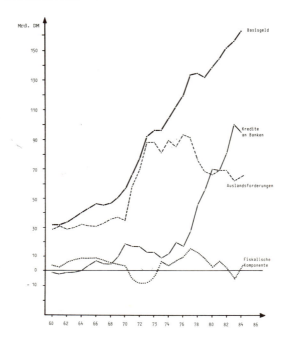

1)   Das Basisgeld setzt sich aus dem Bargeldumlauf und dem Mindest-
     reservesoll auf Inlandsverbindlichkeiten zusammen.
2)   Die Position »Kredite an Banken« umfaßt sämtliche Kredite an inlän-
     dische Kreditinstitute abzüglich der Verbindlichkeiten der Bundesbank
     aus Abgaben von Mobilisierungstiteln an inländische Kreditinstitute
     und aus Devisenpensionsgeschäften.
3)   Die Auslandsforderungen entsprechen der Währungsreserve plus Kre-
     diten und sonstigen Forderungen an das Ausland abzüglich Verbind-
     lichkeiten aus dem Auslandsgeschäft, Abgaben von Mobilisierungsti-
     teln an das Ausland und dem Ausgleichsposten für Sonderziehungs-
     rechte.
4)   Die fiskalische Komponente stellt den Saldo aus den folgenden beiden
     Positionen dar: Kassenkredite und Anleihen der öffentlichen Hand ab-
     züglich Einlagen von öffentlichen Haushalten sowie einem Restposten,
     der im wesentlichen bestimmt ist durch (aktivistische) Verlustvorträge
     und (passivistische) Bundesbankgewinne.

Quelle: Issing, O., Das Instrumentarium der Deutschen Bundesbank – Argumente für eine Neuorientierung, in: Bombach, G., B. Gahlen, A. E. Ott (Hrsg.),
Geldtheorie und Geldpolitik, Tübingen 1988, S. 68.

die seiner Alternativen bei festen Wechselkursen (Geldmengen-Mechanismen, Zins-Kredit-Mechanismus und Kapitalverkehrs-kontrollen – vgl. auch Abb. A2).

Dennoch ist seit Anfang 1987 festzustellen, daß keine Wechselkurs-änderungen mehr beschlossen worden sind. In Schwachwährungs-ländern wird eine überbewertete Währung als Richtschnur für eine restriktive Geld-, Kredit- und Fiskalpolitik akzeptiert. Das Risiko des Imports höherer Preise bei einer Abwertung wird höher eingeschätzt als das Risiko einer restriktiven Wirtschaftspolitik und eines Imports von Stabilität aus den Volkswirtschaften, deren Währungen unterbe-wertet sind. Ein willkommener Ausweg aus dieser Restriktionspolitik wären hohe Wachstumsraten in den Ländern mit unterbewerteter Währung (DM), denn in diesem Falle würden Einkommenseffekte die Preisstabilisierung sanfter gestalten, ohne sie prinzipiell zu ge-fährden. In der erneuten Umkehrung der Verhaltensweisen gegen-über Wechselkursänderungen ist eine weitere Ursache der Asymme-trie-These und des Vorwurfs einer übertriebenen Stabilitätspolitik der Bundesrepublik zu sehen, mit der sie es versäume, ihr Wachstums-potential auch zugunsten der EWS-Teilnehmerländer auszuschöp-fen. Problematisch hieran ist, daß die Schwachwährungsländer ihre Argumentation auf die »Vicious circle-Theorie« von Abwertungen aufbauen, die in dieser einfachen Version nicht haltbar ist. Abgese-hen von Effekten des direkten Preiszusammenhangs verlangt jede er-folgreiche Abwertung eine komplementäre, restriktive Geld- und Kreditpolitik. Diese muß aber aufgrund der positiven Wirkungen des Wechselkurses auf die Transaktionen in der Leistungs- und Kapital-bilanz in aller Regel weniger restriktiv sein als diejenige bei einem fe-sten, aber überbewerteten Kurs der Währung.

3. Zentral für das Überleben und die Entwicklung im EWS dürfte aber die Zusammenarbeit zwischen der Bundesrepublik und Frankreich sein. Diese Kooperation hat die Schaffung des EWS ermöglicht und Frankreich wohl auch im Frühjahr 1983 davon ab-gehalten, das Währungssystem zu verlassen und damit den Weg zu gehen, den es im Europäischen Wechselkursverbund zweimal ge-wählt hat.

Diese Entscheidung hat weitreichende Konsequenzen für die französische Wirtschaftspolitik gehabt.[61] Frankreich stellte sich im EWS der Stabilitäts- und Währungskonkurrenz der DM und leitete eine Stabilisierungspolitik ein, die in diesem Ausmaße kaum erwartet worden ist. Die Geldmengenziele wurden drastisch

---

[61] Vgl. u. a. Presse- und Informationsabteilung der Französischen Botschaft, Frankreich-Info, 28/4. Juni 1986 und 1/1. Februar 1989.

Tabelle 7: Geldmengenziele und tatsächliche Expansion der Geldmenge in der Bundesrepublik Deutschland, 1975–1988 (in Prozent gegenüber dem Vorjahr)

Jahr	Zielvorgabe[1,2]	Tatsächliche Geldmengen-expansion	Veränderung des Preis-niveaus[4]	Nachrichtlich: Wachstumsrate des realen BIP
1975	8	7,8	6,0	−1,6
1976	8	9,3	4,3	5,4
1977	8	9,0	3,7	3,0
1978	8	11,4	2,7	2,9
1979	6–9	9,1	4,1	4,2
1980	5–8	4,8	5,5	1,4
1981	4–7	4,5	5,9	0,2
1982	4–7	4,9	5,3	−0,6
1983	4–7	7,0	3,3	1,5
1984	4–6	4,6	2,4	2,8
1985	3–5	4,5	2,2	2,1
1986	3,5–5,5	7,7	−0,2	2,6
1987	3–6	8,1	0,2	1,9
1988	3–6[3]	6,7	1,2	3,0[5]

[1] Viertes Quartal gegenüber viertem Quartal des Vorjahres.
[2] 1975–1987: Zentralbankgeldmenge in der Abgrenzung der DBB: Bargeldumlauf (ohne Kassenbestände der Kreditinstitute an inländischen Noten und Münzen) plus Reserve-Soll auf Inlandsverbindlichkeiten ohne reservepflichtige Bankschuldenverschreibungen zu konstanten Reservesätzen (Basis Januar 1974).
[3] Geldvolumen M 3.
[4] Konsumentenpreisindex.
[5] Geschätzt.
Quelle: Deutsche Bundesbank, Monats- und Geschäftsberichte, versch. Jgg.

reduziert und ab 1986 viel rigoroser eingehalten, als es die DBB tat (vgl. Tabellen 7 und 8). Parallel dazu wurden die Kapitalverkehrskontrollen, die seit dem 24. November 1968 auf der Grundlage des Art. 108 EWG-Vertrag in Anspruch genommen wurden, ab Mitte 1985 schrittweise gelockert. Seit Anfang März 1989 sind sie für den gewerblichen Kapitalverkehr vollständig aufgehoben (vgl. Tabelle 9), für den privaten Kapitalverkehr ist der Termin Juni 1990 genannt worden.[62] Zusammenfassend kann festgestellt werden: Erst die Umkehrung der EWS-Regeln hat eine wirtschaftliche Konvergenz ermöglicht. Dadurch konnte die DM die Funktion eines »monetären Ankers« übernehmen. Diese Entwicklung wäre ohne die wirtschaftspolitische

[62] Vgl. Presse- und Informationsabteilung der Französischen Botschaft, Frankreich-Info, 16/2. April 1986; 25/23. Mai 1986; 33/21. Juli 1986; 23/1. Oktober 1987 und 5./9. März 1989.

Tabelle 8: Geldmengenziele und tatsächliche Expansion der Geldmenge in Frankreich, 1977–1987 (in Prozent gegenüber dem Vorjahr)

Jahr	Zielvorgabe[1]	Tatsächliche Geldexpansion	Veränderung des Preisniveaus[4]	Nachrichtlich: Wachstumsrate des realen BIP
1977	12,5	13,9	9,4	3,2
1978	12	12,2	9,1	3,4
1979	11	14,4	10,8	3,2
1980	11	9,8	13,6	1,6
1981	10	11,4	13,4	1,2
1982	12,5–13,5	12,0	11,8	2,5
1983	9	10,2	9,6	0,7
1984	5,5–6,5	6,5	7,4	1,4
1985	4,6	6,5	5,8	1,7
1986	3,5[2]	4,6	2,7	2,1
1987	4–6[3]	4,1	3,1	1,9
	3–5	9,2		

[1] M2; [2] M3; [3] M2 + M3.
[4] Konsumentenpreisindex.
Quelle: Tuchtfeldt, E., Geldmengenziele im internationalen Vergleich, Diskussionsbeiträge des Volkswirtschaftlichen Instituts der Universität Bern, Nr. 89–1, Bern 1989, S. 17 f.

Umorientierung vieler EWS-Länder nicht möglich gewesen. Die Asymmetrie-These ist deshalb nur sehr begrenzt stichhaltig.

Die Leitwährungsfunktion der DM und die asymmetrischen Wirkungen der intramarginalen Interventionen wurden von den Regierungen als eine außenwirtschaftliche Absicherung der eigenen Stabilisierungsanstrengungen akzeptiert. Der Vorwurf, die Deutsche Bundesbank hätte eine übertriebene Stabilitätspolitik betrieben, ist kaum aufrechtzuerhalten. Die Expansion der Geldmenge in der Bundesrepublik Deutschland weicht seit 1986 erheblich von der Zielvorgabe ab: Die Entwicklung des Preisniveaus ist ein unzureichender Indikator für diesen Vorwurf, da die Preiskonjunktur in der Bundesrepublik 1986/87 gespalten gewesen ist; einer absoluten Senkung bei den Importpreisen standen interne Preissteigerungen gegenüber.[63] Bedeutsamer ist jedoch, daß nur Italien Zuflucht zu Kapitalverkehrskontrollen gesucht hat, um eine eigene Präferenz bei den gesamtwirtschaftlichen Zielen durchzusetzen. Frankreich hat einen ganz anderen, offensiven Anpassungsweg gewählt, der im klaren Gegensatz zum erhobenen Asymmetrie- und Deflationsvorwurf steht. Es hat seine Fi-

[63] Vgl. Gemeinschaft zum Schutz der deutschen Sparer, Mitteilungen und Kommentare zur Geldwertstabilität, 2/27. Februar 1989.

Tabelle 9: Der Stand der Liberalisierung des Kapitalverkehrs in den EG-Staaten, Stand März 1989

Symbol-Erklärung:
0 = vollkommen liberalisiert
1 = genehmigungspflichtig (Restriktionsgrad unterschiedlich)
2 = starke Beschränkungen
3 = verboten oder Genehmigung im allgemeinen nicht erteilt
x = keine Angabe vorhanden.

Transaktionstyp	D	B/L	GB	NL	DK	F	I	IRL	GR	E	P
Liste A											
Direktinvestitionen	0	0	0	0	0	0	0	0	1	2	2
Immobilienerwerb	0	0	0	0	0	0	0	0	2	2	2
Kapitalverkehr mit persönlichem Charakter (z. b. Schenkungen)	0	0	0	0	0	0	0	0	1	0	2
Kurz- und Mittelfristige Handelskredite, an denen ein Gebietsansässiger beteiligt ist	0	0	0	0	0	0	0	0	0	0	0
Bürgschaften, Garantien, Pfandrechte im Zusammenhang mit Handelsgeschäften, an denen ein Gebietsansässiger beteiligt ist	0	0	0	0	0	0	0	0	0	0	0
Sonstiger Kapitalverkehr (z. B. Erbschaftssteuern, Schadensersatzleistungen, Erfüllung von Versicherungsgeschäften)	0	0	0	0	0	0	0	0	0	0	0
Liste B											
Wertpapierverkehr (Erwerb ausländischer börsennotierter Wertpapiere durch Inländer, Erwerb inländischer börsennotierter Wertpapiere durch Ausländer)	0	0	0	0	0	0	0	2	2	0	2

(*Fortsetzung Tabelle 9*)

Liste C										
Zulassung von Wertpapieren eines inländischen Unternehmens im Ausland	0	0	0	1	1	1	1	1	1	2
Zulassung von Wertpapieren eine ausländischen Unternehmens im Inland	0	1	0	1	1	3	3	1	3	1
Sonstiger Wertpapierverkehr (sofern nicht in Liste B aufgeführt)	0	0	0	2	2	2	2	2	2	2
Langfristige Handelskredite, an denen ein Gebietsansässiger beteiligt ist	0	1	0	1	0[a]	1	1	1	1	1
Mittel- und langfristige Handelskredite, an denen kein Gebietsansässiger beteiligt ist	0	0	0	1	0[a]	1	1	1	2	2
Mittel- und langfristige Kredite, die nicht mit Handelsgeschäften zusammenhängen	0	0	0	1	0[a]	1	1	3	3	2
Bürgschaften, Garantien, Pfandrechte, die nicht im Zusammenhang mit Handelsgeschäften stehen oder an denen kein Gebietsansässiger beteiligt ist	0	1	0	1	1	1	1	2	2	1

Liste D										
Kurzfristige Anlagen in Geldmarktpapieren	0	0	0	1	0[a]	2	3	3	1	x
Errichtung und Unterhaltung von Konten bei Kreditinstituten	0	0	0	1	0[a]	2	2	3	1	1
Kurzfristige Handelskredite, an denen kein Gebietsansässiger beteiligt ist	0	0	0	1	0[a]	1	1	1	2	1
Kurzfristige Kredite, die nicht mit Handelsgeschäften zusammenhängen	0	0	0	1	0[a]	1	1	1	2	1
Kapitalverkehr mit persönlichem Charakter	0	0	0	1	1	0	1	1	2	1
Bürgschaften, Garantien, Pfandrechte, soweit sie nicht in Liste B oder Liste C aufgeführt sind	0	0	0	1	1	1	1	1,	2	1
Ein- und Ausfuhr von Vermögenswerten (Gold, Zahlungsmittel)	0	0	0	2	2	2	2	2	x	2

[a] Frei nur für Banken und Unternehmen, für Privatpersonen erst ab Juni 1990.
Quelle: Eigene Aktualisierung der Übersicht aus: Informationsdienst der deutschen Wirtschaft, 11/12.März 1987.

nanzmärkte schrittweise und konsequent geöffnet und die Stabilisierungspolitik nicht gelockert. In solchen Übergangsphasen ist der Anpassungsdruck nicht allein eine Resultante der Geld- und Zinspolitik des Auslandes. Die Entlastung auf deutscher Seite ist unübersehbar. Das Problem ist vielmehr darin zu suchen, daß eine Währung, deren Konvertierbarkeit und deren Wertsicherheit nicht gegeben waren, nur mit einem besonderen Risikozuschlag akzeptiert wird. Anlagen, die auf französische Franc lauten, werden also auch bei vollständiger Konvertierbarkeit, aber veränderlichen Paritäten noch einen höheren Zinssatz als vergleichbare Anlagen in DM haben. Für die französische Geldpolitik bedeutet dies, daß sie ein höheres Zinsniveau und geringere Geldmengenziele als zum Beispiel die Deutsche Bundesbank realisieren muß, um den Malus des Risikozuschlags auszugleichen. Der Aufbau eines gleichen Vertrauenskapitals, wie es die DM besitzt, ist nicht bereits durch Stabilisierungsbemühungen von zwei bis drei Jahren zu erreichen.

Insofern ist der größere Teil der Asymmetrie die Hypothek der inflationären Vergangenheit. Eine Lockerung der Geldwertsicherungspolitik durch die DBB würde diesen Anpassungsprozeß eher zerstören, als die Position des französischen Franc stützen. Der DM gegenüber würden sich positive Erwartungen bilden, daß die DBB zur Geldwertstabilität zurückkehren wird. Diese Erwartungsbildung kann für den französischen Franc (noch) nicht unterstellt werden. Allerdings setzt dies voraus, daß die DBB institutionell nicht gehindert wird, ihre Geldpolitik auf das Ziel der Geldwertsicherheit auszurichten. Dies soll geprüft werden im Zusammenhang mit der Gründung einer Europäischen Zentralbank, die Teil der Vorschläge ist, mit denen die Asymmetrie des EWS überwunden werden soll (vgl. 6.2.).

Im EWS ist also ein Trend zur wirtschaftlichen Konvergenz entstanden, hinter dem in erster Linie eine deutsch-französische Kooperation und eine integrationsfördernde und stabilitätsorientierte Geld-, Fiskal- und Währungspolitik der französischen Regierung seit Mai 1983 stehen. Es handelt sich jedoch um eine wirtschaftspolitische Konvergenz, die über die Achse Bonn-Frankfurt-Paris auf die EWS-Teilnehmerländer ausstrahlt. Es finden zwar Konsultationstreffen im Rahmen der EG-Ausschüsse statt, es gibt aber keine gemeinschaftlichen Koordinierungen mit einem gewissen Verbindlichkeitsgrad. Deshalb ist die Kontinuität der freiwilligen wirtschaftspolitischen Konvergenz nicht gesichert. Die bilaterale Koordinierung ist durch den deutsch-französischen Wirtschafts- und Finanzrat zwar institutionalisiert worden. Aber es ist keinesfalls eindeutig, welche Strategie die französische Regierung verfolgt (vgl. 6.2.). Auch eine

Aufweichung der stabilitätspolitischen deutschen Linie kann ein wahrscheinliches Nah- bzw. Fernziel sein. Andererseits lehren die Erfahrungen, daß sowohl bei politischen als auch bei wirtschaftlichen Problemen Fortschritte oder Stillstand der europäischen Integration von der Zusammenarbeit zwischen Bonn und Paris abgehangen haben.[64] Eine wirtschaftspolitische Konvergenz und eine Stabilitätsgemeinschaft sind nur über diesen Weg zu erreichen. Jede andere Zielsetzung sollte aber ausgeklammert werden, da von ihr keine Integrationsimpulse zu erwarten sind.

4. Die Parallelwährungsstrategie – ein sanfter Weg zur Einheitswährung und zur Währungsunion?

4.1. Politische Rahmendaten

Mit den Überlegungen und Vorschlägen für einen neuen Anlauf, eine europäische Währungsunion zu verwirklichen, kehrte auch eine Strategie in die währungstheoretische und vor allem in die währungspolitische Diskussion zurück, die in der Wissenschaft bereits 1975 erörtert worden ist, und die bei der Gründung des EWS offiziell an die Schaffung der ECU gekoppelt worden ist: die Parallelwährungsstrategie.

Am 1. November 1975 schlugen neun internationale Wissenschaftler im »All Saints's Day Manifesto« vor, eine kaufkraftgesicherte Kunstwährung (»Europa«) als Parallelwährung am Markt einzuführen, um durch einen Prozeß der Währungssubstitution zu einer europäischen Währungsunion mit Einheitswährung zu gelangen. Die »Europa« baute auf der Europäischen Recheneinheit (ERE) auf, die bis zur Revision der Korbgewichte im September 1984 der ECU entsprach.[65]

Als Kernstück des EWS und als währungstechnisches Novum gegenüber dem Europäischen Wechselkursverbund (1973–1978) wurde die ECU geschaffen, die folgende Funktionen übernehmen sollte:

---

[64] Vgl. Weidenfeld, W., Die Schlüsselrolle der deutsch-französischen Zusammenarbeit für den Fortschritt Europas, in: Biskup, R. (Hrsg.), Europa – Einheit in der Vielfalt. Orientierungen für die Zukunft der europäischen Integration, Bern/Stuttgart 1988, S. 53–65.

[65] The All Saints' Day Manifesto for European Monetary Union, in: The Economist, 1. 11. 1975, S. 33–38; abgedruckt in: Fratianni, M., und Th. Peeters, One Money for Europe, a. a. O., S. 37–43. Die Autoren waren: G. Basevi, M. Fratianni, H. Giersch, P. Korteweg, D. O'Mahony, M. Parkin, Th. Peeters, P. Salin, N. Thygesen.

1. als Bezugsgröße bzw. »numéraire« für die bilateralen ECU-Leitkurse, aus denen die bilateralen Devisenkassakurse für den Wechselkursmechanismus (Paritätengitter) errechnet werden,
2. als Grundlage für den Abweichungsindikator,
3. als Rechnungseinheit für die Operationen der Interventions- und
   Kreditmechanismen und
4. als Finanzierungsmedium für den Saldenausgleich zwischen den
   Währungsbehörden.
5. Darüber hinaus wurde beabsichtigt, daß die ECU die verschiedenen bestehenden Rechnungseinheiten ablösen und für alle Transaktionen der Gemeinschaft die Rolle einer zentralen Rechnungseinheit einnehmen sollte.

Als politisches Fernziel war vorgesehen, daß die ECU eine zentrale Stellung im währungspolitischen Integrationsprozeß und im
internationalen Währungssystem erringen sollte. Diese Vorstellungen verloren bald in der täglichen Praxis des EWS als Folge
der fehlenden wirtschaftlichen und wirtschaftspolitischen Konvergenz sowie der fehlenden allgemeinen Teilnahme am EWS an
Bedeutung. Dennoch reaktivierte die EG-Kommission sie ab 1982
und formulierte sie als politische Integrationsziele.[66] Das Unbeha-
gen über die Wirkungsweise des EWS und über die von der DM-
Dominanz ausgehende behauptete Anpassungsasymmetrie si-
cherte der EG-Kommission die politische Unterstützung vor allem von Frankreich, Belgien und auch von Italien. Sie ermöglichten es, zwei Perspektivziele in der Einheitlichen Europäischen
Akte 1986 zu verankern. Danach soll die ECU im Rahmen der
Währungsintegration

6. so entwickelt werden, daß sie langfristig die Funktionen einer europäischen Einheitswährung erfüllen
7. und im internationalen Rahmen den Status einer Reservewährung
   erreichen kann – als Konkurrent zum Dollar.

Das Ziel einer europäischen Einheitswährung hält die EG-Kommission für ökonomisch vernünftig, weil durch den Wegfall von
Währungstransaktionen innerhalb der Gemeinschaft rund 20
Mrd. DM an Kosten eingespart werden können.[67] Es wird kein ab-
rupter Übergang, kein qualitativer Sprung in Form einer europäischen Währungsreform angestrebt, sondern ein allmählicher

---

[66] Vgl. Bulletin der Europäischen Gemeinschaften, 11/1982, S. 92 ff.; Kommission der Europäischen Gemeinschaften, Mitteilungen der Kommission über die verstärkte Verwendung der
Europäischen Währungseinheit auf internationaler Ebene, Dok (83) 274 endg., Brüssel, 24. Mai
1983.
[67] Kommission der Europäischen Gemeinschaften, Europas Zukunft. Vollendung des Binnenmarktes 1992 – Argumente –, EG-Nachrichten, 2/15. März 1988, S. 10.

Übergang: Die ECU soll als Parallelwährung über Marktprozesse die Funktionen schrittweise übernehmen, und parallel dazu soll ihr Status institutionell abgesichert werden.
Die Realisierungschancen der Parallelwährungsstrategie stehen im Mittelpunkt der währungstheoretischen und -politischen Analyse. Zuvor soll aber der Status der privaten ECU in Form einer Bestandsaufnahme untersucht werden.

4.2. Bestandsaufnahme der ECU

Die ECU hat sich in zwei Formen entwickelt: als offizielle ECU innerhalb des EWS und der EG-Institutionen sowie als private ECU an den Finanzmärkten. Trotz ihrer rechtlichen Absicherung hat die offizielle ECU kaum eines der Ziele erfüllt. Ihr Ausbau wurde nicht angestrebt, so daß sie massive Funktionsverluste erlitten hat.[68]
Lediglich das Ziel 1 (numéraire im Wechselkurssystem, seit dem 1. Januar 1979) und das Ziel 5 (Recheneinheit für alle EG-Behörden, seit dem 1. Januar 1981) sind verwirklicht worden. Dagegen konnte die offizielle ECU folgende Funktionen und Ziele nicht erfüllen:

Ziel 2: Der Abweichungsindikator erwies sich als technisch und auch politisch unzweckmäßig. Einmal wird er bei bestimmten Wechselkurskonstellationen nicht ausgelöst. Zweitens haben die Regierungen auf dieses Signal nicht in der beabsichtigten Form mit wirtschafts- und währungspolitischen Maßnahmen reagiert.

Ziele 3 und 4: Die offizielle ECU hat bei den Operationen im Interventionssystem, bei den Kreditmechanismen und als Instrument im Saldenausgleich keine Rolle gespielt. Obligatorische Interventionen an den gegenseitigen Interventionspunkten wurden vermieden, indem bereits interveniert wurde, bevor die Interventionspunkte erreicht wurden (intramarginale Interventionen). Dadurch wurden die Regeln des EWS für die Finanzierung der Interventionen (System der »sehr kurzfristigen Finanzierung«) und für den Saldenausgleich (Übertragung von Guthaben beim EFWZ in offizielle ECU) außer Kraft gesetzt.

Erst der Beschluß von Basel (18. September 1987) hat die offizielle

---

[68] Vgl. ausführlicher: Hasse, R., Die ECU – ein Währungsmedium mit Integrationswirkungen?, in: Zeitschrift für Wirtschaftspolitik, 2–3/1988, S. 225–234.

ECU als Denominator und Finanzierungsinstrument partiell reaktiviert, indem nunmehr auch intramarginale Interventionen in die Fazilität der »sehr kurzfristigen Finanzierung« einbezogen werden können. Dennoch ist der währungspolitische Beitrag der offiziellen ECU äußerst bescheiden geblieben. Darüber hinaus ist sie in ihrer jetzigen Form weder als internationales Reservemedium außerhalb des EWS noch als private Währung interessant. Für beide Funktionen fehlen ihr die erforderliche Liquidität, Konvertibilität, Wertsicherheit und marktübliche Verzinsung.

Für die Perspektivpläne – europäische Einheitswährung, internationale Reservewährung – bedeutsamer ist die private Verwendung der ECU. Trotz und teilweise wegen der Wertermittlung mittels eines Währungskorbes hat die private ECU sich an privaten Finanzmärkten in und außerhalb Europas etabliert, ohne jedoch einen großen Marktanteil zu erringen. Die private ECU ist die sechstwichtigste Emissionswährung an den internationalen Finanzmärkten geworden, wobei sie im September 1988 am Teilmarkt der Nichtdollarwährungen einen Anteil von 7,2% und am Gesamtmarkt von 4,4% erreichte. Auch internationale Währungsinstitutionen haben in bescheidenem Ausmaße begonnen, private ECU als Währungsreserven zu halten (September 1988: 3,2 Mrd. ECU).

Es darf jedoch nicht übersehen werden, daß das Wachstum der privaten ECU durch Faktoren gefördert worden ist, die man als eine »infant currency«- Politik zusammenfassen kann. Diese Stützen werden entfallen, wenn die Richtlinie der Wirtschafts- und Finanzminister vom 13. Juni 1988 verwirklicht wird, den innergemeinschaftlichen Kapitalverkehr bis zum 30. Juni 1990 bzw. bis zum 31. Dezember 1992 (für Griechenland, Irland, Portugal und Spanien) vollständig zu liberalisieren. Die private ECU und ihre Entwicklung sind insofern auch ein Produkt der mangelnden währungspolitischen Integration und der mangelnden Geldwertstabilität in den EWS-Teilnehmerländern.

Der Durchbruch der privaten ECU begann 1981, als Italien am 1. März 1981 die erste ECU-Anleihe am Euromarkt auflegte. Das Wachstum des Marktes für private ECU in den Jahren danach beruhte auf folgenden Säulen:

1. Der massiven Unterstützung durch die EG-Institutionen. Die EG-Kommission präferierte die ECU in ihrer Darlehens- und Kreditpolitik und übte gegenüber den Mitgliedsländern politischen Druck aus, die ECU als Devise anzuerkennen.
2. Den Kurssicherungs- und Diversifikationswünschen am Markt. Die ECU als Währungsbündel hilft in bestimmten Fällen, Informations- und Transaktionskosten einzusparen. Bei Berechnungen

optimaler Portfolios kommt R. St. Masera[69] für den Zeitraum von März 1979 bis Dezember 1985 für reine Fremdwährungs-Portfolios zu dem Ergebnis, daß eine ECU-Anlage- bzw. ECU-Verschuldungspolitik vor allem für europäische Länder (mit Ausnahme von Großbritannien) Vorteile aufweisen. Von Moltke[70] sowie Jager und de Jong[71] weisen jedoch nach, daß unter den Bedingungen vollständig freier europäischer Finanzmärkte und bei Einbeziehung der Landeswährungen in das Portfolio die ECU keineswegs vorteilhafter sein muß.

3. Den Beschränkungen des Zahlungs- und Kapitalverkehrs. Frankreich und in noch größerem Umfange Italien benutzten die private ECU, um ihre Kapitalverkehrskontrollen abzusichern. Indem sie Sonderregelungen für ECU-Faktura und den Erwerb von ECU-Anleihen einführten, boten sie einen teilweisen Ersatz für die untersagten Devisentermingeschäfte und für die strenge Regulierung der »terms of payment«.[7] Eine höchst integrationsfeindliche Politik wurde werbewirksam mit einem Schein von Integrationsinitiativen kaschiert. In Italien ist der Staat der größte Emittent dieser ECU-Anleihen gewesen, indem er 70% aller inländischen ECU-Anleihen auflegte (vgl. Tab. 10). Er bot damit den Inländern einen Ersatz für die untersagten Absicherungsgeschäfte in Devisen an. Mit der Emission von ECU-Anleihen übernahm er deren Wechselkursrisiko und kompensierte damit einen Teil der Behinderungseffekte der Kapitalverkehrskontrollen, die bei einer Tendenz zu Kapitalexporten aufgrund höherer realer Zinsen im Ausland und einer Tendenz zur Abwertung der eigenen Währung wie eine indirekte Steuer auf das private Geldvermögen im Inland wirken. Ihm wird der Kapitalexport und damit die höhere Rendite verwehrt, um im Inland die realen Zinsen künstlich niedrig zu halten – in Italien auch ein Mittel, um die Staatsverschuldung preiswerter zu finanzieren.[72]

4. Der Anerkennung der ECU als Devise. Nachdem die Deutsche Bundesbank diesen Schritt am 16. Juni 1987 vollzogen hat, gilt

[69] Masera, R. St., An Increasing Role for the ECU: A Character in Search of a Script, Essays in International Finance, No. 167, Princeton, N. J., 1987, S. 17ff.; vgl. auch: B. Poschadel, O. Reim, M. S. Wolf, Efficient Portfolios: A Role for ECU Bonds, in: Swiss Bank Corporation, Economic and Financial Prospects, 6/1985, S. 1–4.
[70] Von Moltke, Die private Verwendung von ECU, Reutlingen 1986.
[71] Jager, H., und E. de Jong, The Private ECU's Potential Impact on Global and European Exchange Rate Stability, in: Banca Nazionale del Lavoro, Quarterly Review, 164/1988, S. 33–59; dieselben, The Contribution of the ECU to Exchange Rate Stability: A Reply, in: Banca del Lavoro, Quarterly Review, 166/1988, S. 331–335.
[72] Vgl. Bruni, F., Costs and Benefits of Liberalization of Capital Flows: Some Theoretical and Policy Issues with Special Reference to the Italian Issue, in: Fair, D. E., und die Boissieu, C., International Monetary and Financial Integration – The European Dimension, a. a. O., S. 228f.

1) Zahlungsbed / 2. termin

Tabelle 10: Ausstehendes Volumen von ECU-Anleihen
Ende September 1988 (in Mrd. ECU)

Domizilland der Emittenten	Emissionsvolumen		Zahl der Anleihen
	Mrd. ECU	%	
Italien[1]	16,6[1]	34,5	
Frankreich	6,4	13,3	
Sonstige EG-Länder	5,6	11,6	
EG-Institutionen	7,1	14,8	
EG insgesamt	35,7	74,2	
Sonstige	12,4	25,8	450[2]
Insgesamt	48,1	100,0	
davon:			
Staaten[1]	18,7[1]	38,9	
Intern. Institutionen	8,8	18,3	
Banken	9,2	19,1	
Sonst. Finanzinstitutionen	3,0	6,2	
Industrieunternehmen	8,4	17,5	

[1] Einschließlich der ECU-Emissionen des italienischen Schatzamtes auf dem Inlandsmarkt – insgesamt 11,7 Mrd. ECU.
[2] Davon mit einer Laufzeit über 10 Jahre: ca. 40; mit einer Laufzeit von weniger als 4 Jahren: 20.
Quelle: Bank für Internationalen Zahlungsausgleich, Entwicklung des internationalen Bankgeschäftes und der internationalen Finanzmärkte, Basel, Februar 1989, S. 24 ff.; eigene Berechnungen.

dieser Status in allen EWS-Ländern. Ferner wird die private ECU in vielen Ländern auch am Devisenkassamarkt notiert (Amsterdam, Athen, Brüssel, Kopenhagen, Mailand, Oslo, Paris, Rom). Sie hat dadurch den Status als reines Giralgeld, aber in keinem Land den Status eines gesetzlichen Zahlungsmittels. Dennoch weist die private ECU eine weiterhin starke Konzentration auf nur wenige Länder auf. Auf fünf (Belgien, Luxemburg, Frankreich, Großbritannien und Italien) konzentrieren sich 86,5% der gesamten ECU-Forderungen der Banken (vgl.Tab. 11).
Die Entwicklung der privaten ECU auf den Finanzmärkten ist sprunghaft verlaufen und durch eine sehr große Diskrepanz zwischen Einlagen und Forderungen gekennzeichnet, die zu einer hohen Devisennachfrage aus Absicherungsgründen seitens der Banken führt (vgl. Tab. 11). Das Wachstum hat sich nach anfänglich hohen Steigerungsraten stark abgeflacht; bei den Verbindlichkeiten gegenüber Nichtbanken (Einlagen) ist sogar ein absoluter Rückgang einge-

Tabelle 11: Entwicklung und Struktur des ECU-Geschäftes der Banken in Europa und Japan 1982–September 1987 (ausstehende Beträge in Mrd. ECU)

Position	1982	1983	1984	1985	1986	1987	Sept. 1988
A. ECU-Forderungen	6,7	14,4	39,9	63,9	72,6	85,0	103,7
1. gegenüber Nichtbanken		4,7	11,2	13,9	15,9	20,3	22,3
2. gegenüber Banken		9,7	28,7	50,0	56,7	64,7	81,4
Anteil aus den Forderungen							
am Nichtdollar-Euromarkt	1,7	3,1	7,3	9,2	8,9	8,9	9,4
Anteil am Gesamtmarkt							3,7[1]
B. ECU-Verbindlichkeiten	5,7	12,2	31,5	58,1	62,6	70,7	90,1
1. Gegenüber Nichtbanken		1,4	2,8	7,2	6,2	6,9	7,0
2. Gegenüber Banken		10,5	28,1	49,9	55,3	61,9	79,9
3. Gegenüber Währungs-institutionen		0,3	0,6	1,0	1,1	1,9	3,2
C.							
1. Absolute Deckungs-differenz (A 1 minus B 1)		−3,5	−8,4	−6,7	−9,7	−13,4	−15,3
2. Deckungsrelation (B 1 zu A 1) in %		29,8	25,0	51,7	40,0	34,0	31,4

[1] Juni 1988.
Quelle: Bank für Internationalen Zahlungsausgleich, Entwicklung des internationalen Bankgeschäftes und der internationalen Finanzmärkte, Basel, Februar 1989, S. 19; eigene Berechnungen.

treten. Diese Entwicklung ist integrationspolitisch bedeutsam, weil sie die These widerlegt, daß die Abwehrhaltung der Deutschen Bundesbank die Expansion der ECU verhindert hätte. Die BIZ führt diese uneinheitliche Entwicklung auf vier Gründe zurück:[73]

(1) auf Wechselkurs- und Zinsüberlegungen: Die Wechselkursungewißheiten 1986 machten die ECU für Zwecke der Risikodiversifizierung unattraktiv;

(2) auf die Liberalisierung des Kapitalverkehrs vor allem in Frankreich und Italien, die die Vorzugsbehandlung der ECU einschränken;

(3) auf die anhaltende Deregulierung der inländischen Finanzmärkte, die zu einer Vergrößerung der Finanzierungsalternativen führt;

[73] Bank für Internationalen Zahlungsausgleich, Entwicklung des internationalen Bankgeschäfts und der internationalen Finanzmärkte, Basel, Februar 1989, S. 18 f.

(4) auf das geschwundene Interesse an ECU-Bankeinlagen, da die Banken attraktivere Formen von Geldmarktanlagen auch in ECU anbieten.

Vor allem die mit der Kapitalverkehrsliberalisierung und der Deregulierung der inländischen Finanzmärkte verbundenen Faktoren werden die Konkurrenz für die ECU als Finanzierungsinstrument weiter erhöhen und ihr Wachstum als standardisiertes Portfolio bremsen. Folglich werden Vorschläge vorgetragen, durch Sonderregelungen die Nachfrage und die Verwendung von ECU zu stärken.[74]

Dennoch gibt es vier Komponenten, die wie eine Art Bestandsgarantie für die private ECU wirken:

1. Das in Relation zum nationalen und internationalen Umfang zwar bescheidene, aber doch respektable Volumen im Bankgeschäft.
2. Bedeutsamer ist jedoch die entwickelte Banken-Infrastruktur. Mit der MESA (Mutual ECU Settlement Account) existiert ein Interbanken-Clearing-System zwischen sieben europäischen Großbanken[75] und weiteren über 100 Banken aus 20 Ländern, die daran teilnehmen und alle in der ECU Banking Association (EBA) mit Sitz in Paris vereinigt sind. Das Clearing-System ist gestärkt worden durch ein Abkommen zwischen der EBA und der BIZ, das am 1. Oktober 1986 für eine Versuchsperiode von 12 Monaten in Kraft trat und mit Wirkung vom 30. April 1987 in modifizierter Form ohne zeitliche Begrenzung fortgeführt wird.[76]
3. Die politische Präferenzierung der ECU und die politischen Perspektivpläne mit ihr, die nur über die private ECU verwirklicht werden können.
4. Die fehlende wirtschaftliche Konvergenz, die auch in der mittelfristigen Sicht unterstellt werden kann. Die private ECU kann einmal als eine Finanzinnovation betrachtet werden. Darüber hinaus ist sie ein Produkt der mangelnden wirtschaftlichen Konvergenz (Wechselkursrisiken) und der Integrationsbarrieren (Kapitalverkehrskontrollen) zwischen den EWS-Mitgliedern.

Die ECU ist deshalb – in der allein existierenden Form als Giralgeld – nicht als Zahlungsmittel nachgefragt worden. Nachgefragt worden sind die Währungen in ihr. Ein deutliches Zeichen dieser Situation ist die große Asymmetrie zwischen den Forderungen

---

[74] W. Filc, Förderung der ECU als Europäische Parallelwährung, Institut für Empirische Wirtschaftsforschung, Devisenmarktanalyse für das erste Vierteljahr 1988, April 1988, S. 11–22.

[75] Crédit Lyonnais, Lloyds, Banque Bruxelles – Lambert, Kredietbank – Brussels, Kredietbank – Luxembourg, Société Général-Bruxelles, Instituto Bancario San Paolo di Torino.

[76] Vgl. Bank für Internationalen Zahlungsausgleich, 57. Jahresbericht, Basel 1987, S. 197; Bank für Internationalen Zahlungsausgleich, 58. Jahresbericht, Basel 1988, S. 221.

und Verbindlichkeiten der Banken im Geschäft mit Nichtbanken (vgl. Tab. 11, c).

Aus der bisherigen Entwicklung kann gefolgert werden, daß von der privaten ECU
– keine substantiellen Fortschritte des Integrationsprozesses ausgegangen sind;
– keine Stabilitätsgefährdung ausgeht, da sie auch in größerem Umfang als Devise der Mindestreserve unterworfen wäre.

Der Meinung von R. Triffin kann deshalb nicht zugestimmt werden, daß die private ECU in ihrer jetzigen Ausgestaltung bereits ermutigend als Parallelwährung gewirkt habe.[77]

4.3. Das Parallelwährungskonzept – eine Einheitswährung als Endziel eines Währungswettbewerbs

Eine Währung, die innerhalb eines Währungsgebietes als Einheitswährung fungieren und darüber hinaus auch den Status einer internationalen Reservewährung erringen soll, muß die Bedingungen der nationalen und internationalen Geldverfassung erfüllen. Sie muß liquide, konvertibel und wertsicher sein und für Anlagen eine marktübliche Verzinsung bieten. Wenn diese Bedingungen erfüllt sind, ist sie
– als Recheneinheit in der Preisauszeichnung, in der Rechnungslegung und als Schuldmaßstab verwendbar,
– als Zahlungsmittel im Binnen- und Außenhandel einsetzbar und
– zur Geldvermögens- und damit auch zur internationalen Reservehaltung geeignet.

Da eine europäische Währungsreform auf einen Schlag als nicht realisierbar angesehen wird, strebt man mit der Parallelwährungsstrategie einen allmählichen Übergang zu einer Einheitswährung an.

4.3.1. Die Wahl einer n-ten Währung

Als Alternative könnte eine nationale Währung als Parallelwährung gekürt werden. Dies hätte den großen Vorteil, daß nicht zugunsten einer ganz neuen Währung erst Präferenzen entwickelt werden müßten, die die Geldnachfrage für Transaktionszwecke entscheidender beeinflussen als Transaktions- und Informationskosten. Es bestünde

---

[77] R. Triffin, The Paper – Exchange Standard: 1971 – 19??, in: International Monetary Cooperation: Essays in Honor of Henry C. Wallich, Essays in International Finance, No. 169, Princeton, N. J., 1987, S. 70–84.

bereits ein Fundus an Erfahrungen und Vertrauen der Verwender in dieses Geld und in die Institutionen, die dessen Geldwertsicherheit symbolisieren.[78] Diese nationale Währung übernähme die Funktion als Leitwährung bzw. n-te Währung. Sie wäre die Zentralwährung für die Wechselkursorientierung, und ihre Geldpolitik würde den Stabilitätsstandard der Währungszone bestimmen. Eine derartige Wahl ist nur möglich, wenn diese Währung die oben skizzierten Bedingungen erfüllt und gleichzeitig ausreichend Vertrauen bestünde, daß das Ziel der Geldwertstabilität oberstes Ziel der Geldpolitik ist.

International bestehen Erfahrungen mit nationalen Währungen als n-te Währung: das Pfund Sterling vor 1914 und bis in die 60er Jahre im Sterling-Block; der Dollar im Bretton-Woods-System und die DM im Europäischen Währungsverbund und faktisch auch im EWS. In diesen Fällen wurde die Position der n-ten Währung nicht durch Dekret bestimmt, sondern entwickelte sich am Markt, der auch die Dauer dieser Stellung bestimmte. Denn nominal kann jede Zentralbank so viel Geld bereitstellen, wie sie will, weil die Grenzkosten der Schaffung faktisch Null sind. Der reale Wert der Geldmenge dagegen wird auf der Nachfrageseite bestimmt, die damit das Vertrauenskapital der emittierenden Zentralbank bestimmt. Dieses Vertrauen wirkt gleichzeitig als Restriktion für das Geldangebot. Folglich erodierte auch die Stellung des Pfund Sterling und des Dollar als n-te Währungen, als ihre Zentralbanken durch unerwartete Inflationierung das Vertrauenskapital aufzehrten.

Diese Problematik zeichnet sich bei der DM nicht ab. Ganz im Gegenteil, der Deutschen Bundesbank wird von vielen Seiten eine »übertriebene Stabilitätspolitik« vorgeworfen.[79] Die Option, die DM als n-te Währung zu akzeptieren und auszubauen, steht politisch aber nicht zur Diskussion. Die EG-Kommission und der -Ministerrat haben statt dessen die ECU als Einheitswährung und als Mittel der Parallelwährungsstrategie ausgewählt.

---

[78] Vgl. zu diesem zentralen Aspekt der Präferenzen, des Vertrauens und damit der Elastizität der Geldnachfrage in der Diskussion zur Währungssubstitution B. Klein, Competing Monies. European Monetary Union and the Dollar, in: Fratianni, M., und Th. Peeters (Hrsg.), One Money for Europe, London and Basingstoke 1978, S. 69–94; G. Tullock, Competing Monies, in: Journal of Money, Credit and Banking, Vol. 7 1975, S. 491–497.

[79] Vgl. T. Padoa-Schioppa u. a., Effizienz, Stabilität und Verteilungsgerechtigkeit. Eine Entwicklungsstrategie für das Wirtschaftssystem der Europäischen Gemeinschaft, a.a.O., S. 16 und 48; J. Tobin, Agenda for International Coordination of Macroeconomic Policies, in: International Monetary Cooperation: Essays in Honor of Henry C. Wallich, a.a.O., S. 61–69. Gleichermaßen argumentierten der französische und der amerikanische Finanzminister, E. Balladur und J. A. Baker, vgl. Deutsche Bundesbank, Auszüge aus Presseartikeln (zitiert: DBB, AaP), 76/1987, S. 3 f. und 77/1987, S. 8. Vgl. auch von französischer Seite: R. Granet, Zehn Jahre EWS – eine Bilanz. Eine Bewertung aus französischer Sicht, in: Wirtschaftsdienst, 2/1989, S. 66–70; V. Giscard d'Estaing, Der ECU und das Europäische Währungssystem, in: DBB, AaP, 17/27. Februar 1989, S. 4 f.

4.3.2. Die ECU oder eine Variante als europäische Parallelwährung

Die Parallelwährungslösung wurde im »All Saints' Day Manifesto« als Alternative zu einer Währungsunion durch eine Währungsreform verstanden, die die Initiatoren für unwahrscheinlich hielten. Die Vorteile einer Parallelwährungsstrategie wurden in
- der erleichterten Anpassung der Erwartungen bei den Wirtschaftssubjekten,
- in dem einfacheren politischen Prozeß der Durchsetzung währungspolitischer Ziele in der Anfangsphase und
- im Vermeiden einer Zwischenstufe stabilisierter Wechselkurse auf dem Weg zur Währungsunion gesehen. Ihre Befürworter befürchteten, daß ein System stabilisierter Wechselkurse in einigen Ländern deflationär wirken könnte (Großbritannien, Italien). Die systembedingte Wechselkursflexibilität zwischen den Teilnehmerwährungen würde derartige Anpassungsprozesse ausschließen.

Mit Recht läßt sich gegen diese Annahmen einwenden, daß
- die Annahme der besseren politischen Durchsetzbarkeit währungspolitischer Ziele auf einer falschen Einschätzung der ökonomischen Sachkenntnisse der währungspolitischen Instanzen basiert,[80]
- die Annahme, mit Hilfe der Parallelwährungsstrategie den Bereich der diskretionären Währungspolitik überwinden zu können, das Problem vereinfacht. Denn einmal muß eine Entscheidung zugunsten dieses Integrationspfades getroffen werden, und ferner bleibt jedem Land die Möglichkeit offen, ein »option out« zu wählen.

Darüber hinaus muß die seinerzeit vorgetragene These, daß eine Parallelwährungsstrategie mit ihren flexiblen Wechselkursen generell einem System fixierter Wechselkurse überlegen sei, an die gegenwärtigen währungspolitischen Fakten angepaßt werden. Die Parallelwährungsstrategie mit der ECU wird bevorzugt,
- weil ein politischer Vorbehalt gegenüber der Hegemonie der D-Mark und der Geldpolitik der Deutschen Bundesbank besteht und
- weil man mit dem Mechanismus der indirekten Koordinierung der Geldmengenpolitiken im EWS unzufrieden ist.

Die Option zugunsten einer europäischen Parallelwährung (EPW) ist eine politische Entscheidung gegen die DM. Die ECU wird offiziell als das Medium genannt, ohne daß aber Klarheit geschaffen worden ist, wie sie genau ausgestattet sein soll. Denn die bisherige private

---

[80] P. Bofinger, Über »ECUnomics« zu einer europäischen Geldverfassung?, in: Kredit und Kapital, Jg. 19 (1986), S. 180.

ECU ist ein Produkt der Finanzmärkte. Sie lehnt sich an die Form des offenen Währungskorbes der offiziellen ECU an, trägt damit aber auch alle Handicaps in deren Wertermittlung mit. Aus diesem Grunde werden vorgeschlagene Varianten einer EPW in die Analyse einbezogen.

Im Rahmen dieser politischen Setzung ist zu prüfen, ob die Parallelwährungsstrategie überhaupt Aussicht hat, nationale Währungen am Markt zu verdrängen. Als geldpolitisches Referenzmaß dienen dabei die Erfolge der Koordinierung der Geldpolitik und der Geldwertsicherung, die mit der DM national und international im EWS als »monetärer Anker« erzielt worden sind. Eine Einheitswährung, die das Koordinierungsverfahren der Geldpolitik und den Geldwertstandard im Integrationsraum nicht verbessert, bietet keinen positiven Beitrag zur Integration.

In der Prüfung der Wettbewerbsvorteile werden folgende Varianten einer EPW berücksichtigt:[81]

(1) Eine EPW in Form eines Währungskorbes, der sich an die ECU anlehnt.

(1.1) Ein ECU-Korb, der auch Währungen einschließt, die nicht am Wechselkurssystem des EWS teilnehmen (ECU).

(1.2) Ein ECU-Korb, in dem nur Währungen vertreten sind, die am Wechselkurssystem teilnehmen (EWS-ECU).

(1.3) Ein ECU-Korb, der auf einen Vorschlag von R. Vaubel zurückgeht: Die Korbgewichte werden entsprechend der relativen Anteile der nationalen Geldmengen eines jeden Landes an der EG-Gesamtgeldmenge fixiert und jährlich an Veränderungen angepaßt (VAUBEL-ECU).[82]

(2) Eine EPW, die als Fast-Doppelwährung definiert und mit einem festen Wechselkurs in das Paritätengitter aufgenommen wird.

(2.1) Eine Variante, die von M. Russo[83] vorgeschlagen worden ist, sieht vor, daß diese EPW mit einer *Nicht-Abwertungsgarantie* ausgestattet wird. Bei Leitkursänderungen würde sie gegenüber der (den) Währung(en) eine unveränderte Kursrelation behalten, die gegenüber den anderen Währungen nur aufge-

---

[81] Vgl. die Zusammenstellung bei Kloten, N., und P. Bofinger, Währungsintegration über eine europäische Parallelwährung?, in: D. Duwendag (Hrsg.), Europa-Banking. Bankpolitik im Europäischen Finanzraum und währungspolitische Integration, Baden-Baden 1988, S. 64–66.

[82] R. Vaubel, Currency Unification, Currency Competition and the Private ECU: Second Thoughts. Paper prepared for the Workshop on the International Monetary Reform, European University Institute, Florenz, 2.–3. April 1987.

[83] M. Russo, Cooperation and Coordination in the EMS: The System at a Crossroad, in: Dräger, C., und L. Späth (Hrsg.), Internationales Währungssystem und weltwirtschaftliche Entwicklung, Baden-Baden 1988.

wertet wird (werden). Sie wäre nach den bisherigen Erfahrungen eine »DM in disguise« (»RUSSO-EPW«).

(2.2) Ein Korb-ECU als EPW mit einer Kaufkraftsicherungs-Garantie. Auf dieser Grundlage ist der Vorschlag im All Saints' Day Manifesto entwickelt worden. Die Korbbeträge werden dabei parallel zu den nationalen Inflationsraten erhöht. Ferner verlangt die Kaufkraftgarantie, daß die Zentralbanken jederzeit bereit sind, den Kurs der EPW am Devisenmarkt gegenüber ihren Währungen unbegrenzt zu stützen (Manifesto-EPW).

(3) Eine EPW, die unabhängig von einem Währungskorb wie eine nationale Währung nur durch sich selbst definiert ist und gegenüber allen nationalen Währungen einen vollständig flexiblen Wechselkurs hat – eine genuine Parallelwährung.

4.3.3. Die mikroökonomische Analyse der Währungssubstitution

Die Rahmendaten der Analyse

Im folgenden wird in Anlehnung an die Untergliederung der Geldfunktionen von N. Kloten und P. Bofinger[84] untersucht, ob eine EPW die nationalen Währungen in den folgenden vier Funktionen erfolgreich verdrängen kann:
- Im Rahmen der Geldfunktion der Recheneinheit als Maßstab für die Auszeichnung der Preise, als Maßstab für intertemporale Vermögensvergleiche, wie zum Beispiel bei der Bilanzierung, und als Maßstab, um Schuldverhältnisse ganz allgemeiner Art oder im besonderen Geldschuldverhältnisse wie Bankkonten und Anleihen auszudrücken[85] und
- als Wertaufbewahrungsmittel.
Für die Analyse wird explizit unterstellt,
- daß die Politiker bereit seien, ihren Bürgern für alle Transaktionen eine uneingeschränkte Wahlfreiheit einzuräumen zwischen der Landeswährung, der EPW und jeder anderen Devise, allerdings zu flexiblen Austauschverhältnissen;
- daß die EPW in allen Geldformen (Note, Münze, Giralgeld) existiert und auch den Status eines gesetzlichen Zahlungsmittels hat;
- daß zwischen den teilnehmenden Staaten vollständige und irreversible Konvertibilität besteht.

---

[84] Kloten, N., und P. Bofinger, Währungsintegration über eine europäische Parallelwährung?, a.a.O., S. 64 ff.
[85] Der Wettbewerb beim Schuldmaßstab wird hier aufgrund der analytischen Nähe unter dem Gliederungspunkt »verzinsliche Zahlungsmittel« mitbehandelt.

Das bedeutet: Es wird die Parallelwährungsstrategie und damit das Konsistenzproblem zwischen Mitteleinsatz und Ziel in der Währungspolitik allein auf seine technische Effizienz hin geprüft. Wenn unter diesen Bedingungen Zweifel an den Erfolgsaussichten der Parallelwährungsstrategie mit der ECU oder einer Variante auftreten, dann sind sie unter den real existierenden Rahmendaten um so bedeutender.

Parallelwährungsstrategie und wirtschaftliche Konvergenz

Die erste Entscheidung betrifft den Zeitpunkt, zu dem mit der Parallelwährungsstrategie begonnen werden soll – vor oder nach Erreichen der wirtschaftlichen Konvergenz. Würde der Einsatz der Parallelwährung erst für die Phase geplant, wenn zwischen den Mitgliedsländern die wirtschaftliche Konvergenz verwirklicht und stabilisiert worden ist, dann würde für den Prozeß der Währungssubstitution die Inflationsdifferenz als wesentlicher Anreiz entfallen. Ein Marktprozeß zu einer Einheitswährung wäre unwahrscheinlich. Die Parallelwährungsstrategie verlangt demnach einen preislichen Anreiz und kann deshalb nur vor dem Erreichen der wirtschaftlichen Konvergenz eingesetzt werden. Diese Inflationsdifferenz müßte aber über die Dauer des Prozesses bestehen. Überspitzt formuliert, verlangt diese Strategie, daß kein Wille zur Konvergenz in Richtung Geldwertstabilität bestehen darf. Der Prozeß der Währungssubstitution hätte dann den Charakter einer politischen Enteignung, weil den nationalen Regierungen, die über die Geldmengenentwicklung entscheiden können, das Recht entzogen würde, autonom die optimale Inflationssteuer zu bestimmen.

Ebenso würde eine nationale Stabilitätspolitik den Substitutionsprozeß stören und bremsen. Die Vorbedingung, daß während des Prozesses keine nationale Geldwertstabilität angestrebt werden darf, ist unbefriedigend, weil das Vertrauen in eine Politik der Geldwertstabilität nach dem Substitutionsprozeß auf Gemeinschaftsebene schwerer aufzubauen und institutionell abzusichern wäre.

Wettbewerb bei der Preisauszeichnung

Geschäftsleute werden ihre Preise ausschließlich oder zusätzlich in der EPW nur auszeichnen, wenn diese Maßnahme Vorteile verspricht, die größer sind als zum Beispiel die Kosten der Doppelauszeichnung. Denn die Transaktions- und Informationskosten steigen für Anbieter und Nachfrager. Die Zahl der einzelnen Preise verdoppelt sich maximal, die der relativen Preise hingegen, die für das »Preisgedächtnis« der Marktteilnehmer von zentraler Bedeutung sind, vervielfacht sich. Aufgrund dieser Erschwernisse sind für die nationale Preisauszeichnung kaum Vorteile zu erkennen.

Eine EPW könnte aber für Unternehmen von Interesse sein, die mit mehreren Ländern Außenhandel treiben. Die EPW könnte als Faktura-Währung gewählt werden, wobei sie in der Regel auch die Funktion eines unverzinslichen Zahlungsmittels wahrnehmen würde. Wenn man von der Theorie der »vehicle currency« von A. Swoboda ausgeht, dann werden Transaktionskosten eingespart, wenn die Faktura und die Transaktionskasse in nur einer international handelbaren Währung gehalten werden.[86] Dieser theoretische Ansatz ist durch die Empirie jedoch nicht bestätigt worden. In den außenwirtschaftlichen Transaktionen wird unverändert primär die Landeswährung gewählt, die aus der Sicht der Wirtschaftssubjekte die für sie geringsten Transaktionskosten verursacht. Kenen spricht deshalb auch von der »Dominanz der heimischen Währung«[87]. Darüber hinaus ist eine große Konstanz der Währungsanteile im Zeitablauf feststellbar.[88] Die aus dieser Entwicklung abzuleitenden geringen Substitutionsaussichten für eine EPW werden erhärtet durch eine Umfrage der »Groupement pour la Coopération Monétaire Européenne« bei 204 Unternehmen in Italien und Frankreich im Jahre 1985.[89] Obwohl hier Unternehmen in Ländern gefragt worden sind, bei denen aufgrund der Kapitalverkehrskontrollen und der Präferenzierung der ECU auch als Fakturawährung ein unmittelbarer Anreiz zur Substitution bestanden hat, ist der Anteil der ECU-Fakturierung verschwindend klein gewesen: 0,3% Anteil am gesamten Außenhan-

---

[86] Swoboda, Alexander K., The Euro-Dollar Market: An Interpretation. Essays in International Finance, No. 64, Februar 1968.
[87] Peter B. Kenen, The Role of the Dollar as an International Currency, Group of Thirty, Occasional Papers No. 13, New York 1983.
[88] Vgl. zu den empirischen Befunden der Bundesrepublik Deutschland und Frankreich die Tabellen in: Hasse, R., Die ECU – ein Währungsmedium mit Integrationswirkungen?, a.a.O., S. 244.
[89] Vgl. ECU-Newsletter, 15/15. Januar 1986; vgl. A. Josso, Invoicing with the ECU, in: R. M. Levich (Hrsg.), »ECU« Euromoney Publications, 1987.

del und 0,8% Anteil am Außenhandel, der in ausländischer Währung fakturiert worden ist. Nicht überraschend ist es deshalb, daß die ECU-Fakturierung im Außenhandel deutscher Industrieunternehmen kaum über null Prozent liegt.[90] Prüft man, inwieweit die einzelnen Varianten der EPW in ihrem Marktverdrängungspotential durch die Transaktions- und Informationskosten der Preisauszeichnung behindert werden, erhält man folgende Rangordnung: Aus der Sicht der Marktteilnehmer in einem Hartwährungsland sind die Kosten bei einer »RUSSO-EPW« relativ am geringsten. Die Nichtabwertungsgarantie würde ein konstantes Kursverhältnis zwischen der Hartwährung und der EPW gewährleisten, so daß keine wechselkursbedingten Zusatzkosten bei der Preisauszeichnung entstehen. Diese Zusatzkosten würden bei allen anderen Varianten einer EPW auftreten. Sie wären um so größer, je stärker sich die Kursrelationen zwischen nationaler Währung und EPW ändern (»Korb-ECU«) oder Anpassungen aus Gründen der Kaufkraftsicherung (»Manifesto-EPW«) bzw. der Korbanpassung (»EWS-ECU«, »VAUBEL-ECU«) vorgenommen werden müssen. Die hohen Kosten bleiben ein negativer Anreiz für die Währungssubstitution.

Wettbewerb bei der Rechnungslegung

Die Rechnungslegung in ECU auch für Unternehmen wird offiziell von der EG-Kommission angestrebt. Sie bereitet eine Richtlinie vor, nach der diese Bestimmung spätestens auf die Jahresabschlüsse von 1992 anwendbar sind.[91] Für rein nationale Unternehmen würde diese Bilanzierungsart bei trendmäßiger Abwertung der EPW der Landeswährung – zum Beispiel der DM – gegenüber zu folgenden Problemen führen: Wenn die DM-Forderungen die DM-Verbindlichkeiten übersteigen, errechnet sich ein Scheingewinn und umgekehrt ein Scheinverlust.

Diese Verzerrungseffekte tauchen bei allen EPW-Varianten auf, wobei sie bei der »RUSSO-EPW« allerdings aus deutscher Sicht kaum ins Gewicht fallen würden, weil sie eine »Quasi-DM-Währung« ist.

---

[90] Vgl. G. Braunberger, Dem privaten ECU fehlt die Popularität, in: Frankfurter Allgemeine Zeitung, 20. August 1988, S. 12.
[91] Kommission der Europäischen Gemeinschaften, Information, Lockerung der Rechnungslegungsvorschriften für KMU und Forderung des ECU, Dok. (88) 292, Brüssel, Juni 1988.

Wettbewerb bei den Geldfunktionen des Zahlungs- und Wertaufbewahrungsmittels

Die EPW als nicht verzinsliches Zahlungsmittel

Als nicht verzinsliches Zahlungsmittel kann eine Währung nachgefragt werden für binnenwirtschaftliche Transaktionen in Form der Kassenhaltung und für außenwirtschaftliche Transaktionen in Form von Kassenhaltung und in der Verwendung als Fakturawährung. In beiden Fällen wird der Vorteil der Währungssubstitution in der Einsparung von Informations- und Transaktionskosten gesehen.

Auch wenn – wie hier unterstellt wird – die EPW als gesetzliches Zahlungsmittel anerkannt würde, bestünden große Barrieren, um die nationale Währung als Zahlungsmittel zu verdrängen. Die Annahme einer großen Nachfrageelastizität nach dem wertstabileren Geld und damit einer erfolgreichen Währungssubstitution beruht auf zwei Faktoren: der Tatsache, daß bei unverzinsten Zahlungsmitteln ex definitione kein Inflationsausgleich über den Zinssatz möglich ist, und der Prämisse eines rationalen Verhaltens der Wirtschaftssubjekte bei der Nachfrage nach Zahlungsmitteln. Eine kaufkraftgesicherte EPW würde zwei wesentliche Bedingungen für den Substitutionsprozeß erfüllen: Das Versprechen der Geldwertsicherheit würde einen Realwertverlust des Kassenbestandes in ECU ausschließen und darüber hinaus die Geldwerterwartungen stabilisieren, indem eine unerwartete Inflationierung der ECU ausgeschlossen würde.

Aus deutscher Sicht kämen für eine Kassenhaltung in EPW lediglich die »RUSSO-EPW« und die kaufkraftgesicherte »Manifesto-EPW« in Frage. Alle anderen Varianten würden gegenüber der DM an Wert verlieren und damit die Kosten dieser Kassenhaltung erhöhen. Die »RUSSO-EPW« wäre identisch mit einer Kassenhaltung in DM. Bei der »Manifesto-EPW« würde das Halten von EPW-Kasse bei einer Wechselkursentwicklung entsprechend der Kaufkraftparität sogar einen Aufwertungsgewinn in Höhe der deutschen Inflationsrate bringen.[92]

Trotz dieser Anreize deuten empirische Befunde darauf hin, daß verschiedene Währungen auch bei Preis- und Kostendifferenzen keine vollständigen Substitute sind. Die Nachfrage nach dem nationalen Zahlungsmittel ist sehr unelastisch in bezug auf Inflationsdifferentiale gewesen. Da diese Verhaltensweise selbst in Zeiten von Hyperinflationen festgestellt worden ist, kann diese Substitutionsbremse ebenfalls unterstellt werden, wenn die Inflationsdifferenzen

---

[92] Vgl. Kloten, N., und P. Bofinger, Währungsintegration über eine europäische Parallelwährung?, a. a. O., Anhang, S. 81–83.

wesentlich kleiner sind.[93] Eine Erklärung für diese geringe Elastizität der Geldnachfrage ist, daß die Inflation keinen so dominierenden Einfluß auf die Kassenhaltung hat. Keynes hat dies anhand eines Zahlenbeispiels mit einer jährlichen Inflationsrate von 100% und einer durchschnittlichen Verweildauer in der Kasse von 0,5 Wochen aufgezeigt.[94] Empirische Untersuchungen über die Elastizität der Geldnachfrage bei Inflation zeigen, daß nur wenig inländische Transaktionen mit ausländischem Geld oder in Form von Kompensationsgeschäften abgewickelt worden sind. Auch entwickelte sich in der Regel kein großer schwarzer Markt für ausländische Zahlungsmittel. B. Klein zieht deshalb die Schlußfolgerung, daß ein Substitutionsprozeß bei der Nachfrage nach unverzinslichem Geld auch bei größeren Inflationsunterschieden dann kaum entstehen würde, wenn ein dominantes Zahlungsmittel zuvor existierte.[95] Die geringe Elastizität der Geldnachfrage in bezug auf die Inflation kann um so eher unterstellt werden, je geringer die Inflationsunterschiede sind. Die Aussage trifft noch stärker zu, wenn währungspolitisch keine Notwendigkeit zu einer Währungsreform wie 1923 und 1948 besteht.

Die Ergebnisse lassen sich in drei Punkten zusammenfassen:

1. Es gibt kein historisches Beispiel, daß durch Währungswettbewerb eine Währung auch nur näherungsweise ein Monopol erreicht hat. Das Beispiel Schottland mit seiner Bankenfreiheit von 1775 – 1845, auf das sich Vaubel stützt, ist nicht valide. Am Ende bestanden noch 19 Notenemittenten, und der größte, die British Linen Co., hatte einen Marktanteil von 14,2%.[96]

2. Klein, Keynes, Bresciani-Turroni u. a. haben darauf hingewiesen, daß auch bei großen Inflationen weniger auf ein wertstabiles Geld als Zahlungsmittel ausgewichen wird. Statt dessen wird der Realkassenbestand verringert und dieses Defizit durch eine höhere Umlaufgeschwindigkeit kompensiert.

3. Empirische Untersuchungen zeigen, daß sowohl bei größeren als auch bei mäßigen Inflationen nur eine geringe Währungssubstitutionsaktivität ausgelöst wird.[97]

[93] Vgl. Klein, B., Competing Monies, European Monetary Union and the Dollar, a. a. O., S. 70–74.

[94] Inflationsrate: 100% p.a.; durchschnittliche Verweildauer einer Geldeinheit in der Kasse: 0,5 Wochen. Dann verteilt sich die 50% Geldentwertung im Laufe des Jahres auf 100 Verausgabungseinheiten. Dadurch ergibt sich ein Kaufkraftverlust der Kasse von 0,5%. J. M. Keynes, A Tract on Monetary Reform, London 1923, S. 49. Unterstellt man für das EWS eine Inflationsdifferenz von 3% zum EWS-Durchschnitt bzw. zur ECU, dann entstünde für ein Wirtschaftssubjekt bei einem täglichen Kassenbestand von 200,– DM und bei Nichtsubstitution ein Verlust von 6,– DM p. a.

[95] Vgl. Klein, B., Competing Monies, European Monetary Union and the Dollar, a. a. O., S. 73 f. und die Literaturangaben dortselbst. Vgl. Bresciani-Turroni, C., The Economics of Inflation. A Study of Currency Depreciation in Postwar Germany, London 1937, S. 91 f.

[96] Vgl. Neldner, M., Wege zur Währungsintegration, a. a. O., S. 15 sowie die Literatur dortselbst.

[97] Vgl. ebenda, S. 16.

Die EPW als verzinsliches Zahlungs- und Wertaufbewahrungsmittel

Bei verzinslichen Zahlungsmitteln wird das größte Substitutionspotential vermutet, weil auf dem Gebiet der verzinslichen Anlagen ein höheres Maß an wirtschaftlicher Rationalität und damit eine höhere Elastizität der Nachfrage in bezug auf die Inflation unterstellt wird als bei der Nachfrage nach unverzinslicher Kasse. Aber auch bei der EPW als einem verzinslichen Zahlungsmittel mit einer Geldwertsicherungsklausel ist zu beachten, daß die Inflationsdifferenz zwar eine hinreichende, aber noch nicht die ausreichende Bedingung für einen erfolgreichen Prozeß der Währungssubstitution ist.

Die Determinanten für internationale Transaktionen, mit denen Geldschuldverträge oder Geldforderungen eingegangen werden, sind
- die Wechselkurserwartungen,
- die Zinsdifferenzen zwischen Anlagen in den konkurrierenden Währungen und
- das Risikoverhalten des Anlegers.

Ob eine Währungssubstitution bei Inflationsdifferenzen zugunsten selbst einer kaufkraftgesicherten EPW stattfindet, hängt davon ab,
- inwieweit die Inflationsdifferenz durch eine Zinsdifferenz ausgeglichen wird und
- inwieweit die Geldwertentwicklung und die Wechselkursentwicklung antizipiert werden können.

Denn bei effizienten Devisenmärkten ist stets gewährleistet, daß Wechselkurserwartungen durch entsprechende Zinsdifferenzen kompensiert werden, so daß kein Anreiz zur Währungssubstitution besteht. Nicht die Höhe der Inflationsrate bzw. der Inflationsdifferenz ist allein ausschlaggebend, sondern die Validität der Inflationsprognose, die als antizipierte Größe das Zinsniveau beeinflußt. Die Güte einer Inflationsprognose wird weniger durch die Höhe der Inflationsrate als durch ihre Varianz bestimmt.[98]

Eine weitere Blockierung der Währungssubstitution wäre gegeben, wenn es währungspolitisch erlaubt wäre, Verbindlichkeiten und Forderungen zu indexieren. Zwar könnte dafür auch die EPW herangezogen werden, in diesen Fällen würde ihre Funktion jedoch auf die einer Recheneinheit reduziert. Die Erfüllung der Forderungen und Verbindlichkeiten dagegen fände weiterhin in nationalen Währungen statt.

---

[98] Vgl. Klein, B., Competing Monies, European Monetary Union and the Dollar, a.a.O., S. 71 f. Vaubel dagegen unterstellt, daß die Prognosefähigkeit der Inflationsrate mit zunehmender Höhe der Inflationsrate abnimmt. Vaubel, R., Strategies for Currency Unification, a.a.O., S. 183.

Ergebnisse der mikroökonomischen Analyse

Die Prüfung der Verdrängungspotentiale mehrerer Varianten einer EPW hat gezeigt, daß diese gegenüber nationalen Währungen generell mehrere Wettbewerbsnachteile hat. Auch bei einer Kaufkraftsicherung der EPW ist eine Währungssubstitution nur bei großen, nicht prognostizierbaren Inflationsdifferenzen zu erwarten. Empirische Untersuchungen kommen alle zu dem Ergebnis, daß die Elastizität der Geldnachfrage nach Fremdwährungen extrem niedrig ist. Selbst wenn man unterstellt, daß eine EPW als gesetzliches Zahlungsmittel eine bessere rechtliche Position hätte als die in den ökonometrischen Untersuchungen betrachteten Währungen, ist mit einer wesentlich höheren Elastizität kaum zu rechnen.

Dafür spricht einmal, daß es eine Vielzahl von Strategien gibt, Geldwertverlusten auszuweichen. Die Zahl der konkurrierenden Alternativen ist in der Realität weitaus größer, als sie in der Theorie der Währungssubstitution und in der Parallelwährungsstrategie unterstellt wird: sie konzentrieren sich auf eine bilaterale Substitutionsbeziehung zwischen nationaler Währung und einer Fremdwährung. Ferner zeigen die Ergebnisse der mikroökonomischen Analyse, daß generell und bei mittleren Inflationsdifferenzen für alle Varianten einer EPW nur geringe Substitutionspotentiale bestehen. Die bestehende private ECU schneidet dabei besonders schlecht ab. Schließlich hat eine EPW gegenüber einer nationalen Hartwährung sogar keine Durchsetzungschancen. Solange also eine nationale »Stabilitätskonkurrenz« besteht, kann sich eine EPW allein über Marktprozesse nicht durchsetzen. Ob die »RUSSO-ECU« als »Quasi-DM-Parallelwährung« politisch durchsetzbar ist, muß angesichts der politischen Rahmenbedingungen bezweifelt werden. Für DM-Besitzer besteht auch hier kein Anreiz zu einem Wechsel.

Aus dieser Erkenntnis heraus wird vorgeschlagen, der EPW in mehreren Feldern Präferenzen einzuräumen, die ihre Transaktionskosten senken und ihre Verzinsung verbessern.[99] Damit wird die Idee zu einer Strategie, eine Einheitswährung über Marktprozesse zu erreichen, mindestens verfälscht. Denn nicht der Markt, sondern politische Präferenz- und damit Diskriminierungsregeln entscheiden über die Entwicklung des Währungssubstitutionsprozesses.

---

[99] Vgl. Filc, W., Förderung der ECU als Europäische Parallelwährung, a.a.O., S. 11 f.; zur Beurteilung: Hasse, R., Die ECU – ein Währungsmedium mit Integrationswirkungen?, a.a.O., S. 248 f.

4.3.4. Die institutionelle Dimension der Parallelwährungsstrategie

Die Diskussion über eine Parallelwährung konzentrierte sich auf die Theorie der Währungssubstitution und klammerte die institutionellen Aspekte fast vollständig aus. In anderen Beiträgen wurde die private ECU als geeignetes Medium unterstellt, ohne zu beachten, daß es sich um reines, privates Giralgeld handelt. Andere Untersuchungen entwickelten Modelle, die eine Teilfusion der offiziellen und privaten ECU ermöglichten.

Eine EPW, die allmählich in die Rolle einer Einheitswährung wachsen soll, benötigt nach traditioneller Vorstellung zur Geldverfassung eine öffentlich-rechtliche Emissionsinstitution, die den Geldangebotsprozeß steuert. Eine EPW, die auf dem Gedankengut der privaten Geldkonkurrenz von F. A. Hayek aufbaut, sei hier ausgeklammert. Wenn die Emission einer EPW institutionalisiert wird und eine neue Währung als zusätzliches Geldangebot auf den Markt tritt, müssen in einem Markt mit Konvertibilität
– die stabilitätspolitische Verankerung und
– die geldmengenpolitische Koordinierung mit den Emissionsinstituten nationaler Währungen
gelöst werden.

Die im EWS über die DM erfolgende indirekte Koodinierung der Geldmengen- und Zinspolitik müßte aufgrund des Emissionsrechtes einer EPW-Zentralbank durch eine direktere Form der Koordinierung des Geldangebots abgelöst werden.

Prinzipiell kann man zwischen drei institutionellen Varianten für die EPW-Emission wählen:[100]
(1) die EPW wird parallel zu den nationalen Währungen von den nationalen Zentralbanken ausgegeben,
(2) die EPW wird ausschließlich von einer neuen EPW-Zentralbank ausgegeben und
(3) sowohl die nationalen Zentralbanken als auch eine EPW-Zentralbank besitzen das Emissionsrecht.

Geldpolitisch sind zwei Emissionskanäle zu unterscheiden: über ein Passivgeschäft, indem die EPW gegen nationale Währungen ausgegeben wird, oder über ein Aktivgeschäft, bei dem die Breite der zugelassenen Refinanzierungsaktiva den Grad der Eigenständigkeit des EPW-Emissionsinstituts und dessen Einfluß auf das gesamte Geldangebot bestimmt.

Die EPW-Emission über Passivgeschäfte bedeutet für alle drei in-

---

[100] Vgl. Kloten, N., und P. Bofinger, Währungsintegration über eine europäische Parallelwährung?, a.a.O., S. 76f.

stitutionellen Varianten, daß aufgrund des Umtausches von nationalen Währungen gegen EPW die gesamte Geldmenge konstant bliebe. Allerdings ergäben sich Kontrollprobleme insofern, als die EPW auch direkt für Transaktionen in anderen Teilnehmerländern verwendet werden kann. Die Kontrolle der Geldnachfrage wird schwieriger:

Sowohl bei den institutionellen Varianten (2) und (3) durch Passivgeschäfte und bei der institutionellen Variante (1) bei Aktivgeschäften mit großzügigen Refinanzierungslösungen ist es möglich, die EPW-Geldmenge so zu vermehren, daß die Gesamtgeldmenge stabilitätsgefährdend ist. Für diese Fälle und für andere Konstellationen, die nicht an dieser Stelle eingehender behandelt werden sollen, ergibt sich aus der Zielsetzung der Geldwertsicherung, daß die Parallelwährungsstrategie in einem Binnenmarkt ohne Kapitalverkehrskontrollen eine diskretionäre Absprache der Geldmengenexpansion der nationalen Währungen und der EPW benötigt.

4.3.5. Vorläufige Schlußfolgerungen

Die Analyse hat zu folgenden Ergebnissen geführt:
– Die Parallelwährungsstrategie hat bei allen Varianten einer Korb-EPW nur geringe Chancen, allein über die Währungssubstitution zur Einheitswährung zu werden. Die These der EG-Kommission, die ECU biete sich als künftige Hauptwährung an, muß in der vorgetragenen, undifferenzierten Form als geld- und währungstheoretisch nicht begründet angesehen werden.[101] Die ECU ist ein Finanzierungsmedium, das nur zu einem kleinen Teil in nichtkommerziellen Transaktionen eingesetzt wird. Die These, die ECU repräsentiere die gesamte EG oder alle Teilnehmer am EWS, ist zu euphemistisch. Die Struktur der Finanzmärkte der ECU zeigt deutlich, daß das Interesse an der ECU regional sehr unterschiedlich ist und dort vielfach künstlich stimuliert wird. Ihre größte Attraktivität gewann sie als Finanzinnovation, weil sie eine kostengünstige Form der Risikodiversifizierung gegen Wechselkursänderungen bietet. Gleichzeitig ist die standardisierte Form des Währungskorbes eine Bremse für die Marktentwicklung, weil sie näherungsweise nur bestimmte Portfoliopräferenzen erfüllen kann. Diese Risikostreuungsfunktion würde sie bei zunehmender Konvergenz ebenso einbüßen wie ihr Substitutionspotential im Rah-

---

[101] Kommission der Europäischen Gemeinschaften, EG Binnenmarkt. Welche Chancen und Risiken zeichnen sich ab?, Bonn 1988, S. 79.

men einer Parallelwährungsstrategie. Gleichzeitig wäre bei Konvergenz und fehlenden Wechselkursänderungserwartungen ein Übergang zu einer Einheitswährung ohne Korbcharakter durch eine Währungsreform eher möglich.

- Die Parallelwährungsstrategie erfordert eine institutionelle Lösung des Emissionsproblems, das in seiner Bedeutung analog zur Gründung einer europäischen Zentralbank zu sehen ist.

- Die Parallelwährungsstrategie erfordert bei der Zielsetzung der Geldwertsicherung eine diskretionäre Koordinierung der Geldangebote der nationalen Währungen und der EPW.

Damit ist die Parallelwährungsstrategie kein sanfter (Aus-)Weg zur Einheitswährung über eine rein funktionelle Integration. Sie verlangt eine klare institutionelle Absicherung des Emissionsverfahrens und eine Verankerung des Geldwertzieles, um gemäß dieser Leitlinie die Koodinierung des Geldangebots vorzunehmen. Wohl auf der Grundlage ähnlicher Analysen kommt auch die Delors-Kommission zu der Schlußfolgerung, daß die Parallelwährungsstrategie mit der ECU nicht empfehlenswert sei (Ziffer 47).

5. Begründungen der Unabhängigkeit der Zentralbank und der Priorität der Geldwertsicherung

5.1. Ursprünge der Diskussion und Komponenten der (Un-)Abhängigkeit der Zentralbank

Die Forderung, eine Zentralbank müsse weisungsungebunden sein *und* ihre Politik müsse allein oder vorrangig auf die Sicherung des Geldwertes ausgerichtet werden, wird mancherorts als deutsche Marotte bzw. ordnungspolitische Sturheit angesehen. Andere empfinden es als eine Überbetonung historischer Erfahrungen speziell in Deutschland. Die extremen Unterschiede in der Lösung des (Un-)Abhängigkeitsverhältnisses der Zentralbank zu den staatlichen Instanzen, die Träger der Wirtschafts- und Finanzpolitik sind, weisen deshalb auch zweierlei aus (vgl. Anhang 2 und Abb. 4): Einmal stoßen in der Auseinandersetzung um die Gestaltung einer EZB grundverschiedene verfassungspolitische, wirtschaftliche und politische Erfahrungen und Präferenzen aufeinander. Die These von der Asymmetrie des EWS und der Vorwurf an die deutsche Geldpolitik, deflationär bzw. übertrieben auf die Stabilität des Preisniveaus ausgerichtet zu sein, hat diese Ebene offengelegt. Die Position der Deutschen Bundesbank wird als politisch und ökonomisch nicht tolerierbar angesehen. Zweitens, die Gründung einer EZB bedarf einer außergewöhnlich klaren institutionellen Regelung und geldpolitischen Zielsetzung. Unterbliebe dies, dann würden alle Auffassungsunterschiede in die EZB eingebracht, an der nicht nur diese Institution, sondern auch der Integrationsprozeß zur Währungsunion scheitern würde. Auf der anderen Seite erfordern die Zielsetzungen für eine EZB eine sorgfältige Begründung.

Die Diskussion um die Berechtigung einer monopolistischen Zentralbank, die F.A. von Hayek 1976 mit seiner Schrift »Denationalisation of Money«[102] wiederbelebte, hat zu einer erneuten Auseinandersetzung mit den Grundproblemen einer Geldverfassung geführt. Hayek prangert an, daß der Staat die Verstaatlichung der Zentralbanken in den dreißiger und vierziger Jahren betrieben habe, *mit Zielsetzungen*, die nicht eingehalten worden seien. Die Regierungen argumentierten, daß sie mit der Verstaatlichung einmal die Vorteile sichern wollten, die mit einem Zentralbankmonopol[103] verbunden sind, und ferner durch diesen Schritt eine Einordnung der Geldpolitik und der Zentralbank in den Staat erreichen wollten, nachdem durch die Auflösung der Goldwährung hier ein Handlungsvakuum entstanden sei. In der Goldwährung konzentrierte sich die Zentralbankpolitik – trotz der bestehenden und genutzten Spielräume[104] – auf die potentiellen und aktuellen Goldbewegungen. Diese »goldene Bremse an der Kreditmaschine« (J. A. Schumpeter) fehlt in den manipulierten Papiergeldwährungen.

Von Hayek wirft den Regierungen vor, ihre geldpolitische Macht mißbraucht und vier Mißstände produziert zu haben – Inflation, Instabilität, undiszipliniertes Gebaren bei den Staatsausgaben und wirtschaftlichen Nationalismus. Seine Radikalkur ist – Entstaatlichung, Privatisierung der Geldschöpfung.

Wenn man dem Vorschlag von Hayeks nicht folgt, weil er neben theoretischen Problemen in erster Linie keine realistische Chance auf politische Realisierung hat, so konzentriert sich die ordnungspolitische Aufgabe auf Regelungen, die einen geldpolitischen Mißbrauch verhindern. Innerhalb dieses Rahmens wird die Lösung des Pro-

---

[102] Hayek, F.A. von, Denationalisation of Money. An Analysis of the Theory and Practice of Concurrent Currencies, The Institute of Economic Affairs, Hobart Paper Special, No. 70, London 1976.

[103] Vgl. hierzu die Übersicht: Neldner, M., Brauchen wir eine monopolitische Zentralbank?, in: Wirtschaftswissenschaftliches Studium, 10/1987, S. 503–509. Neldner unterscheidet zwischen: 1. der ordnungspolitischen Sinnhaftigkeit, 2. der Staatshaushaltsfinanzierung, 3. den Informations- und Transaktionskosten, 4. den externen Effekten, 5. der institutionellen Instabilität, 6. der konjunkturellen Instabilität und 7. der politischen Durchsetzbarkeit.

[104] Vgl. u. a.: Bloomfield, A.J., Monetary Policy under the International Gold Standard 1880–1914, New York 1959, passim; Morgenstern, O., International Financial Transactions and Business Cycles, Princeton 1959, passim.

blems in der Unabhängigkeit der Zentralbank gesehen, die ihre Politik auf die Sicherung des Geldwertes auszurichten habe.

Wenn man von der Unabhängigkeit der Zentralbank spricht, bezieht man diese auf drei Bereiche, in denen der Staatseinfluß fehlen oder stark zurückgedrängt sein soll (vgl. Abb. 4):

– Die *personelle Unabhängigkeit*: Es ist realistischerweise kaum praktizierbar, bei der Bestellung einer so wichtigen Institution mit einem öffentlich-rechtlichen Status, den Einfluß des Staates ganz auszuschließen. Denn andere Alternativen (private Organisationen) bieten auch keine größere Gewähr für Objektivität. Deshalb wird die Ernennung über staatliche Instanzen als Faktum akzeptiert. Die Objektivität und Lösung des staatlichen Einflusses ist dann in folgenden Kriterien zu finden:

a) Hat ein Vertreter der Regierung als Träger der Wirtschaftspolitik im Entscheidungsgremium der Zentralbank Sitz und Stimmrecht?

b) Besteht ein Inkompatibilitätsgebot zwischen einem politischen Amt und einer Funktion in der Zentralbank?

c) Erfolgt die Ernennung der Mitglieder der Entscheidungsgremien allein durch die Regierung(en) oder nur auf ihren Vorschlag durch das Staatsoberhaupt?

d) Gibt es das Recht einer Stellungnahme der Zentralbank zu Personalvorschlägen der Regierung(en)? Bestehen fachliche Qualifikationsanforderungen an die Mitglieder der Zentralbank?

e) Die Dauer der Amtsperiode. Je länger die Amtsperiode und wenn keine Wiederwahl möglich ist, desto eher ist eine eigenständige Position zu entwickeln und zu vertreten. Je kürzer die Amtsperiode ist und wenn Wiederwahlmöglichkeiten eingeräumt werden, desto stärker wird der personalpolitische Einfluß des Staates.

f) Besteht ein Abberufungsrecht außer bei zivil- und strafrechtlichen Verfehlungen? Gibt es ein Abberufungsrecht ohne Rechtfertigungszwang? Gibt es ein Abberufungsrecht als Sanktion, wenn der Zentralbankrat geldpolitische Zielsetzungen verfehlt?[105]

– Die *funktionelle Unabhängigkeit* bezieht sich auf den Spielraum der Zentralbank bei der Konzipierung und bei der Durchsetzung der Geld- und Währungspolitik. In diesem Zusammenhang muß auch über die Breite des Ermessens einer Zentralbank, die unabhängig ist, entschieden werden. Wenn man eine Zentralbank auf den Zielkatalog des magischen Vierecks verpflichtet, überträgt man ihr gleichzeitig den größtmöglichen Ermessensspielraum. Sie kann und muß eigenständig die einzelnen Ziele gewichten und kann diese Einordnung auch wieder ändern. Eine kontinuierliche

---

[105] Vgl. hierzu: Vaubel, R., Der Königsweg, in: Wirtschaftswoche, 18. November 1988, S. 52.

Abb. 4: Die Komponenten der Unabhängigkeit der Zentralbank

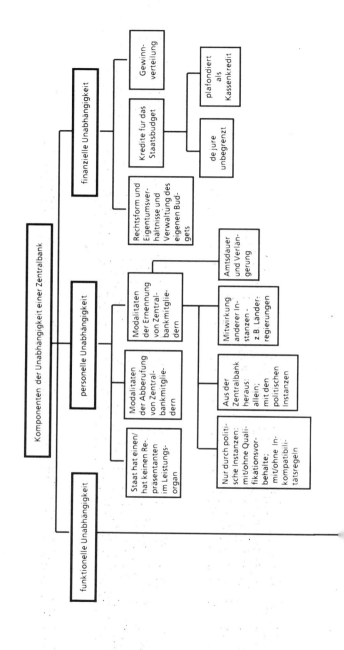

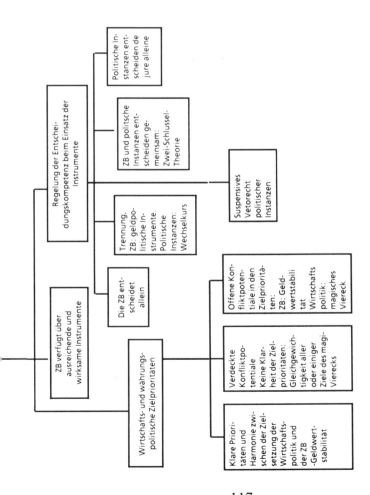

ZB verfügt über ausreichende und wirksame Instrumente

Wirtschafts- und währungspolitische Zielprioritäten

Klare Prioritäten und Harmonie zwischen der Zielsetzung der Wirtschaftspolitik und der ZB -Geldwertstabilität

Verdeckte Konfliktpotentiale
Keine Klarheit der Zielprioritäten:
Gleichgewichtigkeit aller oder einer Ziele des magischen Vierecks

Offene Konfliktpotentiale in den Zielprioritäten:
ZB: Geldwertstabilität
Wirtschaftspolitik: magisches Viereck

Regelung der Entscheidungskompetenz beim Einsatz der Instrumente

Die ZB entscheidet allein

Trennung, ZB: geldpolitische Instrumente
Politische Instanzen: Wechselkurs

Suspensives Vetorecht politischer Instanzen

ZB und politische Instanzen entscheiden gemeinsam: Zwei-Schlüssel-Theorie

Politische Instanzen entscheiden de jure alleine

Geldpolitik ist zwar möglich, aber nicht gewährleistet. Umgekehrt entstehen Konfliktpotentiale zwischen dem Träger der Wirtschaftspolitik und einer unabhängigen Zentralbank, wenn der Ermessensspielraum der Zentralbank eingeengt wird, indem ihr die Geldwertsicherung als alleiniges bzw. vorrangiges Ziel vorgegeben wird. Immer wenn die Regierung dann das Ziel der Preisniveaustabilität verläßt oder deutlich gegenüber einem anderen Ziel des magischen Vierecks austauscht, wie bei der Annahme eines »trade off« zwischen Preisniveaustabilität und Arbeitslosigkeit, entstehen Ziel- und Politikkonflikte. Dieselbe Problemlage ist bei den Zielen »außenwirtschaftliches Gleichgewicht« und »Geldwertstabilität« gegeben, wenn der Träger der Wirtschaftspolitik über das Instrument der Wechselkursänderung verfügt, es aber in einem Festkurssystem nicht einsetzt, um eine inflatorische Geldmengenausdehnung aus Devisenzuflüssen zu beenden. In diesem Falle wäre die Durchsetzbarkeit einer Stabilitätspolitik nicht möglich; es bestünde eine formelle, aber keine materielle Unabhängigkeit.

Aufgrund dieser Konfliktpotentiale muß eine unabhängige Zentralbank über wirksame Instrumente verfügen, um die Geldmenge so kontrollieren zu können, daß sie ihr geldpolitisches und gesamtwirtschaftlichen Ziel (-bündel) realisieren und verteidigen kann. Wenn ihr die Aufgabe der Geldwertsicherung übertragen wird und ein System mit festen, aber anpassungsfähigen Wechselkursen besteht, dann benötigt sie – wie sie die Deutsche Bundesbank im EWS von der Bundesregierung im November 1978 erhalten hat[106] – ergänzende Zusicherungen des Trägers der Wirtschaftspolitik, in Konflikten zwischen interner und externer Stabilität die Interventionsverpflichtung zu suspendieren. Diese Zusicherung ist um so bedeutender, je enger die Bandbreiten sind und je fixierter die Kursrelatio-

---

[106] Im Vorfeld der Gründung des EWS monierte die DBB, daß ihre Autonomie substantiell eingeschränkt würde, wenn sie aufgrund der geplanten Finanzierungssysteme für Stabilisierungsinterventionen und der fehlenden, wirksamen Koordinierung der Geldpolitiken der Teilnehmerstaaten zu massiven Interventionen verpflichtet würde. Die Autonomie würde de facto unterhöhlt und die Sicherung des Geldwertes erschwert oder verhindert. Aus diesem Grunde kam es zu einer Abmachung zwischen der Bundesregierung und der DBB, mit der ihre funktionelle Autonomie abgesichert wurde. In dem Brief vom November 1978 sichert die Bundesregierung der DBB folgendes zu:
1. Ein Übergang in die zweite, institutionelle Stufe des EWS und eine endgültige Übertragung von Währungsreserven auf einen Europäischen Währungsfonds würde nur nach Art. 236 EWG-Vertrag (ratifikationsbedürftiger internationaler Vertrag) in Betracht kommen.
2. Die DBB erhielt eine Zusicherung, wonach die Bundesregierung nur solchen Regelungen nach Art. 235 EWG-Vertrag zustimmen wird, die die Autonomie der DBB gewährleisten.
3. Die DBB ist ermächtigt, in einer Zwangslage zwischen interner und externer Stabilität, bei großen Stützungsinterventionen im EWS und verzögerter Wechselkursanpassung die Interventionen einzustellen.
Vgl. Emminger, O., D-Mark, Dollar, Währungskrisen. Erinnerungen eines ehemaligen Bundesbankpräsidenten, Stuttgart 1986, S. 361 f.

nen in einem Wechselkurssystem betrachtet werden, ohne daß die Geld- und Wirtschaftspolitik zwischen den Teilnehmerländern entsprechend koordiniert ist. Gros und Thygesen haben aus dieser Konfliktlage einen radikalen Schluß gezogen und vorgeschlagen, die Kompetenz für Wechselkursänderungen auf die Zentralbank – in diesem Falle eine Europäische Zentralbank – zu übertragen.[107]

Ein weiterer Aspekt der funktionellen Autonomie besteht darin, daß ein ordnungspolitischer Konsens existieren muß, nur Instrumente übertragen zu bekommen und einzusetzen, die angesichts der Globalisierung der internationalen Finanzmärkte wirken. Aufgrund der Parallelität zwischen Euro- und nationalen Finanzmärkten sind die Instrumente der Mindestreserve und der Kreditplafondierung obsolet geworden[108] – es sei denn, man stellt die Wirksamkeit dieser quantitativ-administrativen Mittel durch Kapitalverkehrskontrollen her – national oder für den Wirtschaftsraum der EWG. In beiden Fällen wäre dies eine Maßnahme der Entliberalisierung, die auch den Leistungsverkehr mittelbar trifft[109] und langfristig als Folge der Allokationsverzerrungen protektionistische Folgeinterventionen begünstigt.[110] Der Zentralbank muß im Rahmen der Refinanzierungs- und Offenmarktpolitik auch ein Gestaltungsspielraum eingeräumt werden, um marktkonforme Geldmarktinstrumente zu entwickeln.

Die Darlegung der Zieldivergenzen zeigt darüber hinaus, wie die funktionelle und personelle Unabhängigkeit verbunden sind. Nur wenn die personelle Unabhängigkeit gegeben ist, kann eine eigenständige Geldwertsicherungspolitik auch gegen die Zielpräferenzen des Trägers der Wirtschaftspolitik vertreten werden. Umgekehrt nutzt eine personelle Autonomie nichts, wenn der Zentralbank wirksame Instrumente vorenthalten werden.

– Die *finanzielle Autonomie*: Ein weiterer Einflußbereich des Staates auf die Zentralbank und die Geldpolitik ist gegeben, wenn der Staat die Möglichkeit hat, seine Ausgaben direkt und indirekt über Zentralbankkredite zu finanzieren. Die Regelungen in den Zentralbankverfassungen der EWG-Länder zeigen (vgl. Anhang 2), wie unterschiedlich diese Zugriffsmöglichkeiten sind und wie sie genutzt werden (vgl. Tabelle A7). Der unmittelbare Zugang zum

---

[107] Gros, D., und N. Thygesen, The EMS. Achievements, Current Issues and Directions for the Future, CEPS Paper, No. 35, Brüssel 1988, S. 65.

[108] Vgl. Issing, O., Das Instrumentarium der Deutschen Bundesbank – Argumente für eine Neuorientierung –, in: Bombach, G., B. Gahlen, A. E. Ott, Geldtheorie und Geldpolitik, Tübingen 1988, S. 62–66.

[109] Vgl. Hasse, R., H. Werner und H. Willgerodt, Außenwirtschaftliche Absicherung zwischen Markt und Interventionismus. Erfahrungen mit Kapitalverkehrskontrollen, Frankfurt/Main 1975, passim.

[110] Hasse, R., Costs and Benefits of Financial Integration in Europe, a.a.O., S. 297 ff.

Zentralbankkredit führt zu einem Überlappen der fiskalischen und monetären Kreisläufe; er zwingt bei freiem Zugang des Staates zum Zentralbankkredit zu einer Subordination der Geld- unter die Fiskalpolitik und zu einer Subordination der Zinspolitik unter fiskalische Zielsetzungen. Darüber hinaus kann der Aufbau von Finanzmärkten beeinträchtigt werden, indem die Fristigkeitsstruktur der Geld- und Kapitalmarktpapiere zu wenig den Anlagepräferenzen des Publikums angepaßt werden. Dies führt wiederum – und dafür ist Italien ein Beispiel – zu Abschottungen über Kapitalverkehrskontrollen, um das nationale Sparvolumen dennoch im Inland zu halten.[111] Um derartige Autonomiebeeinträchtigungen zu vermeiden und Fehlentwicklungen der Finanzmärkte auszuschließen, ist der Grundsatz der Peel'schen Bankakte von 1844 immer noch valide: Der Staat soll keinen oder nur einen eng begrenzten Zugang zum Zentralbankkredit erhalten.[112]

Dies gilt für den direkten Zugang, es ist aber auch für den indirekten Zugang zu beachten. Dieser kann über zwei Kanäle institutionalisiert werden. Die Zentralbank kann zum Kassenhalter des Staatsbudgets erklärt werden und die Verpflichtung übertragen bekommen, Staatspapiere zu refinanzieren. Ohne ein Recht zur Plafondierung oder Aussetzung der Annahme würde die Zentralbank keine eigenständige Geldmengenpolitik konzipieren und durchsetzen können. Die Höhe des Zentralbankkredits an den Staat hinge dann von den Portfolioentscheidungen der Banken und von den Nichtbanken ab, wenn die Zentralbanken zusätzlich die Funktion des »debt managing« übertragen bekommen hat. Häufig kombiniert mit der indirekten Staatsfinanzierung über die Zentralbank wurden die Banken verpflichtet, einen bestimmten Anteil ihrer Aktiva in Staatspapieren zu halten, der ganz oder teilweise auf das Mindestreservesoll angerechnet wurde – wie in Italien. Wenn man für eine Trennung des fiskalischen und des monetären Kreislaufes eintritt, dann sollte in der Geldverfassung verankert werden, daß die Geschäftsbanken keine Verpflichtung zum Halten von Staatspapieren haben, daß keine Anrechnungsregel auf das Mindestreservesoll besteht und daß die Zentralbank keine unbegrenzte Refinanzierungsverpflichtung Staatspapieren gegenüber hat oder die Beleihungsgrenze frei festlegen kann.

[111] Vgl. Bruni, F., Costs and Benefits of Capital Flows: Some Theoretical and Policy Issues with Special Reference to the Italian Case, in: Fair, D. E. und C. de Boissieu (Hrsg.), International Monetary and Financial Integration, a. a. O., S. 228 ff.
[112] Vgl. Lutz, F.A., Das Grundproblem der Geldverfassung, Stuttgart und Berlin 1936, S. 16 ff.

5.2. Argumente für und gegen die Unabhängigkeit der Zentralbank

5.2.1. Argumente für die Unabhängigkeit[113]

Die erste wissenschaftliche und politische Grundsatzdebatte über die Funktionen und die Stellung der Zentralbank im Staat ist in der ersten Hälfte des 19. Jahrhunderts in England im Rahmen der Banking- und Currency-Kontroverse geführt worden. Sie führte 1844 zur Bank of England, die als private Institution das politische Legat des Notenemissionsmonopols übertragen bekam. Ihre Unabhängigkeit staatlichen Instanzen gegenüber war unproblematisch, weil sie aufgrund der Golddeckungspflicht einer technischen Geldmengenregel unterworfen wurde.

Das Legitimationsproblem, eine allgemein anerkannte Staatsaufgabe in einem demokratischen Gemeinwesen einem staatsfreien Monopol zu übertragen, gewann an Gewicht mit dem Niedergang der Goldwährung und dem Übergang zu einer manipulierten Papierwährung und zur aktiven Konjunkturpolitik. Auf der Grundlage der keynesianischen Theorien wurde für eine Koordinierung der Geld- und Fiskalpolitik bzw. für eine Subordinierung der Geld- unter die Fiskalpolitik plädiert. Dennoch kam es zu unterschiedlichen Lösungen des Problems der Geldverfassungen, die die abweichenden Gewichtungen der Argumente Pro und Contra einer Unabhängigkeit der Zentralbank widerspiegeln.

Das »ökonomische« Argument

Die Geschichte der Geldpolitik ist die Geschichte des Geldmißbrauchs durch den Staat. Die Geschichte der Geldreformen ist auch immer die Chronik der Bemühungen, dem Staatshaushalt den Zugang zur Geldemission zu erschweren, um Fiskalinflationen zu vermeiden. Im Rahmen der politischen Ökonomie wird die Forderung nach einer finanziellen Autonomie der Zentralbank damit begründet, daß bei einer bestehenden Ausgabefreudigkeit und Nachgiebigkeit der Politiker gegenüber Interessengruppen die Finanzierung des Budgets über die Zentralbank ein bequemer und »politisch preiswerter« Weg ist. Gegenüber der Finanzierung über Kredite und erst

---

[113] Vgl. im folgenden: Caesar, Rolf, Die Unabhängigkeit der Notenbank im demokratischen Staat, in: Zeitschrift für Politik, Bd. 4 (1980), S. 347–377; ders., Der Handlungsspielraum von Notenbanken. Theoretische Analyse und internationaler Vergleich, Baden-Baden 1981, S. 47–164.

recht über Steuern werden politische Widerstände vermieden und – fiskalisch gesehen – sogar die Ausgaben niedriger gehalten.[114]

Die Argumentation zugunsten der finanziellen Autonomie wird durch empirische Erfahrungen über die Jahrhunderte bis in die Gegenwart erhärtet (vgl. auch 5.). Deshalb konzentrieren sich auch die Einwände auf einzelne Elemente der Argumentationskette, um aufzuzeigen, daß es sich nicht um unverrückbare Verhaltenskonstanten handelt. Zu Recht wird am Beispiel der Deutschen Reichsbank darauf hingewiesen, daß die finanzielle Autonomie allein keine Gewähr gegen eine Inflationspolitik ist. Deshalb ist Autonomie ohne geldpolitische Zielsetzung auch eine unzureichende Lösung dieses Grundproblems der Geldverfassung. Ein anderer Einwand hebt hervor, daß die These der Ausgabefreudigkeit der Parlamente nicht verabsolutiert werden dürfe, weil auch ein politisches Interesse an der Preisniveaustabilität bestehe. Diese zutreffende Einschränkung der These verkennt aber, daß eine Geldverfassung in erster Linie Lösungen für Konflikte zwischen der Geld- und Fiskalpolitik ex ante zu berücksichtigen habe und nicht die Fälle einer Harmonie in Form der Stabilisierung. Die verbesserte wirtschaftliche Konvergenz zwischen den EWS-Teilnehmerländern kann als Beispiel für die Problematik gewählt werden. Sie ist nicht das alleinige Ergebnis einer freiwilligen wirtschaftspolitischen Konvergenz. Die Vorwürfe über die asymmetrischen Wirkungen des EWS dokumentieren auch, daß weiterhin wirtschaftspolitische Zieldivergenzen bestehen, die bei der Verfassung einer Europäischen Zentralbank berücksichtigt werden müssen.

In diesen Grenzen zutreffend ist auch ein dritter Einwand, daß trotz juristischer Unabhängigkeit die Zentralbank sich nicht vollständig einer inflationären Ausweitung der Staatsausgaben entziehen kann. Dies ist ein Problem der amerikanischen Zentralbank, die aber gleichzeitig eine Antwort dahingehend gibt, wie bedeutsam dieses Argument ist. Ohne die de jure Unabhängigkeit und die Möglichkeit, den Konflikt in der Öffentlichkeit zu vertreten, fehlen wichtige Korrektive für die Geld- und für die Fiskalpolitik.

Demokratietheoretisch äußerst brisant ist die Gegenthese, daß es nicht vertretbar sei, daß eine Institution, die Staatsaufgaben wahrnimmt und dem normalen demokratischen Legitimationszwang entzogen ist, eine Politik gegen die Legislative und Exekutive im Parlament verfolgen kann, wenn letztere die Präferenz zuungunsten der Geldwertstabilität ändern. Hier sind sowohl ökonomische als auch

---

[114] Vgl. hierzu die Diskussion in der Bundesrepublik Deutschland: von Dohnanyi, K. (Hrsg.), Notenbankkredit an den Staat?, Schriften zur monetären Ökonomie, Bd. 22, Baden-Baden 1986; Dickertmann, D., Staatsfinanzierung und Notenbank aus finanzwirtschaftlicher Sicht, in: Socher, K., und Ch. Smekal (Hrsg.), Staatsfinanzierung und Notenbank, Wien 1984, S. 117–170.

normative, verfassungspolitische Entscheidungen bei der Gestaltung einer Zentralbankverfassung zu fällen, die einen objektiven und normativen Rahmen im Sinne eines ökonomischen Grundgesetzes für die Politik bilden (vgl. 5.2.2.).

Das »politische« Argument

Unter dieser Bezeichnung werden die Argumente zusammengefaßt, die die Zentralbank als eine Staatsinstitution auffassen, deren Aufgaben deutliche Unterschiede gegenüber denen des allgemeinen politischen Prozesses in ihrer Form, Wirkung und in der zeitlichen Dimension aufweisen. Deshalb neigen ihre Vertreter dazu, von »unpolitischen« Entscheidungen zu sprechen, die nicht gleichermaßen abhängig seien von der Tagespolitik wie die Fiskalpolitik. Die Unabhängigkeit wird – vor allem im Zusammenhang mit der Zielpriorität der Geldwertsicherung – in analoger Anwendung der Theorie der Gewaltenteilung begründet: wie die Unabhängigkeit der Justiz den Rechtsstaat, soll die Unabhängigkeit der Zentralbank die Geldwertstabilität sichern.

Die Einwände gegen diese ordnungspolitische Grundsatzposition konzentrieren sich wie beim »ökonomischen« Argument auf die Umstände, daß eine unabhängige Zentralbank nicht vollständig abgekoppelt von der Tagespolitik und politischen Entwicklungen sei und auch eine abhängige Zentralbank eine langfristige und stabilitätsorientierte Geldpolitik verfolgen könne. Auch hierfür gilt, daß die Zentralbankverfassung Vorkehrungen für Konfliktfälle enthalten und der Zentralbank eine Konfliktfähigkeit ermöglichen muß, wenn sie als vorrangiges Ziel die Geldwertsicherung übertragen erhält und diese gefährdet ist.

Das »technische« Argument

Die »ökonomische« und die »politische« Begründung wurzeln in einem Mißtrauen den Politikern und damit dem Träger der Wirtschafts- und Fiskalpolitik gegenüber, sie gewährleisteten keine konsequente Stabilitätspolitik. Das »technische« Argument hebt demgegenüber auf Vorteile ab, die durch die Unabhängigkeit entstehen: Die Willensbildung wird im Vergleich zu politischen Entscheidungsprozessen vereinfacht, so daß die zeitlichen Verzögerungen der Geldpolitik (»decision lag«) verkürzt werden und die Wirksamkeit der Geldpolitik verbessert wird. Der hiergegen vorgetragene Einwand, daß auch in einer unabhängigen Zentralbank Verzögerungen bei der Entscheidungsfindung auftreten können, verkennt den Kern des Problems. Vermieden werden sollen Verzögerungen, die juristischer Natur, die eine Folge des politischen Einflusses und damit einer ganz bestimmten Form der Zentralbankverfassung sind. Auch das Argument, die Finanzpolitik habe Möglichkeiten, ihren »decision lag« abzukürzen, hebt nicht die empirischen Tatsachen auf, daß sie generell länger sind als die in der Geldpolitik.

5.2.2. Argumente gegen die Unabhängigkeit

Das »staatspolitische« Argument

Das gewichtigste Argument gegen eine unabhängige Zentralbank wird rechtspolitisch und demokratietheoretisch untermauert. Danach sei eine unabhängige Zentralbank in einer Demokratie ein Fremdkörper, eine Art Nebenregierung, die sich dem allgemeinen Legitimationszwang aller Institutionen entziehe, die eine allgemeine Staatsaufgabe wahrnähmen. Die Vertreter dieser These sind der Auffassung, daß das letzte Recht, die Prioritäten der Geldpolitik zu bestimmen, *grundsätzlich und ständig* beim Parlament und/oder bei einer von diesem gewählten Regierung liegen müsse. Dazu zähle auch das »originäre« Recht, jederzeit das Ziel der Geldwertstabilität hinter andere Ziele zurückzustellen.[115] Gegenüber diesem fundamentalen Grundsatz besäßen die Argumente zugunsten der Unabhängigkeit nur funktionell-technische und damit eine subsidiäre Bedeutung.

Innerhalb dieser Begründung wird auch von Verfechtern einer Unabhängigkeit eingeräumt, daß eine autonome Zentralbank als undemokratisch einzustufen sei, wenn diese eine selektive, diskriminierende Geldpolitik betreibe. Für eine Geldpolitik ohne eindeutige Zielpriorität fehle einer unabhängigen Zentralbank jede Legitimation.[116] Umgekehrt ist es aber kaum zu begründen, wo das Demokratiedefizit liegt, wenn einer Institution per Gesetz ein Sonderstatus gewährt wird und dieser mit einfacher Mehrheit geändert werden kann. Wenn diese Maßnahme auf massive Widerstände in der Öffentlichkeit stößt, also vom Souverän in der Demokratie nicht gewünscht wird, kann wohl kaum ein Demokratiedefizit vorliegen oder der Wunsch nach einer Unterordnung der Geldpolitik als höherwertiges Interesse der Regierung anerkannt werden.

---

[115] In der Bundesrepublik Deutschland wird diese Position am kompromißlosesten von H. Ehrenberg vertreten. Ehrenberg, H., Zwischen Marx und Macht, Frankfurt/Main 1974, S. 31/197, ders., Autonom bis zum europäischen Ende?, in: Wirtschaftsdienst, 3/1988, S. 119–121.

[116] Vgl. Issing, O., Die Unabhängigkeit der Bundesbank. Theoretisch umstritten – praktisch bewährt, in: Ehrlicher, W. und D.B. Simmert, Geld- und Währungspolitik in der Bundesrepublik Deutschland, Berlin 1982, S. 54f.

Das »wirtschaftspolitische« Argument

Das »wirtschaftspolitische« Argument baut auf der These auf, daß die Geldpolitik ein Teil der staatlichen Wirtschaftspolitik sei, deren höchste Wirksamkeit bei koordiniertem Einsatz der Fiskal- und Geldpolitik zu erreichen sei. Die Unabhängigkeit der Zentralbank könne zu Friktionen führen und die Erfolge der Wirtschaftspolitik verringern bis verhindern. »Logischerweise« müssen die Vertreter dieses Arguments befürchten, daß eine unabhängige Zentralbank »Fehlentscheidungen« treffen könnte.[117]

Diese funktionalistische Betrachtung klammert aus normativer Setzung heraus die Problematik aus, die mit der mangelnden Kompatibilität der gesamtwirtschaftlichen Ziele verbunden ist. Es wird deren Erreichbarkeit und damit die Machbarkeit und Beherrschbarkeit der Konjunktur und des Wachstumsprozesses unterstellt. Die Theorierichtung, deren Extremposition die »functional finance« ist, ist lernunwillig. Indem die Grundprobleme der politischen Ökonomie in der Wirtschaftspolitik und empirische Erfahrungen negiert werden, immunisiert man die eigene These gegen Erkenntnisse, die die eigene »Ziel-Mittel-Technik« in Frage stellen.

5.3. Begründung der Priorität der Geldwertsicherung

Geldwertsicherung ist ein Ziel, dessen Priorität für die Wirtschafts- und Geldpolitik aus unterschiedlichen Gründen befürwortet und gefordert und auf der anderen Seite abgelehnt wird.[118] Ein zentrales Problem – für die Wirtschaftspolitik und die Wirtschaftstheorie – ist die Inflation geworden, als sich die Erkenntnis durchsetzte, daß die Annahme der Klassiker, das Geld wirke wie ein Schleier und habe keine Auswirkungen auf die Entwicklung des realen Bereichs der Wirtschaft, falsch sei: Inflation führt zu Veränderungen der relativen Preise und dadurch zu realwirtschaftlichen Anpassungsprozessen. Auch die These, die Reaktionen auf Veränderungen der Preise beruhten auf falschen Wahrnehmungen von Preisniveauänderungen[119], ändert an den feststellbaren Tatsachen wenig.

Die Ablehnung der Priorität der Geldwertsicherung mit dem demokratietheoretischen Argument, einem Parlament müsse das Recht

---

[117] Vgl. u. a. Hay, A., Les relations de la banque centrale avec les pouvoirs publiques et avec l'économie privée, in: Revue economique et sociale, 30. Jg. (1972), S. 309 ff.
[118] Vgl. Streißler, E., L. Beinsen, S. Schleicher, H. Suppanz, Zur Relativierung des Zieles der Geldwertstabilität, Göttingen 1976.
[119] Vgl. u. a. Lucas, R. E., An Equilibrium Model of Business Cycle, in: Journal of Political Economy, Vol. 83 (1975), S. 1113–1144.

zustehen, wirtschaftspolitische Prioritäten auch zuungunsten der Geldwertsicherung zu setzen, greift für sich allein nicht weit genug. Denn hinter diesem Anspruch stehen theoretische Überlegungen, daß andere Ziele mit etwas Inflation besser zu erreichen seien und per Saldo die Wohlfahrt ohne Priorität der Geldwertstabilität stärker gehoben werden könne. Die Theorien der Wachstumsförderung durch leichte inflationäre Entwicklungen, die These vom Trade-off zwischen Arbeitslosigkeit und Inflation sowie das Argument, daß eine Reallohnsenkung über steigende Preise sozial kostengünstiger sei als eine Nominallohnsenkung, fußen alle auf der keynesianischen Theorie und der Annahme der Geldillusion. Ferner werden Verteilungswirkungen und die Kosten der Ausweichreaktionen in diesen Strategien nur am Rande beachtet.

Sowie die Geldillusion fehlt, weil die Wirtschaftssubjekte lernen und/oder die Inflation sich verstärkt, verlieren diese Konzeptionen ihre Wirksamkeit; dies hat die Theorie nachgewiesen und die Realität in den 70er Jahren international brutal offenbart. Es hat sich dabei auch gezeigt, daß die Inflation ein Prozeß ist. Die Schwierigkeiten der Kontrolle der Inflation hat W. Röpke in einen Vergleich gefaßt, der zwar häufig als zugespitzt bewertet wird, der aber den Vorteil hat, durch die Wirklichkeit immer wieder bestätigt zu werden: »Es ist ebensowenig möglich, ein bißchen Inflation zu haben, wie es möglich ist, nur ein bißchen schwanger zu sein.«

Die Marktwirtschaft ist ein besonders effizientes Koordinierungs- und Informationssystem. Die Preise sind die wichtigsten Informationsträger, die von Erwartungen beeinflußt werden und Erwartungen selbst beeinflussen. In diesem Prozeß hat der finanzielle Sektor eine besondere Bedeutung, um eine dynamische Wettbewerbswirtschaft zu schaffen und zu sichern. Er soll durch Inflationsverhinderung Kontinuität in die Rechnungslegung der realen Transaktionen bringen; sie ist dann wirtschaftlich, weil die Transaktions- und Informationskosten der Inflationsvermeidung nicht das Wohlfahrtsniveau senken. Darüber hinaus sollen durch Geldwertsicherheit stabile Zukunftserwartungen erzeugt und stabilisiert werden. Diese sind wichtig, um im Rahmen der Wertaufbewahrungsfunktion die langfristige Geldkapitalbildung zu fördern, welche die Voraussetzung für Sachinvestitionen ist, die eine lange Sparmittelbindung verursachen. Geldwert*in*stabilität würde umgekehrt die ohnehin bestehenden Marktrisiken mit zusätzlichen Risiken erhöhen; die Investitionsbereitschaft sinkt, und es findet eine Umlenkung des Geldkapitals in Investitionen mit kürzeren Bindungsfristen statt.

Insofern kann man durchaus behaupten, daß die ordnungspolitische Entscheidung, dem Ziel der Geldwertsicherung Priorität einzuräumen, eine ähnliche Bedeutung hat wie die rechtspolitische Entscheidung zugunsten der Rechtssicherheit als Grundlage des menschlichen Zusammenlebens. Der Staat erreicht mit der Sicherung des Geldwertes im Subsystem der Wirtschaft eine besondere Vertrags- und Rechtssicherheit. Private Verfügungsrechte werden gegen die willkürlichen Eingriffe einer Inflation geschützt.

5.4. Empirische Ergebnisse als Argument für eine Unabhängigkeit der Zentralbank

Ein anderer Weg, die Vorteile einer weisungsungebundenen Zentralbank zu begründen, ist der empirische Nachweis, daß
- Länder mit einer weisungsunabhängigen Zentralbank wesentlich niedrigere Inflationsraten realisieren als die Länder, die Zentralbanken haben, welche unter direkter Staatskontrolle stehen;
- eine recht strenge Verbindung besteht zwischen der Unabhängigkeit der Zentralbank, den Preisniveauentwicklungen und der Höhe bzw. den Wirkungen eines Budgetdefizits.

In zwei Studien kommen R. Bade und M. Parkin[120] für 12 Länder und ihre Zentralbanken[121] zu dem Ergebnis, daß in den Ländern mit unabhängigen Zentralbanken die Sicherung des Geldwertes deutlich besser gelungen ist. In einer weiteren empirischen Untersuchung für dieselbe Ländergruppe ist M. Parkin[122] der Frage nachgegangen, ob die Stellung der Zentralbank nicht nur Einfluß auf die Inflationsrate, sondern auch auf die Höhe und die Wirkungen eines Budgetdefizits hat. Er korrigiert die eher pessimistischen Resultate der Arbeit von Th. Sargent und Neil Wallace[123] und zeigt für den Untersuchungszeitraum von 1955 bis 1983, daß eine überraschend starke Beziehung zwischen der personellen und finanziellen (Un-)Abhängigkeit der Zentralbank und der langfristigen Höhe des staatlichen Budgetdefizits besteht. Dieses trifft insbesondere für die beiden Länder zu, deren Zentralbanken den größten Autonomiegrad besitzen (Bundesrepublik Deutschland, Schweiz). Parkin meint, daß die Ergebnisse die Schlußfolgerung zulassen, daß die Wahl der Form der Zentralbank

---

[120] Bade, Robin, und Michael Parkin, Central Bank Laws and Monetary Policy, Manuscript, University of Western Ontario 1985; Parkin, Michael, und Robin Bade, Central Banks Law and Monetary Policies: A Preliminary Investigation, in: Michael A. Porter (Hrsg.), The Australian Monetary System in the 1970s, Melbourne 1978, S. 24–39.
[121] Australien, Belgien, Bundesrepublik Deutschland, Frankreich, Großbritannien, Italien, Japan, Kanada, Niederlande, Schweden, Schweiz, Vereinigte Staaten.
[122] Michael Parkin, Domestic Monetary Institutions and Deficits, in: James M. Buchanan, Charles K. Rowley and Robert D. Tollison (Hrsg.), Deficits, New York 1987, S. 310–337.
[123] Sargent, Thomas J., und Neil Wallace, Some Unpleasant Monearist Arithmetic, in: Griffiths, Brian, und Geoffrey E. Wood (Hrsg.), Monetarism in the United Kingdom, London 1984, S. 15–41.

die zentrale Entscheidung dafür sein kann, niedrige und vorhersehbare Inflationsraten zu realisieren. Darüber hinaus kann man die empirischen Ergebnisse auch so interpretieren, daß mit der Wahl für eine unabhängige Zentralbank auch indirekt für eine größere fiskalische Disziplin entschieden wird.

5.5. Zusammenfassende Beurteilung

Die Analyse hat mehrere Erkenntnisse gebracht, die bei der Konzipierung einer europäischen Geldverfassung mit einer Europäischen Zentralbank beachtet werden müssen. Die Prüfung der drei Komponenten der Unabhängigkeit hat gezeigt, in welch hohem Maße diese drei Ebenen interdependent sind. Darüber hinaus zeigt es sich, wie komplementär die monetäre Zielsetzung mit dem Status der Zentralbank gesehen werden muß. In Situationen, in denen national stark abweichende Lösungen dieses Problems der Geldverfassung existieren, ist darauf zu achten, daß keine politischen Kompromisse akzeptiert werden, die Scheinlösungen sind. So ist es durchaus möglich, eine Europäische Zentralbank zu gründen, die zwar weisungsungebunden ist, eventuell sogar dem Ziel der Geldwertsicherung verpflichtet wird, der aber im Rahmen der funktionellen Unabhängigkeit die Instrumente vorenthalten werden, eine geldpolitische Konzeption auch durchzusetzen.

Die Argumente für und gegen die Unabhängigkeit lassen kein eindeutiges theoretisches Urteil zu. Greift man aber auf die empirischen Ergebnisse zurück, die in Geldverfassungen mit unabhängigen und weisungsgebundenen Zentralbanken erzielt worden sind, dann wird die Entscheidung klarer. Dem »wirtschaftspolitischen« Argument kann entgegengehalten werden, daß die These der erforderlichen Subordination der Geldpolitik unter die Fiskalpolitik von Theorien aus geführt wird, deren Fundament durch die Erosion der Geldillusion stark erschüttert ist. Das Dilemma dem »staatsbürgerlichen« Argument gegenüber besteht in dem Spannungsverhältnis, daß man das konstitutive Prinzip der Demokratie, »keine Macht ohne Kontrolle«, zwar akzeptiert, aber auf der anderen Seite die Probleme verkennt, die entstehen können, wenn die Sicherung des Geldwertes Teil des Kräftespiels um die politische Macht ist.[124] W. Röpke hat die Antwort auf die Argumente gegen die Unabhängigkeit wie folgt formuliert[125]: »Inflation ist so alt wie die Macht der Regierungen über das

---

[124] Vgl. Schmölders, G., Geldpolitik, 2. Aufl., Tübingen und Zürich, S. 215.
[125] Röpke, W., Jenseits von Angebot und Nachfrage, 4. Aufl., Erlenbach–Zürich und Stuttgart 1966, S. 277.

Geld, und ebenso alt sind die Theorien und Ideologien, die sie, wenn nicht immer rechtfertigen, so doch entschuldigen sollen. Das Neue unserer Zeit aber ist es, daß solche Theorien niemals so kühn und raffiniert und solche Ideologien, unterstützt durch jene Theorien, niemals so mächtig gewesen sind ...« Die Theorien haben an Realisierungsgehalt verloren. Dem staatsbürgerlichen Argument ist auch entgegenzuhalten, daß demokratische Regeln, also Mehrheitsentscheidungen, in vielen Fällen kein ausreichendes Argument sind, die wirtschaftliche Selbstbestimmung des Individuums einzuschränken. Dieser Grundsatz läßt sich ebenso auf die Wirtschaftsordnung und die Zentralbank beziehen.

Eine unabhängige Zentralbank ist keine außerparlamentarische Opposition, sondern eine funktionelle Ausgliederung aus einer Mehrzahl von Gründen:
– aus der Einsicht in die Zielsetzung der Geldwertsicherung;
– aus der Einsicht, daß bei einer Eingliederung in den politischen Bereich das Ziel der Geldwertsicherung verzerrt wird, so daß negative externe Wirkungen auftreten;
– aus der Erkenntnis, daß die Vorteile einer Subordination der Geld- unter die Fiskalpolitik nach der Erosion der keynesianischen Therapie verschwunden sind, und
– aus der Erkenntnis, daß eine unabhängige Zentralbank und das Ziel der Geldwertsicherung Mittel sind, die Marktwirtschaft zu stabilisieren.

Dennoch, im politischen Bereich ist ein Perzeptionslag festzustellen, der im Integrationsprozeß beachtet werden muß.

Wenn man die widerstreitenden Positionen vor den empirischen Erfahrungen und Strukturen der Geldverfassungen abwägt, dann besteht die Aufgabe innerhalb der EG darin, einen Grundkonsens zu fördern, daß eine Politik der Geldwertsicherung in einer demokratischen und internationalen Gesellschaftsordnung eine Rahmenbedingung ist, die für alle Beteiligten Vorteile bringt. Darüber hinaus ist es zweckmäßig, die ökonomische und politische Interessenauseinandersetzung auf dem Gebiet der Geldpolitik dadurch zu lösen, daß man die Aufgabe der Geldwertsicherung einer politisch unabhängigen Zentralbank überträgt. Die Delors-Kommission hat gerade zu diesem Komplex einen wertvollen und überraschend positiven Beitrag geleistet. In den formulierten Grundsätzen[126] tritt sie für ein Europäisches Zentralbanksystem ein, das unabhängig von politischen Instanzen ist, das allein dem Ziel der Geldwertstabilität verpflichtet und das föderativ aufgebaut sein soll. Auch wenn gewichtige Konsi-

---

[126] Vgl. Delors-Bericht, a. a. O., Ziffer 32.

stenzprobleme zwischen diesen Grundsätzen und für die Übergangsphase formulierten »konkreten« Vorschlägen bestehen (vgl. 6.5.), ist
es das erste Mal, daß in einem offiziellen Bericht so eindeutige Zielsetzungen vorgetragen worden sind.

6. Ein Europäisches Zentralbanksystem und eine Europäische Zentral-
bank als Mittel und als Ziel

6.1. Bestandsaufnahme der (Un-)Abhängigkeitsstati der Zentralbanken
in der EWG

Erster Ausgangspunkt jeder Beurteilung von Vorschlägen zur Gründung einer Europäischen Zentralbank (EZB) muß die Analyse der
bestehenden Regelungen in den Mitgliedstaaten sein. Dieser Erfah-
rungshintergrund prägt in der Regel die Zielsetzungen weitaus stärker als theoretische Überlegungen, so daß letztere erst in einem zweiten Schritt in die Prüfung eingebracht werden. Auf dieser Grundlage
ist es dann auch möglich, aufgrund von Übereinstimmungen und Divergenzen in den nationalen Zentralbanksystemen abzuschätzen, wo
die Schwierigkeiten liegen und wie groß sie wahrscheinlich sein werden, wenn eine supranationale Währungsinstitution geschaffen werden soll.

In Anhang 2 sind die Organisation, die geldpolitischen Kompetenzen und die politischen Einflußebenen für sechs EG-Staaten untersucht worden (Belgien, England, Frankreich, Italien, Niederlande,
Spanien). Die Deutsche Bundesbank (DBB) wird im Zusammenhang
mit dem Federal Reserve System und der Bank deutscher Länder gesondert dargestellt (vgl. 6.4.). Die Ergebnisse sind in einer Synopse
zusammengefaßt worden (vgl. Abb. 5a und 5b).

Die Gegenüberstellung zeigt deutlich, wie unterschiedlich die drei
Komponenten der (Un-)Abhängigkeit in diesen EWG-Staaten gestaltet worden sind. Es beginnt damit, daß die wirtschafts- und währungspolitische Zielsetzung der Zentralbanken über die technische
Aufgabenstellung der Geldversorgung nur für die DBB gesetzlich
festgeschrieben ist (§ 3 BBkG). Die personelle Unabhängigkeit ist in
der Regel durch ein Vorschlagsrecht der Regierung gekennzeichnet.
Deshalb ist zur Beurteilung der (Un-)Abhängigkeit von größerem Interesse, für welche Amtszeit der Präsident der Zentralbank gewählt
wird und wie die Möglichkeit einer Abberufung gelöst ist. Hier ist zu
erkennen, daß ein Zusammenhang zwischen der Amtsperiode und
dem politischen Einfluß besteht: je unbestimmter und kürzer die
Amtszeit (Frankreich, Italien, Spanien), desto größer ist auch das politische Durchgriffsrecht. Die Regierungen Frankreichs und Spaniens haben auch das uneingeschränkte Recht, den Zentralbankprä-

sidenten jederzeit abzuberufen bzw. zu ersetzen. Die englische Regierung hat dieses Recht nicht, und in Italien sind der Regierung im Zentralen Verwaltungsrat Abstimmungshürden vorgegeben worden.

Die funktionelle Unabhängigkeit ist am weitesten und klarsten ebenfalls für die DBB vorgegeben worden (§§ 12 und 13 BBkG). Sie hat zwar eine Kooperationsverpflichtung, aber sie ist für die Aufgaben, die ihr nach dem Bundesbankgesetz übertragen worden sind, »von Weisungen der Bundesregierung unabhängig«. Eine ähnliche Formulierung ist nur im Gesetz für die spanische Zentralbank zu finden, wobei dieser Grundsatz durch andere Vorschriften vollständig ausgehöhlt wird.

Für die belgische und die niederländische Zentralbank besteht de jure eine Weisungsmöglichkeit; dieses Recht ist aber durch ein äußerst subtiles Splitting der Kompetenzen und durch den Einbau von Konfliktregeln so eingeschränkt worden, daß beide Zentralbanken faktisch unabhängig in der Geldpolitik agieren können. Alle anderen Zentralbanken unterstehen eindeutig den politischen Instanzen, die ihre Rechte über die Finanz- und Wirtschaftsminister durch Weisungen an die Zentralbank wahrnehmen.

Sehr abweichende Regelungen hat die finanzielle (Un-)Abhängigkeit über die Gewinnabführung gefunden. Wenn man nur die direkte finanzielle (Un-)Abhängigkeit über die Gewinnabführung betrachtet, erhält man ein ungenaues Bild. In allen Ländern besteht eine weitreichende Gewinnabführungsverpflichtung an den Staat. Allerdings weisen die Statuten eine verwirrende Zahl von Sonderregelungen auf, die aber nicht das Prinzip der Abführung an den Staat aufheben; es werden nur verschiedene Transferwege vorgegeben: direkter Transfer, direkte Vorwegabführung von Zinseinnahmen, besondere Dividenden, Körperschaftsteuer u. ä.

Volkswirtschaftlich von größerer Bedeutung ist, ob und in welchem Umfang die Regierungen Möglichkeiten besitzen, mittelbar Zentralbankkredite zur Haushaltsfinanzierung zu erhalten. Eine quantitative Begrenzung ist bei den Zentralbanken vorzufinden, die auch über ein hohes Maß an funktioneller Unabhängigkeit verfügen. Hingegen sind die Zugriffsmöglichkeiten bei der Mehrzahl über reine Kassenkredite hinaus gegeben, sie werden aber unterschiedlich genutzt. Teilweise bestehen Plafonds, teilweise sind sie gekoppelt mit der Offenmarktpolitik, teilweise bestehen sehr großzügige prozentuale Plafonds, die an das Volumen des öffentlichen Haushalts gekoppelt sind (Italien). Die Inanspruchnahme dieser Finanzierungsart ist geldpolitisch besonders problematisch, weil sie die geld- und fiskalpolitischen Kreisläufe fusioniert und eine Koordinierung der Geldpolitik und der geldpolitischen Instrumente erschwert (vgl. 5.1.).

Abb. 5a: Determinanten der Willensbildung und des Staatseinflusses bei Zentralbanken ausgewählter europäischer Staaten

	Wirtschafts- und währungspolitische Zielsetzung	Entscheidungsfreiheit über den Einsatz geldpolitischer Instrumente			Direkte Finanzierung	Indirekte Finanzierung	Verwendung des Jahresgewinns
		Refinanzpolitik	Offen-Markt-Politik	Mindestreserve	des Haushaltes		
Banque Nationale de Belgique	Keine Festlegung im Gesetz. In den Veröffentlichungen der ZB wird das Ziel »eine stabile Währung« betont.	ZB	Regierung via Rentenkasse	Generell ZB. Bei Änderungen von 3% Genehmigung durch Regierung	Ja, aber plafondiert	Ja, aber plafondiert	Dividende von 6% an die Aktionäre; vom Rest 10% an die Reserven eingestellt, 8% für Personaleinrichtungen. Der Rest in Form von 20% und 2. Dividende an den Staat.
Nederlandsche Bank	Geldwertregulierung und Stabilisierung	Finanzminister erläßt in Zusammenarbeit mit dem Bankrat die allgemeinen Richtlinien			Ja, aber plafondiert		Vereinbarung zwischen ZB und Finanzministerium. Geringe Rücklagen, über 90% an den Staat; dort eine »reguläre« Einnahme
Banque de France	Überwachung der Geld- und Kreditversorgung, Überwachung der Regeln des Banksystems	Generell durch die Regierung – ZB konsultativ beteiligt; Generalrat der Bank		Regierung via Nationalem Kreditrat	Ja, die Plafonds werden jährlich zwischen Finanzminister und ZB ausgehandelt	Im Ermessen der ZB	Der Generalrat entscheidet. Trotz geringer Rückstellungen erhält die Staatskasse ca. 90% des Gewinns als Körperschaftsteuer und als Dividende

Banca d'Italia	Keine ausdrückliche Zielsetzung in den Statuten	ZB erhält Richtlinien vom Interministeriellen Kredit- und Sparausschuß; in der Wahl der Instrumente besteht für die ZB eine Wahlmöglichkeit	Kontokorrentkredite in Höhe von 14% der veranschlagten Budgetausgaben; ggf. höher, wenn Überschreitungen — Im Ermessen der ZB	Nach einer Dividende an die Aktionäre (Banken/Staat) und der Bildung von begrenzten Rücklagen erhält der Staat den Rest
Bank of England	Kein definierter Auftrag im Gesetz	Regierung muß die ZB-Politik genehmigen	Keine Begrenzung bei langfristiger Verschuldung, aber dennoch unübliche Finanzierungsform — Es ist gesetzliche Aufgabe der ZB, Defizite durch Ankauf von Staatspapieren zu finanzieren	Die Erträge aus der Notenemission (Zinsen der Aktiva Staatspapiere) und die Zinsen auf Devisenreserven werden vollständig an das Schatzamt überwiesen
Deutsche Bundesbank	Regelung des Geldumlaufs und der Kreditversorgung »mit dem Ziel, die Währung zu sichern« (§ 3 BBankG)	ZB ZB ZB (suspensives Vetorecht – 2 Wochen – der Bundesregierung)	Planfondierte Kassenkredite — Als Prinzip nein	Nach Rückstellungen und Verlustausgleich vollständige Abführung an den Staat
Spanische Zentralbank	Gestaltung der Geldpolitik in Übereinstimmung mit den Zielen der Regierungspolitik	In Zusammenarbeit mit dem Finanzminister trotz kodifizierter Autonomie		Nach Rückstellungen vollständige Abführung an den Staat

Abb. 5b: Determinanten der Willensbildung und des Staatseinflusses bei Zentralbanken ausgewählter europäischer Staaten

	Form der Entscheidungs- und Zuständigkeitsverteilung	Amtsdauer des ZB-Präsidenten	Wer ernennt den Präsidenten?	Ist der ZB-Präsident absetzbar und wenn ja, durch wen?	Träger der Bankenaufsicht	Eigentumsregelung bei den Währungsreserven
Banque Nationale de Belgique	zentralistisch	5 Jahre, Wiederwahl möglich	Die Krone auf Vorschlag der Regierung	Ja, auf Vorschlag der Regierung; der Verwaltungsrat muß einen neuen Präsidenten vorschlagen	Bei der Bankenkommission, den vereidigten Revisoren und bei der ZB	ZB
Nederlandsche Bank	zentralistisch	7 Jahre, Wiederwahl möglich	Die Krone auf eine Vorschlagsliste der Direktoren, der Ministerrat erörtert sie		ZB	ZB
Banque de France	zentralistisch	Unbestimmt	Die Regierung	Jederzeit durch den Staatspräsidenten auf Ersuchen der Regierung	Nationaler Kreditrat, Regierungskommissare und -zensoren, Bankenaufsichtskommission (ZB bestimmt den Präsidenten)	Staat, ZB verwaltet die Devisenreserven

Banca d'Italia	zentralistisch	Unbestimmt	Der Zentrale Verwaltungsrat auf Vorschlag des Ministerpräsidenten im Einvernehmen mit dem Finanzminister	Ja, durch Zentralen Verwaltungsrat	ZB	Staat, ZB und Ufficio Italiano dei Cami verwalten die Devisenreserven
Bank of England	zentralistisch	5 Jahre	Die Krone auf Vorschlag des Premierministers	Nein, außer bei zivil- und strafrechtlichen Verfehlungen	ZB	Staat, ZB verwaltet den Währungsausgleichsfonds des Schatzamtes
Deutsche Bundesbank	Föderativ	8 Jahre, Wiederwahl möglich	Auf Vorschlag der Bundesregierung (ZB-Präsident) auf Vorschlag des Bundesrates (LZB-Präsidenten) vom Bundespräsidenten	Nur bei Pflichtverletzungen	Bundesamt für das Kreditwesen, aber Zusammenarbeit mit ZB	ZB für die Bundesrepublik Deutschland
Spanische Zentralbank	zentralistisch	4 Jahre, Wiederwahl möglich	Auf Vorschlag des Kabinetts durch den König. Stellvertreter nur durch das Kabinett	Ja	ZB mit Finanzminister	Staat

In Tabelle A 7 sind für ausgewählte Jahre die Höhe des Defizits im Staatshaushalt und die Finanzierung über die Zentralbank zusammengestellt worden. Danach nimmt die italienische Regierung den Zentralbankkredit in größerem Umfange in Anspruch, bemühte sich jedoch, diese Finanzierung abzubauen. Neuere Zahlen weisen aber darauf hin, daß weder eine Konsolidierung des Haushaltsdefizits noch eine Reduzierung des Zentralbankkredits weiterhin ernsthaft angestrebt werden.[127]

Die Problematik der abweichenden Lösungen der drei Komponenten der (Un-)Abhängigkeit der Zentralbank wird Konflikte heraufbeschwören. Länder mit weisungsunabhängigen Zentralbanken werden ihre Lösung des Grundproblems der Geldverfassung verteidigen, und die Regierungen mit weisungsgebundenen Zentralbanken müssen abwägen, ob für sie eine weisungsungebundene Europäische Zentralbank ein zu großer Verlust an politischer Gestaltungskompetenz ist. Die Stellungnahmen zur Weiterentwicklung der Währungsunion und zur Schaffung einer EZB zeigen, wie breit und kontrovers die Auffassungen sind (vgl. Anhang 3). Ob es zu einer Lösung kommt, wie in den Verhandlungen zur Gründung der EWG in der Frage der Wirtschaftsverfassung, ist mehr zu hoffen als zu erwarten. Um zu vermeiden, daß die Wirtschaftsordnung *eines* Landes Leitbild des Gemeinsamen Marktes wird, entschied man sich in vielen Fällen für »unpolitische« Regeln und für die Marktwirtschaft. Ob das häufig erwähnte Federal Reserve System diese Funktion eines gemeinsamen politischen Nenners erfüllen kann, soll noch geprüft werden.

Die Verhandlungspositionen können aber sehr komplex sein. So ist die belgische Regierung in der Währungspolitik häufig für gemeinschaftliche Lösungen eingetreten, weil sie ihr ein Mitbestimmungs- und Mitgestaltungsrecht boten. Als »kleine« und sehr offene Volkswirtschaft hat sie außerhalb von Koordinierungsgremien diese Einflußmöglichkeit nicht. Sie könnte durchaus zu einer politisch beeinflußten EZB neigen, wenn nicht parallel dazu wirtschaftspolitische Kompetenzen auf der Gemeinschaftsebene geschaffen werden, die diese Mitgestaltungsrechte einräumen.

Auf der anderen Seite sollte die Verhandlungsmarge der deutschen Regierung auch realistisch eingeschätzt werden. Der Wissenschaftliche Beirat beim Bundeswirtschaftsministerium hat in seinem Gutachten »Europäische Währungsordnung« zur Priorität des Ziels der Geldwertsicherung ausgeführt[128]:

»In der Praxis darf man nicht davon ausgehen, die Geldentwer-

---

[127] Bank für Internationalen Zahlungsausgleich, 58. Jahresbericht, a.a.O., S. 34.
[128] Gutachten des Wissenschaftlichen Beirats, a.a.O., S. 10.

tung ließe sich bei einem beliebigen Inflationstempo stabilisieren. Aber selbst insoweit die hohe Wertschätzung für stabiles Geld Ausdruck einer besonderen nationalen Präferenz ist, darf sie nicht zur Disposition stehen. Von den negativen Rückwirkungen im einzelnen abgesehen, würde der Übergang von der D-Mark zu einer schlechteren europäischen Währung für die Bundesrepublik die Desavouierung fundamentaler wirtschaftlicher Einstellungen und Erwartungen der Menschen und der davon geprägten Koordinierungsmechanismen und Vermögenspositionen bedeuten. Der Schutz des Geldwertes hat zwar auch in der Bundesrepublik keinen Verfassungsrang. Aber er kommt ihm nahe.«

Dieses Ziel ist in der Bundesrepublik untrennbar mit der Unabhängigkeit der DBB verbunden, die 1978 und 1988 zwei Absicherungen ihres Status erhalten hat, die die Regierung beachten muß. Im Jahre 1978 erhielt sie von der Bundesregierung in einem Brief die Zusicherung, daß das Festkurssystem des EWS ihre funktionelle Autonomie nicht beeinträchtigen würde. Sie erhielt das Recht, bei Konflikten zwischen der internen und der externen Stabilität zugunsten der internen Stabilität die Devisenmarktinterventionen zu suspensieren; die Zusicherung, daß Vereinbarungen gemäß Art. 235 EWG-Vertrag ihre Autonomie nicht beeinträchtigen dürfen und daß institutionelle Änderungen der europäischen Währungsverfassung, die die DBB berühren, nur auf der Grundlage des Art. 236 EWG-Vertrag abgeschlossen würden.[129]

1988 erhielt sie eine Bestätigung ihres Unabhängigkeitsstatus durch das Parlament. Im Rahmen der Ratifizierung des Protokolls über den deutsch-französischen Wirtschafts- und Finanzrat fügte der Deutsche Bundestag[130] den Protokollen eine Denkschrift bei, in der er zu Art. 4 folgendes klarstellte (S. 14): »Allgemein ist festzuhalten, daß der Finanz- und Wirtschaftsrat ein Konsultativorgan und kein Entscheidungsorgan ist. Die Rechtsstellung der Bundesbank wird durch das Protokoll nicht berührt ... Die Tätigkeit des Rates schränkt somit weder den Handlungsspielraum der Bundesbank ein, noch berührt er ihre Aufgaben, ihre Unabhängigkeit und die Zuständigkeit ihrer Organe.«

Die Entscheidung des Deutschen Bundestages ist als ein Vorbeugungssignal zu werten. Es will eine »Salami-Taktik« bereits frühzeitig abwehren, mit der die währungspolitischen Befugnisse der DBB durch die Hintertür bilateraler Vereinbarungen oder über institutio-

---

129 Vgl. Emminger, O., D-Mark, Dollar, Währungskrisen. Erinnerungen eines ehemaligen Bundesbankpräsidenten, Stuttgart 1986, S. 361f.
130 Vgl. Deutscher Bundestag, 11. Wahlperiode, Drucksache 11/3258, S. 9–14.

nelle Erweiterungen des EWS ausgehöhlt werden.[131] Viele Vorschläge lassen den Schluß zu, daß dies ihr eigentliches Ziel sei.

6.2. Strategien in den Stellungnahmen zur Gründung einer »Europäischen Zentralbank«

Der allgemeine und übereinstimmende Tenor der Analysen des Standes der Währungsprozesse ist, daß das EWS mit der DM als monetärem Anker und mit seiner nur indirekten Koordinierung der Geld- und Kreditpolitik überfordert sein wird, wenn der Kapitalverkehr innerhalb der EG umfassend liberalisiert wird. Über die Form, das EWS zu erweitern und zu stärken, und über die Gestaltung einer direkten Koordinierung der Geld- und Kreditpolitik und deren Absicherung durch die Wirtschaftspolitik weichen die Vorstellungen weit voneinander ab. Dabei sind gegenüber der Diskussion von 1970[132] durchaus interessante Positionsverlagerungen festzustellen (vgl. Anhang 3). Auch gibt es auf nationaler Ebene bemerkenswerte Unterschiede. Inwieweit der Delors-Bericht hier eine Annäherung bewirken kann, ist nach den ersten Reaktionen nur schwer positiv zu beantworten. Denn der schon problematischen Einmütigkeit der Experten stehen politische Stellungnahmen gegenüber, die die bestehenden Positionen bekräftigen.

Grob kann man die Stellungnahmen in drei Kategorien einordnen, wenn man das Ziel der Geldwertsicherung als Kriterium nimmt. Es eignet sich dafür besonders, weil es als originäres gesamtwirtschaftliches Ziel die bestimmendste Variable der Wirtschafts- und Währungspolitik ist. Da in den Stellungnahmen selten zwischen einem Europäischen Zentralbanksystem (EZBS) und einer Europäischen Zentralbank (EZB) unterschieden wird, erfolgt diese Trennung auch erst in Kapitel 6.4. Im folgenden werden beide Elemente unter EZB subsumiert.

Eine Gruppe vertritt die Position, daß der Geldwertsicherung bei der Geldpolitik und der Schaffung einer EZB Priorität eingeräumt werden müsse (Genscher, Kloten, Stoltenberg, Carli, Thygesen, teilweise auch Barre, Europäisches Parlament).

Eine zweite Gruppe plädiert für eine Unterordnung der Geldwertstabilität unter das Ziel des Wachstums (Ruggiero, Amato, Padoa-Schioppa, Balladur).

[131] Vgl. hierzu auch: Kloten, N., Zur »Endphase« des Europäischen Währungssystems, in: A. Woll (Hrsg.), Internationale Anpassungsprozesse, Schriften des Vereins für Socialpolitik, N.F. Bdn 114, Berlin 1981, S. 176.
[132] Vgl. Willgerodt, H., A. Domsch, R. Hasse, V. Merx, Wege und Irrwege zur europäischen Währungsunion, a.a.O., S. 77–123.

Eine dritte Gruppe äußert sich zu diesem Ziel nur verklausuliert (Werner, Bérégovoy) oder gar nicht, weil sie das Ziel einer EZB für ein »Luftschloß« halten (Thatcher, Doyle).

Diejenigen, die für eine Priorität der Geldwertstabilität eintreten, plädieren auch für eine EZB, die funktionell, personell und finanziell gegenüber politischen Instanzen weisungsungebunden ist. Diejenigen, die eine Unterordnung des Zieles der Geldwertstabilität fordern, schlagen konsequent eine weisungsgebundene EZB vor. Interessant sind in der Frage der (Un-)Abhängigkeit der EZB die Zwischenpositionen, die vor allem in Frankreich auszumachen sind. Es wird eine Gleichrangigkeit zwischen der Geldwertstabilität und dem Wachstum postuliert. Gleichzeitig verschließt man sich nicht dem Problem einer »gewissen Unabhängigkeit« oder plädiert doch unerwartet deutlich für eine unabhängige EZB (Barre, Chirac). Insofern stellt sich die Frage, inwieweit die Thesen von M. Debré vom 26. Februar 1971 noch zutreffen, daß das Geld und der Kredit sowie die nationale Währung zum Kern der Macht und der nationalen Politik in Frankreich gehören.[133] Auf der anderen Seite wird von französischer Seite vehement die Asymmetrie des EWS beklagt, und es werden Vorschläge unterbreitet, die weder in Richtung Stabilitätsgemeinschaft noch in Richtung unabhängige EZB weisen.[134]

Wenn man auch nach der Entscheidung von Madrid, am 1. Juli 1990 in die 1. Stufe des Konzeptes der Delors-Kommission einzusteigen, von einer sehr weitreichenden Ablehnung der Integrationspläne durch die britische Regierung ausgeht, muß man unterstellen, daß der Fortgang der Währungsintegration in erster Linie von der Zusammenarbeit und der materiellen Einigung zwischen Bonn und Paris in den beiden Fragen abhängt. Es könnte dann zu einer Teilintegration kommen, deren Erfolg das weitere Verhalten Großbritanniens beeinflussen würde. Bisher hat Großbritannien jeden Integrationsschritt erst nachvollzogen, wenn die eigene Konzeption nicht durchgesetzt werden konnte und die alternative Konzeption erfolgreich gewesen

---

[133] M. Michel Debré, a.a.O.; vgl. genauer auch 3.2. Am eindringlichsten hat die französische Europaministerin Edith Cresson eine EZB abgelehnt und damit die Position von M. Debré vertreten. Vgl. DBB, AaP, 60/22. 8. 1988, S. 3. Aber auch E. Balladur hat auf diese Frage nach der Unabhängigkeit verschiedene Positionen eingenommen. So erklärte er am 1. März 1988 in einem Interview in »Le Monde« auf die Frage, der Banque de France einen unabhängigen Status zu verleihen: »Wenn man es genau betrachtet, stellt man fest, daß heute die beinahe konstitutionelle Unabhängigkeit der Bundesbank gelegentlich als Hindernis für die Schaffung einer europäischen Zentralbank dargestellt wird. Mit anderen Worten: Je autonomer eine Zentralbank, um so stärker würde ihr die europäische Zusammenarbeit widerstreben. Wäre es nicht auch ein Widerspruch, der Banque de France einen Status scheinbar größerer Unabhängigkeit zu gewähren, um diese Unabhängigkeit sogleich wieder in Frage zu stellen, wenn man sie einer europäischen Institution unterstellte?«, Presse- und Informationsabteilung der Französischen Botschaft, Frankreich-Info, 13/14. März 1988, S. 2.
[134] Vgl. 6.3.

ist. Innerhalb dieser Annahmen ist es von besonderem Interesse, die divergierenden Stellungnahmen nach möglichen mittel- und langfristigen Optionen der französischen Integrationsstrategie zu überprüfen. Dabei wird davon ausgegangen, daß die deutsche Position in der Frage der Unabhängigkeit der Zentralbank und der Priorität der Geldwertsicherung Bestand hat.

Die eine Option Frankreichs könnte die Fortsetzung der »monetaristischen« Währungsstrategie sein. Deutliche Anzeichen zugunsten dieser Version können in der Kontroverse über die Asymmetrie des EWS, in der Klage über die Dominanz der DM und in den daraus abgeleiteten Vorschlägen zur Reform des EWS und zur frühen Schaffung einer EZB gefunden werden (vgl. 6.3.).

Frankreich könnte aber auch für eine entgegengesetzte Option votieren, die zu einer symmetrischen Währungspolitik führt, bei einer »Vergemeinschaftung« des deutschen Stabilitätsniveaus. Frankreich hat 1983 eine Stabilisierungspolitik eingeleitet, die nur noch mit der Währungsreform von 1958 verglichen werden kann. Frankreich hat die Stabilitätskonkurrenz mit der Bundesrepublik aufgenommen und strebt einen starken Franc an, der international so an Wertschätzung gewinnen soll, daß es nicht mehr zu den Kursspreizungen zwischen der DM und dem Franc kommt, wenn der Dollar an Wert gewinnt oder verliert. Dafür hat Frankreich die Liberalisierung des Kapitalverkehrs zügig durchgeführt und eine stabilitätsfördernde Fiskal- und Geldpolitik verfolgt.

Frankreich könnte die Strategie verfolgen, über Europa den USA ihre Spitzenposition im Wirtschaftspotential (Binnenmarkt 1992), in der Technologie (europäische Technologiepolitik) und in der internationalen Koordinierung der Wirtschafts- und Währungspolitik streitig zu machen (europäische Wirtschafts- und Währungsunion). Um die Rolle des Dollar einzuschränken, muß ihm eine europäische Währung gegenüberstehen. Da der Franc diese Reputation kaum erreichen kann und die DM als europäische Währung aus Prestigegründen nicht akzeptierbar ist, plädiert man für eine neue Währung – die ECU. Gleichzeitig setzt eine erfolgreiche Verdrängung des Dollar als internationale Anlage- und Fakturawährung voraus, daß die europäische Währung einen großen »nationalen« Finanzmarkt hat (die EWG als Währungsraum) und in der Geldwertsicherheit den Dollar überflügelt. Aus diesen Überlegungen heraus könnte ein deutsch-französischer Stabilitätspakt als Kern einer Stabilitätsgemeinschaft entstehen. Die Ankerfunktion würde in der Übergangszeit von mindestens zwei Währungen wahrgenommen. Eine unabhängige Zentralbank wäre dann als Restriktion der Strategiedurchsetzung akzeptierbar. Frankreichs Interesse könnte sich nach dieser Europäisie-

rung und Befriedigung der deutschen Stabilitätsvorstellung den anderen Komponenten zuwenden – der Industrie- und Technologiepolitik und damit dem Ziel des Wachstums. Es würden sich neue, nicht-monetäre Problemfelder auftun.
Diese zweite Option soll Grundlage der Untersuchung in Teil 6.4. sein, in der die EZB ein Ziel innerhalb einer globalen Strategie ist. Gleichzeitig sind die Ergebnisse aber auch repräsentativ für das generelle Ziel einer europäischen Wirtschafts- und Währungsunion als Stabilitätsgemeinschaft, die schrittweise angestrebt wird.

6.3. Die »Europäische Zentralbank« als Hebel zugunsten einer inflatorischen Asymmetrie im EWS

Unterstellt man eine traditionell »monetaristische« Konzeption hinter der Asymmetrie-These, die vehement von französischer,[135] aber auch von italienischer Seite (Amato, vgl. Anhang 3) und im Padoa-Schioppa-Bericht[136] vorgetragen wird, dann muß die Zielsetzung in einer Umkehrung der Asymmetrie gesehen werden: von der stabilitätsfördernden Asymmetrie zur inflatorischen Asymmetrie. Innerhalb dieser Konzeption sollen das Abkommen von Basel (18. September 1987), die Schaffung eines deutsch-französischen Wirtschaftsrates sowie die Vorschläge geprüft werden, die vorgetragen werden, um das EWS zu »erweitern« und die bestehende Asymmetrie aufzulösen.
Die Unzufriedenheit richtet sich auf die ungleiche Verteilung der Anpassungslasten des Interventionssystems, auf die zu restriktive Stabilitätspolitik des Hartwährungslandes und auf die Tatsache, daß ein Land (die Bundesrepublik) die monetären Ziele vorgibt.[137] Mit der Änderung der bestehenden Regeln solle eine stärkere Symmetrie der Anpassungslasten angestrebt werden. Das bestehende System habe in Perioden des inflationären Drucks gut funktioniert. Es habe aber bei den erreichten niedrigen Inflationsraten negative Nebenwirkungen, da es keinerlei Automatismus besitze, um eine zu restriktive Geldpolitik zu verhindern. Die einseitige Betonung der Geldwertstabilität entspreche nicht der Zielsetzung, die der Europäische Rat am 5. Dezember 1978 für das EWS formuliert hatte: »ein nachhaltiges

---

[135] Vgl. u. a. Balladur, E., Les enjeux du grand marché intérieur européen, Les Notes Bleues, 339/18. Juni 1987; ders., Il faut aller vers une monnaie commune en Europe, Interview in Le Figaro, 14. Januar 1988,; ders., La construction monétaire européenne, Januar 1988 (vervielfältigt); Granet, R., Zehn Jahre EWS – eine Bilanz. Eine Bewertung aus französischer Sicht, in: Wirtschaftsdienst, 2/1989, S. 66–69.

[136] Padoa-Schioppa-Bericht, 1988, a.a.O., S. 75ff. und Anhang C, S. 151–156.

[137] Andere Kritikpunkte beziehen sich nicht auf die Asymmetrie im EWS, sondern auf die mangelnde Kohärenz der Währungssysteme in der EG: Nichtteilnahme am EWS, Inanspruchnahme größerer Bandbreiten, unterschiedliche Konvertibilitätsgrade der Währungen.

Wachstum in Stabilität«. Die Mechanismen müßten in Richtung einer europäischen Wachstumsordnung geöffnet werden.

Im einzelnen werden folgende Änderungen vorgeschlagen:

1. Festlegung gemeinsamer wirtschaftspolitischer Ziele (Wachstums- und Inflationsraten, Leistungsbilanzsalden). Auf monetärem Gebiet sollen ex ante Geldmengenziele fixiert werden, »... die auf der Gesamtsituation in Europa basieren, statt sie, wie es gegenwärtig geschieht, den Zielsetzungen des Landes mit der stärksten Währung unterzuordnen«. Sie würden so »mit den wohlverstandenen Interessen der Gruppe als Ganzes übereinstimmen. Man kann insbesondere hoffen, daß diese Art der Koordination es den Zinssätzen erlaubt, sich auf das niedrigste mit dem Imperativ der Inflationsbekämpfung noch zu vereinbarende Niveau einzupendeln«.[138]

2. Eine Kontrolle der Abweichungen vom Gruppendurchschnitt in Form einer Aktivierung des Divergenzindikators des EWS (Balladur) oder in Form eines Indikatorenbündels, in dem reale und monetäre Variablen enthalten sind (Granet).

3. Aufhebung der Sonderstellungen der DM und des Dollar als Interventionswährungen, indem die Hartwährungsländer die aufgekaufte Schwachwährung in ihre Währungsreserven einstellen. Diese Regel wäre »dans l'intérêt du systéme«.[139]

4. Am Endpunkt sollen eine EZB und eine einheitliche Währung stehen, die als komplementär zum Binnenmarkt gesehen werden.

Analysiert man die Vorschläge im Rahmen der eingangs formulierten Hypothese, dann erhält man folgende Begründungs- und Zielkette: Die DM ist keine geborene, sondern eine gekorene Leitwährung. Ihre Dominanz beruht auf ihrem Stabilitätsvorsprung und ihrer Sonderstellung als Interventionswährung. Diese hierarchische Lösung der Leitwährung ist nur zu brechen durch eine erfolgreiche Stabilitätskonkurrenz oder durch eine Aufhebung des Stabilitätsvorsprungs der DM über eine »gemeinschaftliche hierarchische Lösung«. Frankreich hat die Stabilitätskonkurrenz 1983 aufgenommen; im Rahmen der hier untersuchten Hypothese würde Frankreich diesen informellen Stabilitätspakt aufkündigen und zu einer Strategie wechseln, bei der die DM an das Stabilitätsniveau der anderen EWS-Staaten angepaßt würde.[140] Schlußstein dieser »gemeinschaftlichen hierarchi-

---

[138] Granet, R., Zehn Jahre EWS – eine Bilanz. Eine Bewertung aus französischer Sicht, a.a.O., S. 69.

[139] Balladur, E., La construction monétaire européenne, a.a.O., S. 5.

[140] Ein Element der Strategie kann auch sein, daß bei einer dauerhaften, relativen Schwächung der DM auch dem Dollar gegenüber die feststellbaren »spread-Entwicklungen« zwischen der DM und dem Franc bei Dollarschwächen nicht mehr (so stark) auftreten werden.

schen Lösung« wäre eine EZB mit einer einheitlichen europäischen Währung.

Das *erste Glied* in dieser Kette ist der Wandel in der Auswahl der Anpassungsinstrumente: seit Anfang 1987 werden trotz Über- und Unterbewertungen die Wechselkurse nicht angepaßt und statt dessen in den Schwachwährungsländern eine restriktivere Geld- und Fiskalpolitik versucht, als sie bei einer Korrektur der Wechselkurse erforderlich wäre.

Das *zweite Glied* in dieser Kette ist das Abkommen von Basel (18. September 1987), das geprägt ist von orthodox-»monetaristischen« Vorstellungen:[141] Öffnung der »sehr kurzfristigen Finanzierung« für intramarginale Interventionen; Verlängerung der Laufzeit und Erhöhung der Kredite der »sehr kurzfristigen Finanzierung«; Erhöhung des Einsatzes der offiziellen ECU im Saldenausgleich. Die Kombination dieser Finanzierungselemente führt zu einer größeren Einbindung des Hartwährungslandes in alle Interventionen und deren Liquiditätswirkungen. Intramarginale werden den obligatorischen Interventionen in der Form und in den Wirkungen angenähert, so daß die Schwachwährungsländer einen größeren Einfluß auf die Geldmengenentwicklung im Hartwährungsland gewinnen. Diese Erosion der stabilitätspolitischen Asymmetrie ist in den Wirkungen auf die deutsche Geldmenge nach dem Abkommen von Basel bereits sichtbar (vgl. Tabelle 5). Diese außenwirtschaftlich bedingte Ausdehnung der Geldmenge trug dazu bei, daß das Geldmengenziel der DBB 1987 deutlich überschritten wurde (vgl. Tabelle 7).

Diese beiden Komponenten können auf das Ziel gerichtet sein, die Wechselkursbandbreiten nicht de jure, aber de facto zu verengen.

Das *dritte Glied* ist die Schaffung des »deutsch-französischen Wirtschafts- und Finanzrats«. Die Entstehung dieses Koordinierungsgremiums läßt den Schluß zu, daß beabsichtigt worden ist, über eine Koppelung von sicherheits- und wirtschaftspolitischen Fragen die DBB nach französischem Vorbild in die Koordinierung der Richtlinien der Wirtschaftspolitik einzubetten und auf diesem Wege ihre funktionelle Unabhängigkeit zu unterlaufen.[142] Wie in 6.1. dargestellt, ist diese Zielsetzung vom Deutschen Bundestag durch eine Denkschrift zu den Protokollen blockiert worden.

---

[141] Auch die beiden »ökonomistischen« Elemente (flexiblerer und konzertierter Einsatz der Wechselkursänderungen innerhalb der Bandbreiten, der Zinssätze und der Interventionen; Ausbau der Verfahren der gemeinsamen Überwachung der Wirtschaftsentwicklung und -politik) ändern an der monetaristischen Kopflastigkeit wenig.

[142] Vgl. u. a. Caesar, R., Bundesbankautonomie: Internationale Bedrohung?, in: Wirtschaftsdienst, 3/1988, S. 124–129. Interessant in diesem Zusammenhang ist, daß die französische Vertragsfassung präzise von einer »coordination des politiques monétaires« sprach. Vgl. Kloten, N., Wege zu einem Europäischen Zentralbanksystem, in: Europa-Archiv, 11/1988, S. 286.

Ein so konstruierter Wirtschafts- und Finanzrat liegt auf der Linie des ersten Vorschlags zum Abbau der Asymmetrie. Seine Ausgestaltung weist drei Besonderheiten auf. Einmal wird in ihm keine institutionelle Trennung zwischen der Abstimmung wirtschafts- und währungspolitischer Ziele und Variablen vorgenommen. Zweitens werden auch Variablen in die Festlegung wirtschaftspolitischer Ziele einbezogen, die ordnungspolitische Probleme aufwerfen können; die Ausdehnung auf den Leistungsbilanzsaldo entspricht einer wirtschaftspolitischen Leitidee der französischen Wirtschaftspolitik.[143] Drittens lassen die Formulierungen über die ex ante-Fixierung der Geldmengenziele für Gesamteuropa nur die Schlußfolgerungen zu, daß die Priorität für die Stabilität durch eine Priorität für das Wachstumsziel abgelöst werden soll. Diese Strategie ist am ehesten zu realisieren, wenn die Zentralbank weisungsgebunden ist.

Das *vierte Glied* in dieser Kette ist der Vorschlag im Padoa-Schioppa-Bericht, die indirekte Koordinierung der Geld- und Kreditpolitik des EWS zu ersetzen durch eine direkte Koordinierung. Ausgangspunkt der Überlegungen ist die wachsende Marktinterdependenz als Folge der Kapitalverkehrsliberalisierungen und die stabilitätswirksame Asymmetrie des EWS. Es wird ferner unterstellt, daß bei gesunkenen Inflationsraten die Bereitschaft vieler EG-Länder weiter abnehmen wird, »eine unbedingte Desinflationspriorität und die führende Rolle der Bundesrepublik als Mittel der geldpolitischen Kontrollen anzuerkennen.«[144] Sie schlagen eine direkte Koordinierung der Geldpolitik vor, die sie als »Phase zwei« des EWS bezeichnen. Dabei sollen die Aufgaben wie folgt verteilt werden: Dem *Währungsausschuß* wird die volle Verantwortung für die Wirtschafts- und Währungspolitik übertragen. Er würde die geldpolitischen Ziele in der Gemeinschaft festlegen, die Neuangleichung der Wechselkurse im EWS koordinieren und auch über den Einsatz von Schutzklauseln im Kapitalverkehr entscheiden. Darüber hinaus wäre er für die Währungsbeziehungen gegenüber Drittwährungen verantwortlich. Demgegenüber sollte der Ausschuß der Zentralbankpräsidenten die Aufgaben übertragen bekommen, innerhalb der Richtlinien des Währungsausschusses die währungspolitischen Maßnahmen zu überwachen. Er erhielte die Befugnis, Zinssatzänderungen und Interventionsstrategien zu koodinieren sowie die Kreditmechanismen des EWS und den Saldenausgleich über die ECU zu aktivieren.

Dieser Vorstoß weist aus mehreren Gründen in die Richtung einer

---

[143] Vgl. Bérégovoy, P., »Recycling« der deutschen Überschüsse: Darstellung des Problems, in: Presse- und Informationsabteilung der Französischen Botschaft, Frankreich-Info, 4/24. Februar 1989.

[144] Padoa-Schioppa-Bericht, 1988, S. 73; ferner S. 70–81, 151–156.

inflatorischen Asymmetrie im EWS. Bei der Frage, welche geldpolitische Konzeption den Richtlinien des Währungsausschusses zugrunde gelegt werden soll, erwähnt der Bericht im Anhang C vier
mögliche Standards:
– den Konjunkturstandard,
– den Inflationsstandard,
– den Geldmengenstandard und
– den Nominaleinkommensstandard.
In einer erstaunlichen Kürze werden diese Optionen bewertet. Die
beiden ersten werden kritisiert, weil sie nur einem der wirtschaftlichen Hauptziele eine Priorität einräumen. Der Geldmengenstandard
wird als ungeeignet eingeschätzt, weil er anfällig gegen unvorherge-
sehene Veränderungen der Umlaufgeschwindigkeit des Geldes sei.
Lediglich dem Nominaleinkommensstandard gegenüber hat die
Gruppe eine Präferenz; sie betrachtet diesen Standard trotz aller
Schwierigkeiten bei der Ermittlung der Variablen als einen akzeptablen Kompromiß zwischen dem Konjunktur- und dem Inflationsstandard.

Die Wahl eines Nominaleinkommensstandards ist eine deutliche
Absage an eine Priorität des Stabilitätsziels und damit an die Wirkungsweise des EWS mit der DM als monetärem Anker. Darüber
hinaus ist dieser Vorschlag aber auch ein Plädoyer für eine weisungsgebundene Geld- und Kreditpolitik. Denn der Währungsausschuß
setzt sich aus je einem Vertreter der nationalen Zentralbanken, je einem Vertreter der nationalen Finanzministerien und aus zwei Vertretern der EG-Kommission zusammen. Eine Änderung dieser Zusammensetzung des Ausschusses erwägt der Padoa-Schioppa-Bericht
nicht. Auch geht der Bericht nicht auf Probleme ein, die im Rahmen
der Neuen Institutionenökonomie behandelt werden: Wie sollen ver-
nünftige Geldmengenziele entstehen, und wie sollen sie durchgesetzt
werden? Auf keiner dieser Ebenen ist mit einem durchgehenden
Konsens zu rechnen, der diese Probleme aufheben würde. Die Nor-
malsituation ist die des potentiellen Konflikts, die der antagonisti-
schen Kooperation. Deshalb werden bereits bei der Formulierung
der Geldmengenziele die divergierenden Prioritäten in bezug auf die
Geldwertsicherung und in bezug auf den gewünschten nationalen
Handlungsspielraum aufeinanderprallen. Ohne klare Vorgabe eines
monetären Zieles wie der Preisstabilität entsteht ein politisches Va-
kuum, das offen ist für alle Optionen nationaler Strategien und die
Dominanz der divergierenden nationalen Zielpräferenzen. Diese
Methode lädt zur Divergenz und nicht zur wirtschafts- und währungspolitischen Konvergenz ein. Ebenso ungeklärt läßt der Bericht
das Problem, was geschehen soll, wenn ein Land nach oben oder

nach unten von der Zielgröße abweicht. Der Aspekt von Sanktionen fehlt.

Die vorgeschlagene direkte Koordinierung der Geldpolitik bleibt unverbindlich. Der analytisch begründete Ansatz, die indirekte Koordinierung über das EWS sei unzureichend, wird in der eigenen Konzeption faktisch nicht beachtet. Der Vorschlag sichert aber ein Ziel – die Ablösung der Leitwährungsrolle der DM und die Beendigung der Priorität zugunsten der Geldwertstabilität. Zugleich soll er den Weg zu einem politisch dominierten Europäischen Zentralbanksystem ebnen. Der Vorschlag hat aber einen weiteren Vorteil. In ihm kann abgeleitet werden, daß bereits bei den Zwischenlösungen über Zielsetzungen sowie über Kompetenzen und Weisungsrechte entschieden werden muß.

Das *fünfte Glied* in dieser Kette ist die Forderung, daß im Interventionssystem der Saldenausgleich aufgehoben wird und die Zentralbanken der Hartwährungsländer die Schwachwährungen, die sie bei Stützungsaktionen am Devisenmarkt erworben haben, in ihre Währungsreserven eingliedern. Damit wird auf eine Regelung zurückgegriffen, die im Abkommen der EG-Zentralbanken für den Europäischen Wechselkursverbund vom 10. April 1972 vorgesehen war (Art. VI), aber nicht praktiziert worden ist. In das Abkommen der Zentralbanken für das EWS vom 13. März 1979 wurde dieser Passus nicht mehr aufgenommen. Die Regelung, das Halten von EWS-Teilnehmerwährungen auf die »working balances« zu beschränken, ist aber im EWS sehr pragmatisch ausgelegt worden. Die DBB stimmte zu, als die Banque de France zeitweilig umfangreiche DM-Währungsreserven ansammelte.

Die Ausdehnung des Reservewährungsstatus auf andere EWS-Währungen hat jedoch umgekehrte Liquiditätswirkungen als die Ansammlung von DM-Reserven bei der Banque de France im jetzigen EWS. Sie erklären die Zielsetzung, die bestehende Asymmetrie umzukehren. Ein freiwilliger Erwerb zum Beispiel von französischen Franc durch die DBB wird nicht erwartet, denn die Begrenzung auf die »working balances« ist von ihr seinerzeit als Eigenschutz gefordert worden. Also muß unterstellt werden, daß der Erwerb in irgendeiner Form obligatorisch erfolgen sollte. Wie ist dann das Postulat von E. Balladur zu interpretieren, daß eine derartige Regelung im Interesse des Systems liege?

Die Liquiditätswirkungen sollen am Beispiel zweiseitiger und einseitiger (nur das Hartwährungsland) Interventionen abgeleitet werden[145]:

---

[145] Zu den Liquiditätswirkungen im einzelnen vgl. Hasse, R., Multiple Währungsreserven, a.a.O., S. 186ff.

In allen Fällen, in denen das Hartwährungsland Schwachwährung kauft und als Währungsreserve hält, findet kein Saldenausgleich statt. Eine Auflösung dieser Reserven ist nur bei einer Umkehrung der Wechselkurspositionen am Devisenmarkt möglich.

Bei *zweiseitigen* Interventionen verringert sich im Schwachwährungsland die Geldmenge auf jeden Fall im Umfang der eigenen Interventionen. Ob sie darüber hinaus – wie im jetzigen EWS bei obligatorischen Interventionen – zusätzlich im Umfang der Interventionen des Hartwährungslandes sinkt, hängt von der Anlagepolitik der Zentralbank dieses Landes ab. Werden die Schwachwährungsguthaben an die Zentralbank dieses Landes transferiert, wird die Zentralbankgeldmenge letztlich im Umfang der gesamten Interventionen reduziert. Bei dieser Lösung müssen gesonderte Absprachen über die Verzinsung der Währungsguthaben bei der Zentralbank des Schwachwährungslandes getroffen werden. Wählt man dagegen die für Reservewährungen übliche Anlageform, indem die Zentralbank des Hartwährungslandes Geld- und Kapitalmarktpapiere im Schwachwährungsland erwirbt, dann findet keine zusätzliche Verringerung der Geldmenge in diesem Lande statt. Im Hartwährungsland expandiert die Geldmenge im Umfange der Interventionen, der Gegenposten in der Zentralbankbilanz sind die Währungsreserven in Schwachwährung. Der Saldo der Liquiditätswirkungen zwischen den beiden Ländern ist wie folgt zu beurteilen: Unterstellt man, daß die Zentralbank des Schwachwährungslandes die Währung des Hartwährungslandes für die Intervention nicht auf Kredit (Saldenausgleichsverpflichtung) erhalten, sondern gegen eigene Währung erworben hat (die Zentralbank des Hartwährungslandes erwirbt durch diese Inter-Zentralbanktransaktion in diesem Umfang ein Devisenguthaben in Schwachwährung), dann sinkt im Schwachwährungsland die Geldmenge im Umfange der eigenen Interventionen. Im Hartwährungsland dagegen expandiert die Geldmenge im Umfange des gesamten Interventionsvolumens. Trotz einer symmetrischen Interventionsregel entstehen asymmetrische Geldmengenveränderungen mit einer deutlich inflatorischen Gesamtwirkung. Die außenwirtschaftliche Liquidität (Bruttobestand an primären Reserveaktiva) des Schwachwährungslandes ist nicht gesunken.[146]

Bei *einseitigen Interventionen* nur des Hartwährungslandes ist das Ergebnis einfach abzuleiten, wenn eine Anlage der Devisenreserven

---

[146] Zur währungspolitischen Beurteilung der Brutto- und Nettopositionen bei Währungsreserven vgl. ebenda, S. 166–170. Ferner ist zu beachten, daß der Kauf von Hartwährung gegen eigene Währung ein reines Inter-Zentralbanken-Geschäft ist und die Finanzmärkte erst berührt, wenn diese Guthaben bzw. Verpflichtungen eingelöst werden. Andere Wirkungen ergeben sich, wenn die Zentralbank durch Interventionen Guthaben von Privaten bei Geschäftsbanken erwirbt.

auf dem Finanzmarkt des Schwachwährungslandes gewählt wird. Es entstehen bei asymmetrischer Interventionsregel auch asymmetrische Liquiditätseffekte mit inflatorischer Wirkung im Hartwährungsland.

Die Geldmengeneffekte hängen von den Regeln ab, wer interveniert, wie die Interventionen der Zentralbank des Schwachwährungslandes finanziert werden und wie die Zentralbank des Hartwährungslandes die Devisenreserven in Schwachwährung anlegt. Die Konflikte über die Regeln werden um so größer sein, je geringer die Erwartungen sind, daß es innerhalb des Wechselkurssystems zu im Zeitablauf wechselnden Stärke- und Schwächepositionen der Währungen kommt. Wenn ein chronisches Stabilitätsgefälle im System existiert, dann würde ein »hinkender Multi-(Devisen-)Reservenstandard« entstehen. Die Schwachwährungsländer würden – wie in der Endphase von Bretton Woods die USA – bei festen Wechselkursen einen unmittelbaren Einfluß auf die Geldmenge im Hartwährungsland erhalten; sie bekämen die Möglichkeit, im Wechselkursverbund eine Art Inflationssteuer zu ihren Gunsten zu erheben.

Das Interesse des Hartwährungslandes müßte sich dann darauf konzentrieren, den Umfang der Annahmeverpflichtung der Schwachwährung als Devisenreserve zu limitieren und mit der Anlage dieser Reserven restriktive Liquiditätswirkungen im Schwachwährungsland zu erzeugen. Die andere Alternative, die ein Hartwährungsland nutzen könnte, um diese Interventionen und ihre Rückwirkungen zu vermeiden, ist die konsequente Nutzung der Wechselkursanpassung. Je stärker jedoch dieses Instrument in einen gemeinschaftlichen Entscheidungsprozeß eingewoben wäre, desto größer wäre der Einfluß der Schwachwährungsländer auf die Geldmengenentwicklung und den Standard der Geldwertsicherung in der Gemeinschaft. Die reale Verankerung des Systems wäre aufgehoben.

Zu ganz anderen Einschätzungen dieser Forderung nach einer Diversifizierung der Devisenreserven kommt man, wenn diese Regeln vereinbart werden *und* das Ziel der Geldwertsicherung eine feste Verankerung zwischen den Ländern gefunden hat, die am Wechselkurssystem teilnehmen (vgl. 6.4.). Die Formulierung des Direktors der Banque de France, Robert Granet, bleiben in dieser Hinsicht zu vage, wenn er als Voraussetzung nennt, »sobald die ökonomischen Eckwerte nicht mehr umstritten sind, ist es eigentlich selbstverständlich, daß die Zentralbanken, deren Währungen ›das System nach oben ziehen‹, einen Beitrag zur Stabilisierung des Paritätengitters leisten«.[147]

---

[147] Granet, R., Zehn Jahre EWS – eine Bilanz. Eine Bewertung aus französischer Sicht, a.a.O., S. 69.

Das *sechste Glied* in der hier untersuchten Strategie wäre die Aktivierung des auf der ECU fußenden Abweichungsindikators oder die Schaffung eines Abweichungsindikators, der aus einem Bündel von realen und monetären Variablen zusammengesetzt wird.

Die Grundidee beider Ansätze ist, vor allem die Währung, die »das System nach oben zieht« zu einer Anpassung zu bringen, die eher verbindlich ist als die »Vermutung, daß die betreffenden Behörden diese Situation durch angemessene Maßnahmen korrigieren werden« (Ziffer 3.6. der Ratsentschließung vom 5. Dezember 1978). Beide Abweichungsindikatoren wirken deshalb in dieselbe Richtung. Beide sollen in erster Linie die stabilsten Währungen zur Anpassung verpflichten – durch Aufwertung oder Aufweichung.[148] Am Abweichungsindikator des EWS können diese Wirkungen erläutert werden (vgl. auch 3.3.2. und 3.3.3.).

Der Korbmechanismus ist indeterminiert. Einmal klärt er nicht die Ursache der Abweichung »nach oben« (stärkere Stabilität oder stärkere Inflationierung als Ursache). Zweitens erschwert er für ein Hartwährungsland die Wahl der aufzukaufenden Schwachwährung, da sie nicht notwendigerweise an ihren Devisenverkaufspunkten notieren. Dadurch ist ebenfalls unklar, wie der Saldenausgleich geregelt werden soll. Im Interesse der Schwachwährungsländer liegt deshalb eine Koppelung des Abweichungsindikators mit einseitigen Interventionsverpflichtungen der Hartwährung sowie die Aufhebung des Saldenausgleichs. Dann wäre die Verteilung der Anpassungslasten eindeutig: eine asymmetrische Anpassung an das Niveau der Geldwertsicherung der Schwachwährungsländer.

Analysiert man die Vorschläge im Rahmen der Neuen Institutionenökonomie, so zielen sie konzentriert darauf, die Beziehungen der Vertragspartner im EWS umzukehren. Die stabilitätsfördernde Asymmetrie der bisher dominierenden Regeln entsprach in erster Linie den Interessen und Zielprioritäten der Länder mit starker Währung.[149] Die Änderungsvorschläge sollen diese Struktur umkehren

[148] Die These der »Überstabilität« bzw. »Desinflationspriorität« wird hier als nicht begründet angesehen. Sie geht davon aus, daß die keynesianischen Instrumente der Konjunktur- und Wachstumsanregung in der Bundesrepublik trotz fehlender Geldillusion, ausgelasteter Kapazitäten und einer Geldmengenentwicklung, die bereits ein Inflationspotential enthält, wachstums- und beschäftigungsfördernd wirken. In einer gerade veröffentlichten Studie kommt der IWF zu dem Ergebnis, daß nur wenig Spielraum für eine expansive Globalsteuerung bestünde. Darüber ist es *nicht* sicher, » ... that aggregate demand stimulus, on its own, could significantly reduce Germany's current account and labor market imbalances, without generating inflationary pressure that would ultimately undermine any short-term gains«, IMF Survey, 20. März 1989, S. 89; vgl. Lipschitz, L., J. Kremers, Th. Mayer and D. McDonald, The Federal Republic of Germany. Adjustment in a Surplus Country, IMF Occasional Paper No. 64, Washington, D. C., Januar 1989, S. 19 f.

[149] Zu Überlegungen, worin die politischen Interessen der Schwachwährungsländer in dieser Ausgestaltung des EWS liegen können, vergleiche: Francke, H.-H., Europäische Notenbank und europäische Geldordnung, Freiburg 1989, vervielfältigtes Manuskript.

und die Regeln den Interessen und Zielprioritäten der Länder mit schwachen Währungen unterwerfen. Diese Aufkündigung des temporären Stabilitätspaktes im EWS soll darüber hinaus institutionell abgesichert werden. Die hierarchische, aber offene Leitwährungslösung soll durch eine andere hierarchische, aber geschlossenere Lösung ersetzt werden – ein Europäisches Zentralbanksystem bzw. eine Europäische Zentralbank, die weisungsgebunden sind (vgl. auch Anhang 3). Sie würden die indirekte Koordination der Geld- und Kreditpolitik sowie die Stabilitätspolitik über die Interventions- und Saldenausgleichsregeln ersetzen durch eine direkte Koordination bzw. Zentralisierung der Geld- und Kreditpolitik auf der Grundlage veränderter Zielprioritäten.

Diese »monetaristische« Konzeption ist für die Bundesrepublik Deutschland nicht akzeptierbar. Die DBB müßte bei diesen Versuchen, ihre funktionelle Unabhängigkeit scheibchenweise zu unterlaufen, von den Zusicherungen der Bundesregierung vom November 1978 Gebrauch machen. Diese Instrumentalisierung der Institution Europäische Zentralbank und ihrer Vorstufen verspricht auch keine positiven Integrationsimpulse, sondern Konflikte wie 1970/1971 (vgl. 3.2.). H. Willgerodt hat diese Situation klar umschrieben: »Wer politisches Geld in Europa will, legt die Sprengung in einer europäischen Währungsunion von vornherein an . . . Wer das geldwertpolitische Laissez-faire innerhalb Europas wünscht, kann nicht zugleich eine europäische Währungsunion wollen.«[150] Es gilt, wenn diese hier umrissene Option der währungspolitischen Integration das politische Interesse Frankreichs und anderer EG-Länder sei, den Rang der Geldwertsicherung um so stärker in den Regeln und Institutionen zu verteidigen und zu verankern und Fortschritte in der Währungsintegration von nachweisbaren Verbesserungen und Absicherungen der wirtschafts*politischen* Konvergenz abhängig zu machen. Eine »clause de sauvegarde«, wie sie die Bundesregierung Frankreich gegenüber im Januar 1971 durchgesetzt hat, müßte neu erörtert werden.

6.4. Eine »Europäische Zentralbank« als Ziel: Institutionalisierung einer direkten Koordinierung der Geld- und Kreditpolitik

Welche Optionen bestehen, um eine europäische Währungsunion als Stabilitätsgemeinschaft zu institutionalisieren? Im Rahmen der in 6.2. formulierten Hypothese eines deutsch-französischen Stabilitäts-

---

[150] Willgerodt, H., Ziele einer europäischen Währungsunion – Irrwege des EWS, in: Scharrer, H.-E., und W. Wessels (Hrsg.), Das Europäische Währungssystem, Bonn 1983, S. 66 und 83.

paktes können Kriterien abgeleitet werden, die Antworten auf mehrere Strategien anbieten. Einmal umreißen sie die allgemeinen Bedingungen für eine europäische Stabilitätsgemeinschaft. Dann skizzieren sie die wahrscheinliche deutsche Integrationskonzeption. Schließlich zeigen sie, wie aus dem Kern eines deutsch-französischen Stabilitätspaktes eine Stabilitätsgemeinschaft entstehen könnte, die über die EG-Länder hinausreichen würde: Innerhalb der EG ist zu erwarten, daß die Niederlande weiterhin der DM-Position folgen werden. Außerhalb der EG ist zu erwarten, daß die Schweiz[151] und Österreich[152] ihre Ankoppelung an die DM fortsetzen werden, wenn die Kaufkraftsicherung die Richtschnur der nationalen und gemeinschaftlichen Geldpolitik bleibt bzw. wird. Der Delors-Bericht hat – allerdings beschränkt auf die formulierten Grundsätze für die Endphase – diese Grundhaltung bekräftigt (vgl. 6.5.)

Es gilt, Lösungen für zwei Bereiche zu erkunden. Es müssen die Optionen für eine europäische Geldpolitik und die für ein Europäisches Zentralbanksystem (EZBS) bzw. eine Europäische Zentralbank (EZB) geprüft werden. Dabei wird besondere Aufmerksamkeit den Zwischenlösungen geschenkt, die bei einer schrittweisen Integration in der Übergangszeit angewendet werden und die institutionelle Endstufe vorbereiten sollen.

6.4.1. Optionen der geldpolitischen Koordinierung

In Anlehnung an K. Brunner[153] kann man prinzipiell folgende Alternativen für eine liberale internationale Geldordnung unterscheiden:
1. Die Konkurrenzlösung zwischen den Währungen und den Geldordnungen. Es besteht keine internationale Koordinierung der nationalen Geldangebote (unkoordinierte Lösung der Geldpolitik). Dieser Lösung entspricht das reine System flexibler Wechselkurse, das jedem Land formal alle Freiheitsgrade in der Steuerung der Geldmenge beläßt.
2. Der Festkursstandard, der zwei Varianten hat, die nach der Art und dem Umfang unterschieden werden, in denen dem Staat bzw. der Währungsbehörde die Freiheitsgrade in der Steuerung und Manipulation des Geldangebots beschnitten werden.

[151] Vgl. Hasse, Rolf, Die Währungspolitik der Schweiz und das Europäische Währungssystem, in: R. Biskup (Hrsg.), Schweiz – Bundesrepublik Deutschland. Wirtschaftliche, politische und militärische Aspekte im Vergleich, Bern und Stuttgart 1984, S. 239–260.
[152] Vgl. Iwd, Informationsdienst des Instituts der deutschen Wirtschaft, 13/30. März 1989, S. 4f.
[153] Brunner, K., Konzepte der Geldordnung in einer freiheitlichen Wirtschaftsordnung, in: J. Starbatty (Hrsg.), Geldordnung und Geldpolitik in einer freiheitlichen Gesellschaft, Tübingen 1981, S. 7ff.

2.1. Ein Festkursstandard mit Warenwährung
Er kann als Gold- oder Silberstandard, als »Commodity-Standard« und auch als Devisenstandard konstruiert sein. In der Goldwährung, die vor 1914 international existierte, wurde die Geldmengensteuerung durch den Preis des Goldes und durch die verfügbare Menge des Metalls bestimmt. Die Aufgabe der Notenbank bei der Steuerung des Geldangebots wird beschränkt auf die Sicherung der Wertrelation. Staatlichen Instanzen wird dadurch im Prinzip kein Spielraum für eine Manipulation der Geldmenge eingeräumt. Die Teilsimulation dieses Standards im System von Bretton Woods als Devisen- bzw. Gold-Dollar-Standard ist daran gescheitert, daß die Vereinigten Staaten den Fixierungspunkt der Wertrelation durch eine exzessive Ausdehnung der Dollarmenge aushöhlten.

2.2. Ein Festkursstandard mit Geldmengenkontrolle
Der andere Ansatz besteht darin, die Steuerung des Geldangebots Regeln zu unterwerfen. In nationalen Geldordnungen existieren sie in Form der Regel des konstanten Geldmengenwachstums (Chicago-Regel) und als Strategie der potentialorientierten Geldangebotsausweitung, wobei sehr verschiedene Steuerungsgrößen gewählt werden können (vgl. Tabelle A 8).
Für die internationale Koordinierung des Geldmengenwachstums können grundsätzlich zwei Wege gewählt werden:
– die indirekte Koordinierung und
– die direkte Koordinierung.
Bei der indirekten Koordinierung erfolgt der Koordinierungsprozeß über Interventions- und Saldenausgleichsregeln. Die Freiheitsgrade für das nationale Geldangebot in diesen Regelsystemen können sehr unterschiedlich sein, wie am Beispiel der Diskussion über die Schaffung, die Wirkungen und die »Stärkung« des EWS dargestellt worden ist (vgl. 3.3.2., 3.3.4., 6.3.). Die Regeln können also so konstruiert werden, daß die Koordinierung der nationalen Geldangebote zu einer Anpassungssymmetrie, zu einer stabilitätsorientierten Asymmetrie oder zu einer inflatorischen Asymmetrie führt.
Die direkte Koordinierung in einem solchen »Geldmengenwachstumsstandard«[154] engt die Freiheitsgrade, die bei der indirekten Koordinierung für eine nationale Zins- und Geldmengenpolitik je nach Ausgestaltung formal für alle oder für einzelne Länder bestehen, di-

[154] Vgl. Francke, H.-H., Europäische Notenbank und europäische Geldordnung, a.a.O., S. 15.

rekt ein. Für die internationale Währungsordnung hat Mc Kinnon 1984 einen »Standard der monetären Stabilisierung«[155] vorgeschlagen. Der Sachverständigenrat hat in seinem Gutachten 1976/77 für die Teilnehmer am EG-Wechselkurssystem einen Geldmengenstandard mit integrierten Koordinierungs- und Sanktionsregeln entwickelt.[156] Und schließlich gehören ein Europäisches Zentralbankensystem und eine Europäische Zentralbank in diesen Standard. Sie wären die am nachhaltigsten verankerte Variante, weil sie zu einer institutionellen, hierarchischen Lösung der internationalen Steuerung und Kontrolle der Geldangebote führen. Sie kann auch einmünden in die zentralisierteste Form der Kontrolle, wenn eine Einheitswährung die nationalen Währungen ablöst.

Für eine europäische Geldordnung entfällt die »Konkurrenzlösung«. Die Option flexibler Wechselkurse innerhalb der EG wird abgelehnt. Die zweite Variante der Konkurrenzlösung, die Strategie der Parallelwährung, wird zwar in den Plänen häufig als Möglichkeit erwogen. Die Analyse dieses Weges einer funktionellen Währungsintegration zeigt jedoch, wie wenig erfolgversprechend diese Konzeption ist (vgl. 4.). Vergleicht man die beiden Alternativen des Festkursstandards, dann entdeckt man, daß der Vorteil des Geldmengenwachstumsstandards darin zu sehen ist, daß er besser in der Lage ist, das Ziel der Geldwertsicherung zu realisieren. Der Festkursstandard mit Warenwährung »objektiviert« den geldpolitischen Handlungsspielraum des Staates und der Währungsinstitution zwar im Grenzfall bis auf Null (100%-Deckung: »goldene Bremse an der Geldmaschine«). Dieser Standard ist andererseits aber abhängig und anfällig gegenüber Preisänderungen der Standardgüter, die eine Sicherung des internen Geldwertes unmöglich machen. Der Geldmengenwachstumsstandard kann dagegen unmittelbar an die Entwicklung der gesamtwirtschaftlichen Produktion angelehnt und auf die Kaufkraftsicherung ausgerichtet werden. Darüber hinaus bietet dieser Standard auch die Möglichkeit, die interne Zielsetzung der Geldwertsicherung gegen externe reale und monetäre Datenänderung abzusichern – durch flexible Wechselkurse. Da der Währungsraum der teilnehmenden EG-Länder an der Währungsintegration so groß ist, daß eine angestrebte Stabilitätsgemeinschaft gegen Drittstaaten durch flexible Wechselkurse geschützt werden könnte, wird diese Lösung empfohlen.

Die so gewonnene Autonomie in der Geldmengensteuerung muß

[155] Mc Kinnon, R., An International Standard for Monetary Stabilization, Policy Analysis in International Economics, No. 8, Washington, D. C., 1984.
[156] Sachverständigenrat zur Begutachtung der gesamtwirtschaftlichen Entwicklung, Jahresgutachten 1976/77 »Zeit zum Investieren«, Stuttgart 1976, Ziffern 467–508.

intern durch einen Koordinierungsmechanismus umgesetzt werden. An mehreren Stellen ist zuvor abgeleitet worden, daß mit der Liberalisierung des Kapitalverkehrs zwischen den nationalen Geld- und Kapitalmärkten der EG-Länder eine so hohe Reaktionsintensität entsteht, daß eine indirekte Geldmengenkoordinierung bei festen Wechselkursen suboptimal ist, wenn man sie vor dem Hintergrund der Zielsetzung Währungsunion beurteilt. Eine direkte Koordinierung ist wirksamer und kann durch einen politischen Beschluß auch definitiver auf das Ziel der Geldwertsicherung ausgerichtet werden.

Die Leitwährungslösung ist bei indirekter Koordinierung eine offene hierarchische Lösung, die jedem Land den Ausstieg erlaubt, ohne daß gemeinschaftliche Geldmengenabsprachen verletzt werden. Die direkte Koordinierung strebt eine hierarchische Lösung an (EZBS bzw. EZB), durch die diese Offenheit aufgehoben werden soll. Deshalb verlangt sie eine unmißverständliche Entscheidung über die Organisation der Institution und die Zielsetzung der Steuerung des gesamten Geldangebots. Diese Alternative erfordert und bietet die politische Mitarbeit bei den Entscheidungen, gleichzeitig erhält die direkte Koordinierung dadurch einen wesentlich verbindlicheren, politischen Rahmen als ein System von Regeln für Interventionen und für den Saldenausgleich wie zum Beispiel das EWS. Es beruht »nur« auf einem Abkommen, das die Zentralbanken der teilnehmenden Länder geschlossen haben.

Auf der anderen Seite muß beachtet werden, daß die Methode der schrittweisen Integration bevorzugt wird. Es müssen demnach Zwischenlösungen der gemeinsamen Geldpolitik und Zwischenlösungen für die institutionelle Lösung der direkten Koordinierung gefunden werden. Die Vorschläge von Mc Kinnon und des Sachverständigenrates bieten Regeln für die Technik der Geldmengenkontrolle. Bei der Suche nach geeigneten Formen der geldpolitischen Infrastruktur sind nicht nur Fragen über die drei Säulen der Geldpolitik zu beantworten (Träger, Ziele, Instrumente), sondern auch, wie verbindlich die Vereinbarungen bereits am Anfang des institutionellen Integrationsprozesses sein sollten.

6.4.2. Kriterien und Optionen eines Europäischen Zentralbanksystems bzw. einer Europäischen Zentralbank

Kloten[157] hat in seinem grundlegenden Beitrag zur Diskussion um die Institutionalisierung der Geldpolitik in der EG auf drei zentrale Aspekte aufmerksam gemacht. Die Gewohnheit, von einer EZB zu

---

[157] Kloten, N., Wege zu einem Europäischen Zentralbanksystem, a.a.O., S. 285–291.

sprechen, kann neben der sprachlichen auch zu einer inhaltlichen Einengung führen. Gerade in einem System von Nationalstaaten ohne den festen politischen Überbau einer Föderation sollte die Organisation der Währungsinstitution der dezentralen politischen Form Rechnung tragen. Eine klassische EZB ist eine rein zentralistische Lösung. Der Vorschlag, von einem Europäischen Zentralbanksystem (EZBS) zu sprechen, berücksichtigt ferner, daß bei einer schrittweisen Integration ein größeres Maß an Flexibilität für Zwischenlösungen gegeben sein muß.

Der zweite Aspekt ist die Begründung, daß die Minimierung der Risiken, Fehlentscheidungen und Fehlorientierungen, z. B. die Verletzung des Stabilitätsziels, ein finales Denken und Entscheiden *bereits am Anfang* des Integrationsprozesses verlangt. Wie wichtig es für Fortschritte in der Währungsintegration ist, diesen Grundsatz zu beachten, lehren die Erfahrungen aus dem Integrationsanlauf von 1969/70 (vgl. 3.2.). Darüber hinaus hat die Analyse des Vorschlags im Padoa-Schioppa-Bericht gezeigt, wie wichtig es ist, jeden Plan auf seine finalen Absichten und Ergebnisse hin zu überprüfen (vgl. 6.3.).

Schließlich hat Kloten die »konstituierenden Merkmale« aufgezählt, über die Klarheit bestehen muß bei der Schaffung eines EZBS:

– Der Status: die Aspekte der personellen, funktionellen und finanziellen (Un-)Abhängigkeit.
– Der geldpolitische Auftrag: Ausrichtung der Geldpolitik im Rahmen der gesamtwirtschaftlichen Ziele.
– Organisation des EZBS – die institutionelle Struktur.
– Die Klärung der Willensbildung und Entscheidungsfindung im EZBS.
– Die Gestaltung des geldpolitischen Instrumentariums und die Arbeitsteilung in der Geld- und Währungspolitik innerhalb des EZBS.
– Das Problem der Flankierung einer gemeinschaftlichen Geld- und Währungspolitik durch eine adäquate Wirtschafts- und Fiskalpolitik.

Diese Eckpfeiler eines EZBS müssen beachtet werden bei der Beurteilung von Referenzsystemen, bei der Entwicklung von Systemen für die Koordinierung der Geldpolitik in der Übergangsphase sowie bei der Konstruktion der geld- und währungspolitischen Infrastruktur für die vollendete Währungsunion.

Die Stellung des gemeinschaftlichen Entscheidungsorgans eines EZBS ist die zentrale politische Entscheidung, die auf alle anderen Ebenen ausstrahlt. In Kapitel 5 wurde begründet, daß dieses Gremium den Status der Weisungsungebundenheit gegenüber bestehenden politischen Organen der EG (Kommission, Ministerrat, Europäi-

scher Rat) oder einem neuen wirtschaftspolitischen Entscheidungsgremium (z. B. einem Europäischen Wirtschafts- und Finanzrat) haben sollte. Um Konflikte im EZBS zwischen dem weisungsungebundenen Entscheidungsorgan auf der Gemeinschaftsebene und den nationalen Zentralbanken zu vermeiden, sollten bei letzteren in der
Übergangsphase die Weisungsrechte des Staates allmählich abgebaut werden. Die personelle Unabhängigkeit sollte durch eine Amtszeit der Funktionsträger von mindestens acht Jahren mit Wiederwahl
und dem Fehlen einer politisch orientierten Abberufung gesichert
werden. Darüber hinaus muß sichergestellt werden, daß die Funktionsträger in Geld- und Währungsfragen qualifiziert sind sowie
parallel kein politisches Mandat oder eine privatwirtschaftliche Tätigkeit ausüben dürfen. Inwieweit eine Personalunion zwischen einer
Tätigkeit im Entscheidungsorgan des EZBS und in den nationalen
Zentralbanken bestehen darf, hängt von dem vertikalen Aufbau der
EZBS-Organisation ab, für die es zwei Varianten gibt – die »Zentral-
bank-« und die »Board-Lösung«.

Die Tatsache, daß einem EZBS keine vergleichbaren politischen
EG-Institutionen gegenüberstehen wie auf nationaler Ebene, muß
nicht als Nachteil gewertet werden. Eine derart »entpolitisierte« Lösung entspricht den Funktionsbedingungen der Geldpolitik eher als
ein EZBS, dem ein politisches Exekutivorgan gegenübersteht, das
weisungsbefugt ist und das einem komplizierten Entscheidungsbil-
dungs- und Abstimmungsverfahren unterliegt. Die Ratifikationsbe-
dürftigkeit der Unabhängigkeit (Art. 102a) würde, wenn sie einmal
besteht, dem EZBS einen quasiverfassungsrechtlichen Rang einräumen, wenn dasselbe Verfahren für eine grundlegende Änderung des
Statuts aufrechterhalten wird.

Der Unabhängigkeitsstatus ist aus demokratietheoretischen und
aus währungspolitischen Erwägungen mit dem *geldpolitischen Auftrag* zu koppeln, damit das oberste Ziel der Politik die Sicherung des
Geldwertes ist. Diese Zielsetzung und der Unabhängigkeitsstatus
schließen die Kooperation mit den Trägern der Wirtschaftspolitik
nicht aus. Sie bieten dem EZBS aber den erforderlichen Spielraum,
um bei Konflikten über die Ziele der Wirtschafts-, Währungs- und
Geldpolitik einen eigenen Standpunkt zu formulieren, der Öffentlichkeit zu präsentieren und in den Grenzen der Realisierbarkeit
auch eine Geldpolitik entsprechend der eigenen Zielsetzung durchzusetzen. Eine Berichtspflicht des EZBS gegenüber den politischen
Instanzen und der Öffentlichkeit hat deshalb drei Effekte: einmal
den der Information und Beratung, dann den, bestehende oder dro-
hende Konflikte zwischen dem EZBS und den Trägern der Wirtschaftspolitik offenzulegen, und schließlich den des Nachweises der

eigenen Zielverwirklichung. Gerade dem letzten Effekt entspricht es, Geldmengenziele zu veröffentlichen.

Die *Organisation* sollte den föderalen und dezentralen Gegebenheiten angepaßt werden. Es ist nicht empfehlenswert, eine Lösung zu wählen, bei der neben der notwendigen Zentralisierung der Entscheidungskompetenz auch die Exekution der Geldpolitik zentralisiert wird. Wenn man auf diese zentralistische Regelung mittels einer EZB verzichtet und die Ausführung der Geldpolitik bei den nationalen Zentralbanken beläßt, entfiele ein Verwaltungsaufbau auf der Zentralebene. Die Effizienz der Geldpolitik leidet darunter nicht. Diese Lösung hätte darüber hinaus den Vorteil, den Ländern eine geldpolitische Restfunktion zu belassen, die über die technische Form der Abwicklung des Geld- und Zahlungsverkehrs hinausginge. Neben politisch-psychologischen Vorteilen spricht für die Funktionsteilung auch, daß in der Übergangszeit die gemeinschaftliche Geldmengenpolitik ohnehin Rücksicht nehmen muß auf die länderspezifischen Geldnachfragefunktionen und Kreislaufgeschwindigkeiten des Geldes (vgl. Tabelle A 9). Diese werden sich nur allmählich angleichen und eine regionale Differenzierung der Geldpolitik überflüssig machen, wenn die Konvertibilität gesichert bleibt sowie das Stabilitätsniveau sich annähert und (plötzliche) Abweichungen davon nicht erwartet werden. Dann werden nicht nur die Transaktionskosten im innergemeinschaftlichen Zahlungs- und Kapitalverkehr sinken. Es werden auch die Risikozu- und -abschläge schwinden bei Anlagen in anderen Währungen. Die Annäherung des Wertaufbewahrungsstandards der Währungen erhöht bei irreversibler Konvertibilität die Substitutivität der Anlageformen und wird zu einer Konvergenz der Geldnachfragefunktionen führen.

In einem zentralen Entscheidungsgremium ist dann zu prüfen, wie die nationalen Zentralbanken am *Entscheidungsprozeß* beteiligt werden sollen. Man kann zwischen zwei Alternativen wählen. Entweder man gründet einen »Europäischen Zentralbankrat«, in dem die nationalen Zentralbanken vertreten sind. Dann muß entschieden werden, ob die Mitsprache nach dem Prinzip »eine Zentralbank – eine Stimme« erfolgen soll, oder ob in Anlehnung an die zahlreichen Regeln innerhalb der EG die Stimmen gewichtet werden. Es kann aber auch eine dritte Variante erwogen werden, den großen Zentralbanken (DBB, Bank of England, Banque de France, Banca d'Italia) ein permanentes Stimmrecht zu geben und den kleineren ein kumuliertes Stimmrecht (mehrere Zentralbanken zusammen ein Stimmrecht), dessen Repräsentanz und Wahrnehmung zwischen diesen Zentralbanken rotiert. Die zweite Alternative wäre ein »European Board of Governors«. Auch hier könnte bei der Festlegung der Zahl der Mitglieder ein Verfahren angewendet werden, das den großen vier Ländern einen Sitz reserviert und die anderen Zentralbanken in Gruppen zusammenfaßt, die nur gemeinsam einen Sitz haben. Einen Vorschlag, der in diese Richtung weist, hat im Rahmen des Spinelli-Komitees eine Expertengruppe erarbeitet (vgl. auch Anhang 3).[158]

Bei der »Board-Lösung« könnte man auch die Personalunion zwischen den nationalen Zentralbanken und dem Board aufheben. Dies eröffnete die Möglichkeit, die personalpolitischen Befugnisse eindeutig zu trennen. Die Vorstände der nationalen Zentralbanken (»Länderzentralbanken«) würden durch die nationalen Regierungen ernannt und die Mitglieder des Boards durch ein politisches Gremium auf Gemeinschaftsebene.

Dies ist nicht nur eine Entscheidung über die organisatorische Effizienz, sondern es handelt sich um ein eminent politisches Problem. Vor allem in der Übergangszeit muß hierauf geachtet werden, weil in dieser Phase die Verzichtsempfindungen als politische Kosten des Integrationsprozesses besonders hoch bewertet werden. Dennoch hat Klarheit über das Ziel zu bestehen, und die Kosten für ein Ausbrechen aus der geldpolitischen und währungspolitischen Koordination sind hoch zu setzen. Aus diesen Gründen empfiehlt es sich, zuerst die Version »Europäischer Zentralbankrat« zu wählen, die auch die Anknüpfung an den Ausschuß der Zentralbankpräsidenten eröffnet. Darüber hinaus wird ein Vorschlag unterbreitet, ein neues Gremium zu schaffen, ein »Direktorium Europäischer Zentralbankräte«. Es soll in der Übergangszeit besondere Koordinierungsaufgaben in den nationalen Zentralbanken übernehmen, um den Prozeß der Ablösung von den politischen Weisungsrechten zu beschleunigen und um die Zielsetzung der Geldwertsicherung durchzusetzen. Diese Zwischenlösung hat ferner den Vorteil, daß es die Option offenhält, ob die Variante »Europäischer Zentralbankrat« oder die Variante »European Board of Governors« gewählt wird. Das »Direktorium Europäischer Zentralbankräte« kann sowohl die Keimzelle für die von den Führungsgremien der nationalen Zentralbanken abgekoppelte »Board-Lösung« als auch der Vorläufer eines »Europäischen Direktoriums« als geldpolitische Exekutive sein, wenn für die Endstufe der Währungsunion die »Zentralbankrat-Lösung« präferiert wird.

Der zentralen Entscheidungskompetenz bei der direkten Koordinierung der Geldpolitik muß nicht eine zentrale, harmonisierte nationale Ausführung entsprechen. Wie bereits erwähnt, stößt die gemein-

---

[158] Rapport du Groupe »Système Européen de Banques Centrales« (Banque Central Européenne) unter der Leitung von Jean-Victor Louis (»Comité Spinelli«), Projet de Dispositions Organiques, Brüssel, 16. Mai 1989.

schaftliche Geldpolitik auf nationale Unterschiede in der Struktur der Geldnachfrage und in den geldpolitischen Instrumenten. Aus diesen Gründen reicht es in der Übergangszeit aus, wenn das zentrale Entscheidungsgremium des EZBS neben den besonderen Rechten der Mitglieder des »Direktoriums Europäischer Zentralbankräte« ein Weisungsrecht gegenüber den nationalen, nun nachgeordneten, Zentralbanken erhält. Diese behalten aber im Rahmen der Richtlinienkompetenz des EZBS einen Spielraum in der Durchführung der Geldpolitik.

Diese Regelung hätte auch unmittelbare Rückwirkungen auf das *geld- und währungspolitische Instrumentarium.* Es bliebe bei den nationalen Zentralbanken, diese unterlägen aber einem Weisungsrecht, das eindeutig durchsetzbar sein müßte. Der Prozeß der Angleichung im Instrumentarium der nationalen Zentralbanken wird weiter fortschreiten,[159] der in den letzten Jahren durch die Globalisierung der internationalen Finanzbeziehungen eingeleitet worden ist. Die administrativen, selektiven und quantitativen Instrumente (Kreditplafondierung, selektive Zins- und Kreditpolitik, Mindestreservepolitik) haben an geldpolitischer Wirksamkeit verloren und werden kaum noch aktiviert. In einem gemeinschaftlichen Finanzmarkt können sie sogar die Bildung einheitlicher Markt- und Wettbewerbsbedingungen stören (selektive Zinspolitik) und wären abzuschaffen. Auch die traditionelle Diskontpolitik ist diesen Änderungen unterworfen, so daß über ihre Bedeutung nachgedacht werden muß. Festzustellen ist, daß sie zum Beispiel in der Bundesrepublik die kostengünstigste Form der Refinanzierung der Kreditbanken ist. Deshalb sind die Rediskontkontingente auch in der Regel voll ausgeschöpft. Die Verteilung der Rediskontkontingente ist damit zu einem Kosten- bzw. Wettbewerbs-(diskriminierungs-)faktor geworden, einer Funktion, die den ursprünglichen Vorstellungen nicht entspricht.

Das effiziente und marktgerechteste Instrument, das in allen EG-Ländern in den Vordergrund gerückt ist, ist die Offenmarktpolitik, in der Bundesrepublik die sehr flexiblen und stark ausgeweiteten Wertpapierpensionsgeschäfte. Mit der Offenmarktpolitik kann eine angebotsorientierte Geldmengenpolitik betrieben werden, die gleichzeitig den Zins und damit die Portfolioentscheidungen der Wirtschaftssubjekte beeinflußt. In diesem Zusammenhang ist auch darüber nachzudenken, ob es nicht marktgerechter wäre, bei Wertpapierpensionsgeschäften statt der Methode des Mengentenders die des Zinstenders zu bevorzugen, die den Mengeneffekt genauer sichert und den

---

[159] Vgl. die Synopse des geld- und kreditpolitischen Instrumentariums, in: Sachverständigenrat 1976/77, a.a.O., Tabelle 39; vgl. auch Anhang 2.

Marktzins besser abtastet. Allerdings muß bei der Offenmarktpolitik darauf geachtet werden, daß sie nicht mißbraucht wird zu einer indirekten Finanzierung des öffentlichen Haushalts. Der Staat sollte nur in Höhe fester Plafonds Kassenkredite in Anspruch nehmen dürfen. Die bereits an anderer Stelle (vgl. 3.2.) kritisierte »Richtlinie des Rates vom 18. Februar 1974 über die Stabilität, das Wachstum und die Vollbeschäftigung in der Gemeinschaft« ist in nur begrenztem Umfange als rechtliche Grundlage für den Ausbau des wirtschafts- und geldpolitischen Instrumentariums heranzuziehen. Sie muß in bezug auf die Mehrzahl der vorgeschlagenen Instrumente als ordnungspolitischer Irrweg betrachtet werden.

Ein politisch brisantes Problem ist die Ausweitung der Kompetenzen eines »Europäischen Zentralbankrates« bzw. eines »European Board of Governors« auf die Währungspolitik. Man sollte den Vorschlag von Gros/Thygesen positiv aufgreifen und dem Gremium das Recht übertragen, Wechselkurse innerhalb der Bandbreite zu verändern. Dies wäre ein Beitrag, das Instrument der Wechselkursänderung zu entpolitisieren. Diese lautlosen und kleinen Wechselkursanpassungen verringern spekulative Kapitalbewegungen, ermöglichen den Unternehmen eine gleitende Anpassung ihrer Preise und Mengen und helfen, die Allokationsverzerrungen von Über- und Unterbewertungen zu verhindern, die durch verspätete Realignments entstehen. Wechselkursänderungen dieser Art können in ihrer Bedeutung in die Richtung von Diskontsatzänderungen gedrückt werden.

Wirtschafts- und Geldpolitik sind komplementär. Die Trennung der Träger dieser Politikbereiche ist eine ordnungspolitische Entscheidung zugunsten der Geldwertsicherung. Dennoch ist *Kooperation bei Zielharmonie* anzustreben. Die Fiskalpolitik wird aufgrund des geringen Umfangs des Brüsseler Haushalts weiterhin eine Domäne der EG-Mitgliedstaaten bleiben, so daß ein Koordinierungsbedarf besteht. Die wohl wichtigste Aufgabe wird darin bestehen, das Ausgabenwachstum der öffentlichen Hände abzustimmen und dabei in erster Linie die direkte und indirekte Finanzierung des Haushalts über Zentralbankgelder schrittweise zu verringern. Für eine Globalsteuerung auf Gemeinschaftsebene wird kein Bedarf gesehen. Ein weiteres Aufgabenfeld liegt neben der Abschaffung des steuerlichen Grenzausgleichs darin, die Steuersysteme so umzugestalten, daß die Investitionen als Motor des Wachstums steuerlich entlastet werden und eine angebotsorientierte Wirtschaftspolitik eingeleitet werden kann.

Auf einen Fehlschluß weist mit Recht der Wissenschaftliche Beirat beim Bundeswirtschaftsministerium hin.[160] Die *regionalwirtschaftli-*

---

[160] Gutachten des Wissenschaftlichen Beirates beim Bundesministerium für Wirtschaft, Europäische Währungsordnung, a. a. O. S. 9.

chen Probleme, die mit einer Währungsintegration auftreten werden, sind nicht der Währungsunion anzulasten. Da hier kein ursächlicher Zusammenhang bestehe, existiere auch kein Anspruch auf Transferleistungen. Wenn doch ein Finanzausgleich zwischen reichen und armen Volkswirtschaften eingerichtet wird, dann ist dies ein Akt der gemeinschaftlichen Solidarität oder ein politisches Mittel, um Schwierigkeiten zu überwinden, die in der politischen Auseinandersetzung fälschlicherweise als politische Kosten der Währungsintegration behandelt werden. Nur in ersterem Sinne ist das Plädoyer der Delors-Kommission zugunsten einer europäischen Regional- und Strukturpolitik zu verstehen. Die Überbetonung dieser Aufgabe im Delors-Bericht bereitet große Sorgen. Einmal werden riesige Finanzvolumina und Handlungskompetenzen auf die Exekutive der EG-Kommission übertragen. Zweitens ist die Argumentation bedenklich, die Währungsunion als Verursacher der regionalwirtschaftlichen Probleme zu bezeichnen und sie damit zusätzlich in einen vollständig andersartigen politischen Bargainingprozeß hineinzuziehen.

6.4.3. Referenzsysteme für ein Europäisches Zentralbanksystem bzw. eine Europäische Zentralbank

In den Diskussionen werden drei Referenzsysteme genannt, die für ein EZBS in Frage kommen, weil sie angeblich die Kriterien föderal, unabhängig und stabilitätsorientierte Geldpolitik erfüllen: das Federal Reserve System der USA (FED-System), die Bank deutscher Länder (BdL) und die Deutsche Bundesbank (DBB). Darüber hinaus wird auf die Schweizerische Nationalbank[161] und die niederländische Zentralbank[162] hingewiesen. Bei der Prüfung der Referenzsysteme ist darauf zu achten, inwieweit sie ein Vorbild auf gewissen Gebieten sind und inwieweit sie als Modell dienen können. Es wird sich zeigen, daß sie alle Vorzüge und Nachteile aufweisen und daß ein EZBS eine Mischung aus vielen Elementen sein könnte.

Das Federal Reserve-System der USA

Von der Mehrzahl der Befürworter eines EZBS wird das FED-System als ein geeignetes Referenzsystem angesehen (vgl. Anhang 3). Die WERNER-Kommission, die bereits 1970 in ihrem Abschlußbe-

---

[161] Vgl. Gemper, Bodo B., Die Deutsche Bundesbank – Vorbild, aber kein Modell, in: Der Arbeitgeber, 1/6. Januar 1989, S. 17–19.
[162] Vgl. Eizenga, W., European Economic Integration and a System of European Central Banks, unveröffentlichtes Manuskript 1987.

richt sehr konkrete Vorstellungen zu einer EZB entwickelt hat, bezog sich auf das FED-System. Einzelne Stellungnahmen zeigen aber auch, daß Unklarheiten über den Aufbau und die Funktionsweise dieses Zentalbanksystems bestehen.

Die Einstufung des FED-Systems schwankt zwischen »the most independent central bank of the western world« bis zur gemäßigten Beurteilung, sie sei eine »Zentralbank mit schwer abberufbarem Präsidium«[163]. Dem FED-System ist als Zielsetzung vorgegeben, für ein sicheres und flexibles Banken- und Währungssystem zu sorgen. Es ist ein zweistufiges, dezentrales Zentralbanksystem mit zentralistischer Kompetenzstruktur. Die Unterstufe wird gebildet durch 12 Federal Reserve Banks (FRB), deren regionale Zuständigkeiten nicht mit den Grenzen der Bundesstaaten übereinstimmen. Die FRBs sind privatrechtlich auf Aktienbasis organisiert. Das Kapital halten die Mitgliedsbanken, die am FED-System teilnehmen.

Die Oberstufe des Systems bilden drei Organe: der »Board of Governors of the Federal Reserve System« (BoG) das »Federal Open Market Committee« (FOMC) und der »Federal Advisory Council« (FAC). Die geldpolitische Willensbildung ist zentralisiert auf den Board of Governors (Mindestreserve- und Diskontpolitik, Regelung des Zahlungsverkehrs) und auf das FOMC, das für die Devisenmarkt- und für die Offenmarktpolitik zuständig ist, der wichtigsten Komponente der amerikanischen Geldmengenpolitik. Der Board of Governors selbst betreibt keinerlei Bankgeschäfte. Nachdem mit dem Bankgesetz von 1935 der Finanzminister und der Währungskontrolleur aus diesem Gremium ausgeschieden sind, besteht der Board aus sieben Mitgliedern, die vom U.S.-Präsidenten mit Zustimmung des Senats für eine Amtsdauer von 14 Jahren bestellt werden. Eine Wiederwahl ist nicht möglich. Die Amtsperioden der Mitglieder sind so gestaffelt, daß alle zwei Jahre ein Mitglied ausscheidet bzw. ein Governor neu bestellt wird. Bis zur Änderung der Federal Reserve Act im November 1977 bestellte der U.S.-Präsident den Vorsitzenden (Chairman) des BoG und dessen Stellvertreter allein. Seit diesem Zeitpunkt bedürfen die Berufungen der Billigung des Senats; sie sind auf vier Jahre begrenzt, wobei Wiederholungen möglich sind. Rechtlich umstritten ist, ob und wenn ja unter welchen Bedingungen der Vorsitzende und die anderen Mitglieder des BoG durch staatliche Instanzen abberufen werden dürfen.

Das FOMC setzt sich aus allen sieben Vertretern des Board of Go-

---

[163] Vgl. Geisler, R. P., Notenbankverfassung und Notenbankentwicklung in den USA und in Westdeutschland, Volkswirtschaftliche Schriften, Heft 9, Berlin 1953, S. 11 f.; Clifford, J. A., The Independence of the Federal Reserve System, Philadelphia 1965, S. 86 ff.

vernors und fünf Vertretern der Federal Reserve Banks zusammen.[164] Damit hat der Board immer die Mehrheit im FOMC gegenüber den FRBs. Da die FRBs seit dem Federal Reserve Act von 1935 gezwungen sind, sich den Entscheidungen des FOMC zu fügen, bedeuten die Mehrheitsverhältnisse im FOMC, daß die Zentralbankpolitik vom BoG bestimmt wird. Das FED-System ist insofern – entgegen der Auffassung von N. Thygesen[165] – ein einheitliches Zentralbanksystem mit zentralisierter geldpolitischer Willensbildung.

Dies wird noch deutlicher, wenn man die weiteren Organe betrachtet. Der Federal Advisory Council besteht aus je einem Vertreter der FRBs und konferiert mit dem BoG turnusmäßig über die allgemeine Wirtschaftslage. Er ist das Verbindungsorgan zwischen den zwölf FRBs und dem BoG. Er besitzt aber kaum Einfluß, er kann lediglich Empfehlungen geben. Bei der Ernennung der Funktionsträger in den zwölf FRBs wirken zwar keine staatlichen Instanzen mit, aber der BoG besitzt ein sehr weitreichendes Mitgestaltungsrecht. Von den neun Mitgliedern des Board of Directors einer FRB werden jeweils drei aus den Kreisen der Geschäftsbanken (»class A directors«) und drei aus anderen Wirtschaftsbereichen des entsprechenden Wirtschaftsbezirks (»class B directors«) bestimmt. Das »neutrale« Drittel der Direktoren (»class C directors«) wird vom Board of Governors ernannt, darunter der Vorsitzende des Boards of Directors und sein Stellvertreter. Die Amtszeit beträgt drei Jahre. Der Board of Directors beruft einen FRB-Präsidenten, der für die Geschäftsführung verantwortlich ist. Seine Wahl muß jedoch vom Board of Governors gebilligt werden, der sogar das Recht hat, die Direktoren und die leitenden Angestellten der FRBs zu entlassen oder zu versetzen.

Das FED-System verfügt über eine sehr weitreichende personelle und funktionelle Unabhängigkeit. Die staatlichen Instanzen verfügen weder in der Unterstufe noch in der Oberstufe über Weisungs- und Genehmigungsrechte. Auch bei der Ernennung der Organmitglieder ist der Einfluß äußerst gering. Auf der Unterstufe besteht gar keine staatliche Mitwirkung, und bei der Ernennung der Governors und des Chairman besitzt der U.S.-Präsident aufgrund des Billigungsvorbehalts des Senats nur ein eingeschränktes Ernennungsrecht. Die Kompetenzen für die äußere Währungspolitik liegen beim Kongreß und bei der Regierung (Schatzamt). Bei Wechselkursoperationen muß sich deshalb das FOMC mit dem Schatzamt abstimmen,

[164] 1. Präsident der Federal Reserve Bank of New York; 2. FRBs von Boston, Philadelphia, Richmond; 3. FRBs von Atlanta, Dallas, St. Louis; 4. FRBs von Chicago, Cleveland; 5. FRBs von Minneapolis, Kansas City, San Francisco.
[165] Vgl. Thygesen, Niels, Europäisches Währungssystem: Vorbild Federal Reserve, in: DBB, AaP, 60/22. August 1988, S. 2.

das Eigentümerin der Währungsreserven ist. Ausgeführt werden devisenmarktpolitische Interventionen durch die Federal Reserve Bank of New York. Eine gesetzliche Verpflichtung, die Wirtschaftspolitik der Regierung zu unterstützen, besteht für das FED-System nicht. Darüber hinaus existieren auch keine Vorschriften über ein Zusammenwirken der Träger von Geld- und Fiskalpolitik. Die finanzielle Autonomie ist ebenfalls eindeutig geregelt. Die Gewinne werden nach Abzug einer Dividende von 6% auf das eingezahlte Kapital der FRBs und der Aufstockung der Rücklage vollständig in wöchentlichen Raten an das Schatzamt abgeführt. Der direkte Erwerb von Staatstiteln ist auf 5 Mrd. Dollar beschränkt, so daß das FOMC die Papiere für die Offenmarktpolitik nach eigenen Mengenvorstellungen am Secondary Market als Outrightorder und Repurchase-Geschäft ankauft und verkauft.

Wenn man das amerikanische Zentralbanksystem als Modell für ein Europäisches Zentralbanksystem untersucht, darf man die Erfahrungen aus der Zeitperiode von 1913 bis 1933/35 nicht aussparen. Sie bieten eine realistische Analogie zu möglichen Fehlentwicklungen in der EG. Sie zeigen, wie wichtig es ist, den eingangs aufgestellten Grundsatz zu beachten, daß bereits am Anfang des Integrationsprozesses Klarheit über das Ziel bestehen muß und daß aus diesem finalen Denken heraus klare Kompetenzregelungen getroffen werden müssen (Aufhebung nationaler Kompetenzen nur, wenn adäquate auf der Gemeinschaftsebene bestehen; Wechselkursstarrheit nur, wenn eine zentrale Geldmengenkontrolle gegeben ist). Mit der Federal Reserve Act von 1913 wurde zwar die krisenreiche Freibankära beendet, aber es wurde mit dem »Federal Reserve Board« ein Zentralorgan geschaffen, dem keine originären geldpolitischen Kompetenzen übertragen worden sind. Diese besaßen weiterhin die Federal Reserve Banks.[166] Das Federal Reserve Board war nicht stark genug, um sich in Konfliktfällen durchzusetzen.[167] Diese dezentrale, unkoordinierte Geldpolitik trug entscheidend zur währungspolitischen Krise von 1929 bei. Die Lehren daraus sind die Reformen der Federal Reserve Act 1933 und 1935, mit denen die geldpolitische Willensbildung zentralisiert und die Unabhängigkeit des FED-Systems hergestellt wurde. Der Wandel ist auch in der Umbenennung des obersten Organs sichtbar gemacht worden: aus dem »Federal Reserve Board« wurde der »Board of Governors of the Federal Reserve System«.

---

[166] Es gab zwar vom Justizminister aus dem Jahre 1919 eine Legalinterpretation, die dem Board das Recht der Diskontsatzänderung zugestand, diese hob aber die Rechtsunsicherheit nicht auf. Vgl. Weyforth, W. O., The Federal Reserve Board, Baltimore 1933, S. 73.
[167] Vgl. ebenda, S. 71 f.

Die Bank deutscher Länder

Die Bank deutscher Länder (BdL) wird vielfach als das Modell eines Zentralbanksystems in einem staatlichen Gebilde ohne zentrale Staatsgewalt angesehen. Sie vereinigte föderative und dezentrale Elemente, ohne daß darunter die zentrale Steuerung der Geldpolitik gelitten hat. Die BdL wurde am 1. März 1948 durch die amerikanische und britische Militärregierung gegründet.[168] Die französische Militärregierung schloß ihr Wirtschaftsgebiet am 16. Juni 1948 an. Am 1. August 1957 wurde sie durch die Deutsche Bundesbank abgelöst.

Die BdL ist als ein ausgeprägt zweistufiges Zentralbanksystem gegründet worden, in dem jedoch die Kompetenzen zwischen der Unter- und der Oberstufe klar verteilt worden sind. Die Unterstufe bestand aus den rechtlich selbständigen elf Landeszentralbanken. Deren Präsidenten wurden auf Vorschlag des Landesfinanzministers vom jeweiligen Ministerpräsidenten ernannt. Danach endete der politische Einfluß, denn die LZB-Präsidenten waren unabhängig von Weisungen jeder Art, gegebenenfalls auch gegenüber Mehrheitsbeschlüssen des Vorstandes der eigenen LZB. Ihre Amtsdauer betrug fünf Jahre.

Die Oberstufe bestand aus dem Zentralbankrat und dem Direktorium. Dem Zentralbankrat oblagen die Steuerung des Geld- und Kreditsystems und die gesamte Verwaltung der BdL. Das Direktorium ist das Exekutivorgan gewesen, das die Beschlüsse des Zentralbankrates und die Geschäftsführung der Bank nach den Richtlinien des Zentralbankrates ausführte. Den Präsidenten des Direktoriums und seinen Stellvertreter wählten die elf LZB-Präsidenten. Der Zentralbankrat setzte sich zusammen aus den elf LZB-Präsidenten, dem Präsidenten des Zentralbankrates und dem Präsidenten des Direktoriums. Auch der Präsident des Zentralbankrates wurde von den elf LZB-Präsidenten gewählt, da der alte Präsident und der Präsident des Direktoriums bei dieser Wahl kein Stimmrecht hatten (Art. IV Absatz 21). Der Präsident des Zentralbankrates durfte während seiner Amtszeit (drei Jahre mit Wiederwahl) weder Mitglied des Verwaltungsrates noch des Vorstands einer LZB sein. Das System bestimmte also seine personelle Spitze selbst. Es ruhte letztlich auf den LZBs und ihren weisungsungebundenen Präsidenten. Dem stand der Art. II gegenüber, in dem sich die Militärregierungen vorbehielten, daß der Zentralbankrat bei der Festsetzung seiner Politik »... den gegebenenfalls von der Alliierten Bankkommission erlassenen Anordnungen« unterlag.

---

[168] Gesetz über die Bank deutscher Länder: Britische Zone: Verordnung Nr. 129; Amerikanische Zone: Gesetz Nr. 60.

Die Zweistufigkeit wirkte sich im Geschäftsverkehr so aus, daß die Geschäftsbanken sich nur bei den LZBs und die LZBs wiederum sich bei der BdL refinanzierten. Unmittelbare Aufgaben hatte diese nur im Devisenverkehr. Die BdL besaß die vollständige funktionelle Unabhängigkeit. Sie verfügte über alle geld- und kreditpolitischen Instrumente. Interessant im Zusammenhang mit den uneinheitlichen wirtschaftlichen Bedingungen in den Zonen ist, daß das Gesetz über die BdL in Art. III, Ziffer 10 vorsah, daß vom Prinzip der Einheitlichkeit in der Bankpolitik abgewichen werden konnte, indem die Zins- und Diskontsätze der LZB voneinander abweichen durften. Allerdings entschied darüber – im Gegensatz zur amerikanischen Lösung zwischen 1913 bis 1933/35 – der Zentralbankrat.

Die finanzielle Unabhängigkeit wurde kodifiziert. Den staatlichen Organen wurden plafondierte Kassenkredite eingeräumt: 300 Mio. Deutsche Mark für die Verwaltung der Vereinigten Wirtschaftsgebiete; jeweils bis zu 40 Mio. Deutsche Mark für die Länder;[169] die Länderplafonds konnten mit einer ¾-Mehrheit im Zentralbankrat auf 60 Mio. angehoben werden. Die Gewinnausschüttung regelte, daß bis zu 20% des Grundkapitals für die Bildung der Rücklage verwendet werden durfte. Der Restgewinn wurde im Verhältnis ihrer Kapitalbeteiligung an die LZBs ausgeschüttet.

Die Deutsche Bundesbank

Die DBB ist im Gegensatz zur BdL ein einstufiges Zentralbanksystem, das die föderativen Elemente in stark abgeschwächter Form von ihrem Vorläufer übernommen hat. Die LZBs sind heute nur noch nicht-selbständige Hauptverwaltungen der DBB und führen die ihnen zugewiesenen Geschäfte aus. Ihre Präsidenten werden auf Vorschlag der Landesregierungen vom Bundespräsidenten für acht Jahre ernannt. Die bis zu zwei weiteren Mitglieder der LZB-Vorstände werden vom Zentralbankrat bestimmt.

Die geldpolitische Willensbildung ist zentralisiert im Zentralbankrat. Er entscheidet über die Währungs- und Kreditpolitik und stellt die Richtlinien für die Geschäftsführung und die Verwaltung der Bank auf. Er kann auch im Einzelfall dem Direktorium und den Vorständen der LZBs Weisungen erteilen. Im Zentralbankrat haben Sitz und Stimmrecht die elf LZB-Präsidenten, der Präsident und Vizepräsident der DBB sowie die weiteren Mitglieder des Direktoriums. Der Präsident, der Vizepräsident und die anderen Mitglieder des Direktoriums werden auf Vorschlag der Bundesregierung durch den Bundes-

---

[169] Der Zentralbankrat hat gemäß Art. III, Ziffer 14c das Recht, den Länderplafond für alle Länder zusammen auf diese Höhe zu begrenzen.

präsidenten ernannt. Dieser personalpolitische Einfluß wird einmal abgemildert durch die Amtszeit von acht Jahren mit Wiederwahlmöglichkeit, ferner durch die Bedingung, daß die Mitglieder »eine besondere fachliche Eignung« besitzen müssen, und schließlich durch die Anhörungspflicht des Zentralbankrates, wenn neue Mitglieder vorgeschlagen werden.

Das Direktorium ist innerhalb des einstufigen Systems der notwendige Verwaltungsunterbau. Es hat eine Zwitterstellung. Denn auf der einen Seite sind seine Mitglieder am geldpolitischen Entscheidungsprozeß beteiligt, und auf der anderen Seite obliegt dem Direktorium die Durchführung der Beschlüsse des Zentralbankrates.

Im Gegensatz zu den beiden anderen Referenzsystemen hat die DBB in § 3 BBankG einen klaren geldpolitischen Auftrag, »den Geldumlauf und die Kreditversorgung der Wirtschaft mit dem Ziel, die Währung zu sichern...«, zu regeln. Diese Ausrichtung auf das Ziel der Kaufkraftsicherung wird nicht eingeengt durch die Aufforderung zur Kooperation mit der Bundesregierung (§ 13). Denn § 12 legt fest, daß die DBB verpflichtet ist, »... unter Wahrung ihrer Aufgaben die allgemeine Wirtschaftspolitik der Bundesregierung zu unterstützen. Sie ist bei der Ausübung der Befugnisse, die ihr nach diesem Gesetz zustehen, von Weisungen der Bundesregierung unabhängig.« Es ist eine Aufforderung zur Kooperation, es besteht keine Möglichkeit zur Subordination. Es ist eine gegenseitige Informations- und Beratungsverpflichtung verankert worden. Das Veto der Regierung bei Beschlüssen des Zentralbankrates hat deshalb nur eine suspensive Wirkung von zwei Wochen. Diese Absicherung der funktionellen Unabhängigkeit findet in § 13 ihren Ausdruck darin, daß die Bundesregierung den Präsidenten der DBB zu Beratungen über währungspolitische Probleme hinzuziehen soll. Welche Bedeutung der außenwirtschaftlichen Absicherung der funktionellen Autonomie beigemessen wird, ist an den schriftlichen Zusagen der Bundesregierung von November 1978 abzulesen (vgl. 6.3.).

Die finanzielle Autonomie ist bei direkten Zentralbankkrediten durch plafondierte Kassenkredite für den Bund, die Länder und einige Sondervermögen der öffentlichen Hand abgesichert (§ 20). Die indirekte Finanzierung betrifft nur die Gewinnabführung. Nach Zuführungen zu den Rücklagen (gesetzliche und sonstige) und der Tilgung von Ausgleichsforderungen wird der Rest an den Bund abgeführt.

Vergleicht man diese drei Referenzsysteme anhand der »konstituierenden Merkmale« und verbindet diese mit den Kriterien, die bei einem Europäischen Zentralbanksystem berücksichtigt werden sollten (dezentral, unabhängig, Priorität für die Geldwertsicherung), dann erhält man ganz unterschiedliche Schnittmengen.

Trotz der dezentralen Organisationsstruktur sind sowohl das FED-System als auch die DBB einstufige Zentralbanksysteme. Die BdL dagegen ist ausgesprochen *dezentral* aufgebaut gewesen und hatte dennoch eine klare zentrale Willensbildung. Nur das FED-System und die DBB haben einen kodifizierten *Unabhängigkeitsstatus*; für die DBB ist er direkt formuliert worden, für das FED-System ergibt er sich als Umkehrschluß, weil keine Weisungs- oder Kooperationsrechte der Regierung existieren. Die BdL dagegen ist nur faktisch weisungsungebunden gewesen.

Alle drei Institute verfügen über die funktionelle *Autonomie.* Im Instrumentarium der BdL ist sogar die Ungleichheit der geldpolitischen Bedingungen im Wirtschaftsraum berücksichtigt worden, ohne die Einheitlichkeit der geldpolitischen Willensbildung aufzuheben. Der *geldpolitische Auftrag,* den Geldwert zu sichern, ist als vorrangiges Ziel nur für die DBB formuliert worden. Aber weder beim FED-System noch bei der BdL werden Nicht-Geld-Ziele im Aufgabenkatalog genannt. Die personelle Unabhängigkeit ist am stärksten ausgeprägt in der BdL gewährleistet gewesen, gefolgt vom FED-System (in der Unterstufe kein politischer Einfluß; bei der Ernennung der Governors eine Machtbalance durch den Billigungsvorbehalt des Senats, lange Amtszeit) und der DBB.

Alle drei sind durchaus Leitbilder für die Geldpolitik, für sich allein ist aber kein Referenzsystem ein Modell für ein EZBS. Den Anforderungen für die Übergangsphase am nahesten kommt wohl die BdL, weil bei ihr der geldpolitische Imperativ einer einheitlichen Willensbildung mit einer dezentralen Organisations- und Mitentscheidungsstruktur verbunden war.

6.4.4. Ein Vorschlag für ein Europäisches Zentralbanksystem in der Übergangsphase

Aus den Analysen haben sich folgende konstitutive Kriterien herauskristallisiert, die in einem Europäischen Zentralbanksystem (EZBS) erfüllt sein müssen, um es politisch tragfähig zu gestalten und mit ihm eine Währungsunion als Stabilitätsgemeinschaft verwirklichen zu können.

Abb. 6: Synopse der wichtigsten Merkmale der Bank deutscher Länder, der Deutschen Bundesbank und des Federal Reserve Systems der USA

	Bank deutscher Länder	Federal Reserve System (USA)	Deutsche Bundesbank
Art des Zentral-Banksystems	2stufig Klare Kompetenzverteilung zwischen Ober- und Unterstufe	2stufig Board of Governors reines Aufsichts- und Koordinierungsorgan. Unterstufe allein für alle Bankgeschäfte zuständig	1stufig Klare Kompetenzverteilung zwischen Ober- und Unterstufe
Föderative Elemente	Präsidenten der Landeszentralbanken bilden den Zentralbankrat, der den Präsidenten wählt	Federal Advisory Council. Vertreter der Federal Reserve Banks sind als Minderheit im Federal Open Committee	Landeszentralbankpräsidenten sind im Zentralbankrat
Beurteilung	sehr stark	schwach	schwächer als in der BdL, stärker als im FRS
Interne Willensbildung	von unten nach oben	von oben nach unten	zweiseitig
Funktionelle Unabhängigkeit	ja, ausgeprägt	ja	ja
Personelle Unabhängigkeit: Regierungseinfluß	ja, auf der Ebene der LZB's bei der Bestellung der LZB-Präsidenten; diese aber sehr autonom	nur auf der Zentralebene	sowohl bei der Bestellung des BBK-Präsidenten, der LZB-Präsidenten und der Mitglieder des Direktoriums
Amtszeit der Präsidenten	3 Jahre, unbegrenzte Wiederwahlmöglichkeit	14 Jahre ohne Wiederwahlmöglichkeit	8 Jahre mit Wiederwahlmöglichkeit
Abberufbarkeit	nein	rechtlich umstritten	nur bei grober Pflichtverletzung denkbar
Einfluß durch Regierungswechsel	nur auf Landesebene nach Ablauf von Amtszeiten	auf Bundesebene nach Ablauf der Amtszeiten der Mitglieder, die so gestaffelt sind, daß alle 2 Jahre eine Wahl stattfindet	sowohl auf Landes- als auch auf Bundesebene nach Ablauf von Amtszeiten

- Es sollte eine dezentrale Organisationsstruktur haben.
- Das EZBS muß gegenüber politischen Instanzen auf nationaler und auf der Ebene der Gemeinschaft weisungs*un*gebunden sein.
- Das EZBS erhält den eindeutigen geldpolitischen Auftrag, die Geldpolitik auf die Sicherung des Geldwertes auszurichten.
- Das EZBS muß schrittweise die funktionelle Unabhängigkeit erhalten.
- Die finanzielle Unabhängigkeit des EZBS wird auf der Länder- und der Gemeinschaftsebene hergestellt.
- Das EZBS wird durch eine gemeinschaftliche Wirtschaftspolitik flankiert, die vor allem im außenwirtschaftlichen Bereich über Wechselkursanpassungen innerhalb des EWS und gegenüber Drittstaaten eine stabilitätsorientierte Geldmengenpolitik ermöglicht.

Die Realisierung des Stabilitätszieles und die gleichzeitige Vertiefung der Währungsintegration erfordern das Entstehen einer Erfahrungsgemeinschaft. Selbst wenn man einen Stabilitätskern hätte auf der Grundlage eines deutsch-französischen Stabilitätspaktes, der von den Niederlanden, Österreich und der Schweiz gestützt würde (vgl. 6.2.), muß der Anpassungspfad für die anderen Länder zeitlich zumutbar bleiben. Der Zeitraum sollte deshalb großzügig bemessen werden. Es muß sich eine Erfahrungsgemeinschaft zugunsten der Stabilität entwickeln können. Dies erfordert bei den Trägern der Wirtschafts- und Währungspolitik, die gewohnt sind, die Inflation als Element ihrer Beschäftigungs- und Wachstumspolitik zu nutzen, eine Umorientierung. Die zeitlichen Vorstellungen, die der Ausschuß für Wirtschaft, Währung und Industriepolitik des Europäischen Parlaments entwickelt hat,[170] bis zum 1. Januar 1995 die Europäische Währungsunion zu schaffen und die nationalen Währungen durch eine neue ECU als europäische Einheitswährung abzulösen, sind wenig hilfreich. Sie sind kein Stufenplan, sondern die Forderung nach einer Währungsreform. Der Verzicht auf einen unnötigen Zeitdruck erlaubt es auch, den Grundsatz einzuhalten, daß weiterreichende Integrationsschritte nur bei Integrationserfolgen der vorangegangenen Phase legitimiert sind.

Ferner muß in der Übergangsphase immer beachtet werden, daß Integrationsfortschritte nicht durch das Voraneilen währungspolitischer Maßnahmen versucht werden, wie zum Beispiel durch eine zu frühzeitige Einschränkung, den Wechselkurs innerhalb der bestehenden Bandbreiten oder durch ein Realignment als Anpassungsvaria-

---

[170] Europäisches Parlament, Ausschuß für Wirtschaft, Währung und Industriepolitik, Bericht über die Entwicklung der Europäischen Währungsintegration (»Franz-Bericht«), Dok. A2–14/89/B, Luxemburg 1989.

ble zu benutzen. Zwei Parallelitätspostulate sind einzuhalten: 1. eine parallele Entwicklung zwischen wirtschafts- und währungspolitischen Integrationsschritten und 2. eine zeitliche und funktionale Parallelität zwischen der Aufgabe nationaler währungspolitischer Kompetenzen und dem wirksamen Einsatz geldpolitischer Instrumente auf Gemeinschaftsebene.

Als Keimzelle für eine EZB bzw. als Entscheidungsorgan in einem EZBS sind verschiedene Institutionen vorgeschlagen worden: ein Wirtschafts- und Finanzrat, wie er zwischen Bonn und Paris beschlossen worden ist, der Währungsausschuß, der Europäische Fonds für Währungspolitische Zusammenarbeit (EFWZ), der Europäische Währungsfonds (EWF) und der Ausschuß der Zentralbankgouverneure. Mit Ausnahme der zuletzt genannten Institution weisen alle anderen so erhebliche Mängel auf, daß sie ausgeklammert werden müssen. Die mit dem Wirtschafts- und Finanzrat sowie mit dem Währungsausschuß verbundenen Probleme wurden bereits ausführlich untersucht (vgl. 6.3.). Beide versperren den Weg zu einem unabhängigen EZBS. Ähnliche Schwierigkeiten wären beim EFWZ und beim EWF zu erwarten. Der EFWZ ist an die Richtlinien des Rates gebunden; deshalb wäre es zweckmäßiger, ihn im Sinne der Gründungsverordnung vom 3. April 1973 in eine gemeinschaftliche Zentralbankorganisation einzugliedern und dabei die Eingriffsmöglichkeit des Rates aufzuheben. Würde man den EWF wählen, auf den die Währungsreserven und die Kreditmechanismen übertragen werden sollen, würde man mit dem mittelfristigen Beistand auch das politische Recht, wirtschaftspolitische Auflagen zu beschließen, mittransferieren.

Umgekehrt bietet der Ausschuß der Zentralbankgouverneure mehrere Vorteile. Er faßt die nationalen Zentralbanken, deren fachliche Kompetenz und die jahrzehntelange Erfahrung in der währungs- und geldpolitischen Zusammenarbeit zusammen, und in ihm sind auch heute schon keine Vertreter politischer Institutionen.

Der Integrationsprozeß muß eingeleitet werden durch eine politische Grundsatzerklärung, in der das finale Denken sichtbar und durch einleitende Beschlüsse bekräftigt wird. Folgende Grundsätze sollten enthalten sein:

1. Die teilnehmenden Länder streben eine Wirtschafts- und Währungsunion als Gemeinschaft der Stabilität und des Wachstums an. Die Geldwertsicherung wird zur gemeinsamen Aufgabe der Wirtschafts- und Währungspolitik erklärt. Gleichzeitig wird bekräftigt, daß die Geld- und Währungspolitik nur auf das monetäre Ziel der Geldwertsicherung verpflichtet wird. Die Wirtschafts- und Fiskalpolitik haben die Bedingungen zu schaffen,

daß Wachstum bei Stabilität möglich ist (Lösung des Assignment-Problems).

2. Die teilnehmenden Staaten erkennen an, daß die Währungsunion eine politische Dimension hat, weil sie die Vergemeinschaftung wesentlicher Teile der wirtschafts- und währungspolitischen Souveränität verlangt. Sie bekunden den Willen, diesen Kompetenztransfer einzuleiten und fortzusetzen, wenn parallel dazu Fortschritte in der Integration und der wirtschaftlichen sowie wirtschafts- und währungspolitischen Konvergenz erzielt werden. Sie vereinbaren eine »clause de sauvegarde«, die es erlaubt, den Fortgang zu verzögern, wenn diese Fortschritte zum Beispiel in der Angleichung der Stabilitätsniveaus und der Geldmengenentwicklung nicht gegeben sind.

3. Der Integrationsprozeß wird auch begonnen, wenn nicht alle EG-Länder sofort teilnehmen. Die Integrationsschritte werden aber zeitlich so flexibel gestaltet, daß eine parallele Angleichung außerhalb des Systems und ein Beitritt möglich ist.

4. Die beteiligten Mitgliedstaaten beschließen, ein EZBS schrittweise aufzubauen, das in seiner vertikalen Struktur auf nationaler und gemeinschaftlicher Ebene frei von Weisungen der entsprechenden politischen Exekutiven ist. Die Regierungen der betroffenen Länder leiten eine Reform ihrer Zentralbankgesetze ein. Im Rahmen der allgemeinen wirtschafts- und währungspolitischen Zielsetzung wird zwischen den Trägern der Wirtschafts- und der Währungspolitik eine gegenseitige Informations- und Beratungsverpflichtung eingeführt.

5. Die Mitgliedstaaten beschließen, die Zielsetzung eines EZBS, den Geldwert zu sichern, gegen außenwirtschaftliche Einflüsse marktwirtschaftlich abzusichern. Gegenüber Drittstaaten werden flexible Wechselkurse aufrechterhalten. Zwischen den Mitgliedstaaten wird auf die Aktivierung der Schutzklauseln der Art. 73, 108/109 verzichtet. Statt den Integrationsstand durch Beschränkungen des Handels- und Kapitalverkehrs abzubauen, werden entweder die Wechselkurse rechtzeitig angepaßt oder es wird eine Anpassung über eine kurzfristige Ausdehnung der Bandbreiten eingeleitet. Es wird empfohlen, die innergemeinschaftlichen Wechselkursänderungen rechtzeitiger, in kleineren Schritten (innerhalb der Bandbreite) und unter Beteiligung bzw. in der Verantwortung des EZBS vorzunehmen.

6. Die Integration soll in zwei Phasen erfolgen, die zeitlich nicht fest vorgegeben werden, sondern die allein von den Integrierungsfortschritten abhängen sollen: Eine »Erfahrungsphase«, in der die Koordinierung der Währungs- und der Wirtschaftspolitik

intensiviert wird und Verfahren erarbeitet werden, sie verbindlicher zu gestalten. Daran schließt sich eine »Praktizierungsphase« an, in der unter anderem die monetären Zielvorgaben des EZBS zunehmend verbindlicher koordiniert werden.

7. Die Koordinierung der Geldpolitik im Währungsraum wird dem Ausschuß der Zentralbankgouverneure übertragen, der die Keimzelle des angestrebten EZBS ist. Er erarbeitet Konzepte für die Harmonisierung des geldpolitischen Handelns, für kompatible und gemeinsame Geldmengenziele sowie für die Wahl des geeigneten monetären Zwischenziels. Augenblicklich praktizieren mehrere EG-Zentralbanken Geldmengenziele als Mittel der monetären Rahmensetzung (vgl. Tabelle A8). Die gewählten Geldmengendefinitionen als Zwischenziele der Geldpolitik differieren aber sehr stark, ebenso weichen die Zielkorridore und die Einhaltung der Geldmengenziele teilweise stark voneinander ab (vgl. auch Tabellen 7 und 8). Auch ist festzustellen, daß die Kreislaufgeschwindigkeiten des Geldes in den EG-Staaten sich divergent entwickelt haben, unter anderem weil die Finanzinnovationen unterschiedlich intensiv genutzt worden sind. Eine Strategie der Geldmengenziele im Integrationsraum muß diese Strukturunterschiede berücksichtigen, die erst durch eine kontinuierliche Stabilität abgebaut werden. Da man in einem schrittweisen Integrationsprozeß eine graduelle Anpassung wählt, muß der Stabilisierungspfad für die Länder mit größeren Inflationsproblemen zumutbar sein. Gleichzeitig muß er glaubwürdig und kontinuierlich sein, um Stabilität der Erwartungen zu begründen. Die Geldmengenorientierung muß zu einer Realtrendorientierung führen. Die Geldmengenziele sollten veröffentlicht werden, um die Öffentlichkeit als Disziplinierungsfaktor zu aktivieren. Preisniveauentwicklung und Geldmengenzieleinhaltung sind zwei Indikatoren für Fortschritte der währungspolitischen Konvergenz, mit der die Unabhängigkeit eines EZBS begründet wird.

Innerhalb dieser Konzeption prüft der Ausschuß der Zentralbankgouverneure, wie das Interventionssystem so gestaltet werden kann, daß bei einem gravierenden und anhaltenden Abweichen vom vereinbarten Geldmengenpfad durch ein Teilnehmerland die Interventionsregeln und die Liquiditätsregeln asymmetrisch und stabilitätspolitisch gehärtet werden. Die Entscheidung über die Änderung der angewendeten Regeln soll bei den nationalen Zentralbanken *und* dem Ausschuß der Zentralbankgouverneure liegen. Er überprüft ferner die geldpolitischen Instrumentarien und erarbeitet Vorschläge, sie zu ergänzen oder zu bereinigen. Das Instrumentarium soll den Bedingungen liberalisierter und fusionierter Finanzmärkte entsprechen; auf Instrumente der quantitativ-administrativen Kredit- und Zinspolitik soll verzichtet werden, da sie desintegrierend wirken (können).

8. Für die »Praktizierungsphase« soll der Ausschuß der Zentralbankgouverneure Vorstellungen entwickeln, wie das Weisungsrecht gegenüber den nationalen Zentralbanken gestaltet werden kann. Diese Arbeiten sollen sich auch auf die Möglichkeit erstrecken, für diese Zwecke das Emissionsrecht für eine Währung zu erhalten, die als Refinanzierungsmedium für die nationalen Zentralbanken obligatorisch wird. Dabei kann es sich um ein synthetisches Inter-Zentralbankenmedium handeln oder auch um eine Währung, die für private Transaktionen verwendet werden kann. Im letzteren Fall sollte keine Korbdefinition gewählt werden. Hierzu gehören auch Überlegungen über eine Aktivmindestreserve in dieser Währung, um generell die Geldmengenexpansionen zu kontrollieren, insbesondere aber deren exzessive Form durch einzelne Zentralbanken zu bremsen. Untersucht werden soll ebenfalls, unter welchen Stabilitätsbedingungen im Saldenausgleich Teilnehmerwährungen als Devisenreserven akzeptiert werden können. Schließlich ist zu prüfen, wann eine Bandbreitenverringerung zwischen den teilnehmenden Währungen ohne Gefahren für das Stabilitätsziel beschlossen werden könnte.

9. Der Ausschuß für Zentralbankgouverneure wird schrittweise institutionell ausgebaut. Er erhält ein eigenes Sekretariat, eine eigene volkswirtschaftliche Abteilung, er wird offiziell in das Informations- und Meldesystem der Zentralbanken eingebunden. Er erhält schrittweise eigene Budgetrechte. In der Übergangszeit wird er durch die Zentralbanken der teilnehmenden Währungen proportional zum Anteil dieser Währung am Marktkurs der ECU finanziert. Für die Endstufe ist die Zentrale des EZBS oder die EZB als öffentlich-rechtliche Aktiengesellschaft zu planen, deren Kapital die teilnehmenden Zentralbanken zeichnen. Um die Eigenständigkeit des Ausschusses zu stärken, ist vorzubereiten, daß die Zentralbankgouverneure in der »Praktizierungsphase« einen Präsidenten wählen, der weder Mitglied des Vorstands einer nationalen Zentralbank noch des Sekretariats ist. Er vertritt den Ausschuß als eigenständige Institution neben den nationalen Zentralbanken in den entsprechenden EG-Institutionen (Ausschuß für Wirtschaftspolitik; Währungsausschuß; im Ministerrat, wenn Währungsfragen beraten werden) und kann von der Kommission und dem Ministerrat zu Konsultationen herangezogen werden.

Er übernimmt auch die Informations- und Berichtspflicht dem Europäischen Parlament gegenüber. Der »Präsident« vertritt den Ausschuß auf den Sitzungen des IWF, der Zehner-Gruppe und bei Assoziationsverhandlungen mit Drittstaaten, die sich dem Wechselkursverbund anschließen wollen. Um die internationale Repräsentanz zu sichern, sollte geprüft werden, inwieweit dem Ausschuß die Währungsreserven zum Beispiel in Form eines europäischen Devisenausgleichsfonds übertragen werden können. Diese Lösung mit begrenzten Aufgaben könnte sich auf die Verwaltung des kurzfristigen Beistands, der Allgemeinen Kreditvereinbarungen des Zehner-Klubs und des Swap-Abkommens mit der Federal Reserve Bank of New York erstrecken. Ein eigenes Recht zur Intervention mit eigenen Devisenreserven muß daraus nicht erwachsen.

Die Stimmrechtsregelung »eine Zentralbank – eine Stimme« wird erst geändert, wenn dem Ausschuß geld- und währungspolitische Kompetenzen übertragen werden: Weisungsrechte gegenüber den nationalen Zentralbanken, Emissionsrechte für eine Währung. Wenn dann das föderale Prinzip eines Zentralbankrats beibehalten werden soll, sollten die Stimmen gewichtet werden. Die Regelung des EWG-Vertrages für den Ministerrat (Art. 148) könnte als Leitlinie gewählt werden.

10. In der Übergangszeit wird zur Unterstützung der Koordinierung der Geldpolitik auf der nationalen und der Gemeinschaftsebene ein »Direktorium der Europäischen Zentralbankräte« gegründet. Jedes teilnehmende Land mit einer eigenen Zentralbank schlägt einen Kandidaten vor. Sie werden nach Anhörung der nationalen Zentralbanken, des Ausschusses der Zentralbanken und des Europäischen Parlaments vom Ministerrat bzw. einem europäischen Wirtschafts- und Finanzrat für eine Amtszeit von acht Jahren bestellt. Einen Vorsitzenden wählen die Mitglieder aus ihrer Mitte. Sie müssen in Bank- bzw. Zentralbankfragen fachlich ausgewiesen sein und dürfen keine andere politische, währungspolitische oder privatwirtschaftliche Funktion nebenher ausüben. In der Satzung für dieses Sondergremium werden ihre Aufgaben wie folgt umrissen: 1. Sie sind von Weisungen politischer Gremien unabhängig. 2. Sie sind dem Ausschuß der Zentralbankgouverneure berichtspflichtig und beraten sich mit ihm. 3. Ihre Aufgaben konzentrieren sich auf die Unterstützung der Harmonisierung und Koordinierung der Geldpolitik. 4. Ihre Aufsichtsfunktion und ihre Kompetenzen leiten sich aus dem Ziel der Geldwertsicherung ab.

Die »Europäischen Zentralbankräte« werden in den nationalen

Zentralbanken eingesetzt. Die Zuordnung erfolgt durch Los, ein Wechsel kann nach vier Jahren vorgenommen werden. Ein außerordentlicher Austausch erfordert die Zustimmung des Ausschusses der Zentralbankgouverneure mit einer ⅔-Mehrheit. Die »Europäischen Zentralbankräte« sind in weisungsgebundenen Zentralbanken das erste Glied zur Unabhängigkeit und der erste institutionelle Schritt auf ein Europäisches Zentralbanksystem hin. Sie bekommen in den Vorständen der nationalen Zentralbanken Sitz und Stimme. Darüber hinaus erhalten sie ein Vetorecht gegenüber Entscheidungen, die zur Verletzung der vereinbarten Geldmengen- und Stabilitätsziele führen und die desintegrierend wirken (Kapitalverkehrskontrollen statt Wechselkurskorrekturen). Dieses Veto kann nach zwei Wochen durch einfache Mehrheit im Vorstand überstimmt werden. Allerdings müssen in Anlehnung an die Regelung in der belgischen und niederländischen Zentralbank (vgl. Anhang 2) beide Begründungen veröffentlicht werden. Darüber hinaus erhalten die »Europäischen Zentralbankräte« in den Berichten der nationalen Zentralbanken ein eigenes Kapitel, in dem sie die Geld- und Währungspolitik, die Anpassung des geldpolitischen Instrumentariums und die Herstellung des Unabhängigkeitsstatus aus der Sicht des Ziels, eine europäische Währungsunion als Stabilitätsgemeinschaft zu verwirklichen, kommentieren. Um diese Aufgabe bewältigen zu können, erhalten sie einen Mitarbeiterstab, der wie das Direktorium aus einem Sondertitel im Budget des Ausschusses der Zentralbankgouverneure finanziert wird.

Der Vorteil des »Direktoriums der Europäischen Zentralbankräte« ist schließlich darin zu sehen, daß er die Option für eine »Zentralbankrats-« bzw. eine »Board-Lösung« für eine EZB offenhält und für beide eingesetzt werden kann. Bei einer Entscheidung zugunsten eines Zentralbankrates wie bei der Bank deutscher Länder oder bei der DBB könnte er die Funktion des Direktoriums übernehmen. Bei der Board-Lösung könnten aus ihren Reihen die Mitglieder rekrutiert werden, da sie keiner nationalen Zentralbank angehören, dem europäischen Währungsziel verpflichtet waren und über das Fachwissen verfügen.

6.5. Der Delors-Bericht: Prüfung und Vergleich

Auf seiner Tagung vom 27./28. Juni 1988 in Hannover übertrug der Europäische Rat einem Ausschuß unter dem Vorsitz des EG-Präsidenten, Jacques Delors,[171] die Aufgabe, ».. . die konkreten Etappen zur Verwirklichung dieser Union zu prüfen und vorzuschlagen«. Dieser veröffentlichte am 17. April 1989 seinen Bericht, den alle Mitglieder am 12. April einmütig angenommen hatten. Aufgrund der bestehenden Meinungsverschiedenheiten über die Fortentwicklung der währungspolitischen Integration (vgl. Anhang 3) überraschte die Einmütigkeit. Sie fordert eine Prüfung heraus, ob eine Übereinstimmung in der Sache gefunden worden ist oder ob sie nur der Form nach besteht, weil der Bericht den divergierenden Auffassungen inhaltlich angepaßt worden ist. Die Stellungnahmen nach der Veröffentlichung ließen erkennen, daß viele Grundsatzpositionen sich – noch – nicht wesentlich angenähert haben.[172]

Der Delors-Bericht hat zwei Gesichter. Er weist dementsprechend Gemeinsamkeiten und gravierende Abweichungen mit dem hier entwickelten Integrationskonzept auf. Die Gemeinsamkeiten bestehen auf folgenden Gebieten:

– Die Delors-Kommission tritt für ein »finales Denken und Handeln« ein. Aus diesem Grunde drängt sie auf einen frühen Beginn der Arbeiten an der Revision des EWG-Vertrages im Sinne des Art. 236.

– Für die Endphase der Währungsunion werden Grundsätze formuliert, die nahezu identisch sind mit denen, die in dieser Studie entwickelt und begründet werden.

– Es wird in beiden Studien eine Übergangsperiode ohne Zeitvorgabe vorgeschlagen. Sie wird in zwei abgestufte Integrationsphasen unterteilt, die mit unterschiedlichen Integrationsaufgaben und -fortschritten gekoppelt werden.

– Der Delors-Bericht kommt in Ziffer 47 ebenfalls zu der Schlußfolgerung, daß die Strategie, die ECU als Parallelwährung einzusetzen, nicht zu empfehlen ist.

Deutliche Abweichungen existieren demgegenüber in folgenden Fragen:

– In der Forderung, daß die Grundsätze und Merkmale der

---

[171] Dem Ausschuß gehörten zusätzlich ad personam und als Experten an: die Gouverneure der Zentralbanken der EG-Länder (einschließlich Luxemburg), ein weiteres Mitglied der EG-Kommission; drei unabhängige, externe Fachleute: N. Thygesen, A. Lamfalussy und M. Boyer. Als Berichterstatter wurden vom Ausschuß bestellt: Gunter D. Baer und T. Padoa-Schioppa.

[172] Vgl. Deutsche Bundesbank, AaP, 32/17. April 1989; 33/20. April 1989; 35/27. April 1989; 36/2. Mai 1989; 38/11. Mai 1989; 41/23. Mai 1989; 40/18. Mai 1989; 42/29. Mai 1989; 43/31. Mai 1989; 45/7. Juni 1989; 46/8. Juni 1989.

Endphase durch die konkreten Vorschläge für die Übergangsphase nicht verletzt werden dürfen (Konsistenzbedingung);
- in der unterschiedlichen Einschätzung des Ausmaßes, in dem wirtschaftspolitische Kompetenzen in der Haushalts- und in der Fiskalpolitik auf die Gemeinschaftsebene zu verlagern sind. Die in
dieser Studie entwickelten Vorstellungen entsprechen dem »Subsidiaritätsprinzip«, das im Delors-Bericht dazu zwar entwickelt,
aber nicht eingehalten wird, und
- in der Beachtung des Zieles der Geldwertstabilität in der Wirt-
schafts- und Währungspolitik.
- Ferner wird in dieser Studie im Gegensatz zum Delors-Bericht der
konkrete Vorschlag unterbreitet, bereits in der Übergangszeit den
betroffenen nationalen Zentralbanken eine größere Unabhängigkeit einzuräumen.

6.5.1. Die Grundsätze für die Endphase und die konkreten Vorschläge zu ihrer Verwirklichung

Positiv hervorzuheben ist der Teil des Kapitels II des Delors-Berichts, in dem die Hauptmerkmale einer Währungsunion umrissen
werden. Problematisch dagegen sind die Vorstellungen, die zur makroökonomischen Politik im Bereich der Haushalts- und Fiskalpolitik entwickelt werden.[173]

Die Hauptmerkmale einer Wirtschafts- und Währungsunion

Der Endzustand der Währungsunion wird in enger Anlehnung an die
Definition des Werner-Berichts (1970) umschrieben. Drei Bedingungen müssen erfüllt sein (Ziffer 22):
- die uneingeschränkte, irreversible Konvertibilität der Währungen;
- die vollständige Liberalisierung des Kapitalverkehrs und die volle
Integration der Banken und sonstigen Finanzmärkte und
- die Beseitigung von Bandbreiten sowie die unwiderrufliche Fixierung der Wechselkursparitäten.
Eine einheitliche Währung wird zwar als nicht unbedingt notwendig
für eine Wirtschafts- und Währungsunion beurteilt. Ihre Einführung
wird aber aus psychologischen und politischen Gründen als eine
»natürliche und wünschenswerte Weiterentwicklung« angesehen.

---

[173] Vgl. hierzu u. a.: Kloten, N., Der »Delors-Bericht«, in: Europa-Archiv, 9/1989, S. 251–260; Bofinger, P., Zum »Bericht zur Wirtschafts- und Währungsunion in der Europäischen Gemeinschaft« des »Ausschusses zur Prüfung der Wirtschafts- und Währungsunion« – »Delors-Bericht«, erscheint demnächst in: »Kredit und Kapital«; Hasse, R., Der Delors-Bericht schließt
erneute Integrationsirrwege nicht aus, in: Handelsblatt, 26./27. Mai 1989, S. 12.

Anzumerken wäre hierzu lediglich, daß die These, die beiden ersten Merkmale seien bereits erfüllt oder würden mit dem Binnenmarktprogramm realisiert, zu optimistisch ist. Die Abschaffung der Ausweichklauseln ist noch nicht gesichert. Auch ist die hier vorgenommene Trennung in zwei Merkmale ungewöhnlich.

Die Delors-Kommission hat auch die Wirtschaftsunion definiert. Auffallend hierbei ist die starke Politikorientierung. Die Charakteristika einer Wirtschaftsunion sind (Ziffer 25):

- ein einheitlicher Markt, auf dem die vier konstitutiven Freiheiten des Binnenmarktes gegeben sind: freier Personen-, Waren-, Dienstleistungs- und Kapitalverkehr;
- eine gemeinschaftliche Wettbewerbspolitik und eine komplementäre Politik zur Stärkung der Marktmechanismen;
- eine gemeinsame Politik zur Strukturanpassung und Regionalentwicklung
- und »eine Koordinierung der makroökonomischen Politiken, einschließlich verbindlicher Regeln für die Haushaltspolitik«.

Die starke Betonung von Koordinierungserfordernissen und die Inanspruchnahme von gemeinschaftlichen, zentralisierten Kompetenzen steht in einem besonderen Begründungszwang. Denn die Delors-Kommission plädiert bei der Verteilung der wirtschaftspolitischen Kompetenzen für die Wahrung des »Subsidiaritätsprinzips« (Ziffer 20), »wonach die Kompetenzen der höheren Regierungsebenen möglichst begrenzt bleiben und gegenüber denen der niedrigeren Ebenen hilfsweisen Charakter haben sollten. Der Gemeinschaft sollten daher Zuständigkeiten nur in den Bereichen übertragen werden, in denen kollektive Entscheidungen notwendig sind.«

Das Europäische Zentralbanksystem der Endstufe und seine Vorbereitung

Gerade der Abschnitt über die Endphase der zukünftigen europäischen Geldverfassung (Ziffer 32) ist wohl von der deutschen Seite stark beeinflußt worden. Es wird von der Notwendigkeit ausgegangen, daß in einem gemeinsamen Währungsraum eine einheitliche Geld- und Währungspolitik erforderlich sei, die zweckmäßigerweise durch eine zentrale Institution und Kompetenz abgesichert wird. Als Keimzelle des zu schaffenden Europäischen Zentralbanksystems soll – wie in dieser Studie (vgl. 6.4.4.) – der Ausschuß der Zentralbankpräsidenten gewählt werden. Darüber hinaus wird mit einer erfreulichen Klarheit fixiert, daß

- das System dem Ziel der Preisstabilität verpflichtet ist;
- es die Wirtschaftspolitik unterstützen soll, »soweit dies mit dem Vorstehenden vereinbar ist«;
- das System zuständig ist »für die Erarbeitung und Umsetzung der

Geldpolitik, für die Wechselkurssteuerung, die Verwaltung der Währungsreserven und für ein ordnungsgemäß funktionierendes Zahlungssystem« und
– das System an der Koordinierung der Bankenaufsichtspolitik beteiligt ist.
Die finanzielle Unabhängigkeit soll total sein, indem Kredite an öffentliche Stellen ausgeschlossen werden. Die personelle Unabhängigkeit soll verankert werden, indem ein politisches Weisungsrecht ausgeschlossen und eine »angemessen lange Amtszeit« für die Funktionsträger vorgesehen wird. Die föderative Struktur soll erreicht werden, indem ein Zentralbankrat geschaffen wird, in dem neben den Präsidenten der nationalen Zentralbanken auch die Mitglieder des Direktoriums, der zu schaffenden Exekutive der Europäischen Zentralbank, Sitz und Stimme haben sollen. Die Abstimmungsmodalitäten seien im Vertrag gemäß Art. 236 EWG-Vertrag zu regeln.

Die Blaupause dieses Vorschlages ist das Gesetz für die Deutsche Bundesbank, das – wie dargestellt (vgl. 6.4.3., *Die deutsche Bundesbank*) – nicht so föderativ ist, wie es hier unterstellt wird. Erst wenn geklärt ist, welche Rechtsform und welche Restkompetenzen den nationalen Zentralbanken verbleiben, kann beurteilt werden, wie gewichtig das föderale Element sein wird. Zu dieser Problematik gehört in erster Linie die Frage, wie das Spannungsverhältnis zwischen einer unabhängigen Zentrale auf der Gemeinschaftsebene und weisungsgebundenen nationalen Zentralbanken gelöst wird.

Zu dieser Frage erfüllt die Delors-Kommission den an sie gestellten Auftrag nicht. In der Ziffer 52 wird dazu lediglich ausgeführt, »dabei sollte erwogen werden, den Zentralbanken mehr Autonomie zu gewähren«. Damit wird der Grundsatz der Unabhängigkeit in der Endphase in der Übergangsphase durch keine konkrete Maßnahme vorbereitet. Die Konsistenzbedingung zwischen Ziel und Mittel wird mißachtet. Hier kann auf den in dieser Studie entwickelten Vorschlag eines »Direktoriums der Europäischen Zentralbankräte« zurückgegriffen werden. Dieses Gremium wäre ein konkreter Schritt, um den Prozeß einzuleiten, daß den betroffenen nationalen Zentralbanken eine größere Unabhängigkeit eingeräumt wird. Gleichzeitig wäre es ein Schritt, sie auf eine gemeinschaftliche, stabilitätsorientierte Geldpolitik auszurichten.

Ein weiterer wichtiger Bereich, bei dem die Konsistenzbedingung verletzt wird, ist in der Behandlung des Grundsatzes der Komplementarität zwischen Wirtschafts- und Währungspolitik (Ziffer 19) zu finden. Einmal ist es verdienstvoll, daß dieses Prinzip mit so großer Klarheit herausgestellt worden ist. Problematisch allerdings ist, daß das damit verbundene Assignmentproblem (Zuordnung und Abstimmung der Zielprioritäten zwischen der Währungs- und der Wirtschaftspolitik) nicht im Sinne des Grundsatzes gelöst worden ist. Die Frage nach den Prioritäten bei den gesamtwirtschaftlichen Zielen ist durch mehrere abweichende Formulierungen so behandelt worden, daß jedes Mitglied des Delors-Ausschusses seine Präferenzen in einer Fassung berücksichtigt sah. Klarheit wurde damit nicht geschaffen, und als »konkret« kann man diese Leitlinien für die Vorschläge nicht einstufen. Der Begriff einer Stabilitäts- und Wachstumsgemeinschaft wird gemieden und nicht mit Inhalt aufgefüllt.

Der Bericht hat die Tendenz, das Ziel der Geldwertstabilität in der Wirtschaftspolitik schrittweise zu relativieren und damit ein Spannungspotential zur Geld- und Währungspolitik aufzubauen. Im Grundsatzteil (Ziffer 16) wird die Preisstabilität nicht nur erwähnt, sondern auch als erstes Ziel des hier gewählten magischen Fünfecks aufgeführt. Dem traditionellen Viereck wird mit dem »konvergierenden Lebensstandard« ein fünftes Ziel hinzugefügt, das Grundlage für die Akzentuierung der Regionalpolitik ist. In Ziffer 33 wird die Koordinierung der Wirtschaftspolitik ausgerichtet, um ». . . Wachstum, Beschäftigung und außenwirtschaftliches Gleichgewicht in einer Umwelt stabiler Preise und wirtschaftlichen Zusammenhalts zu fördern«. Deutlich wird die Akzentverlagerung weg von der Geldwertstabilität in der Zielformulierung für die Wirtschaftspolitik in der zweiten Phase der Übergangszeit. In Ziffer 56 wird die makroökonomische Politik darauf konzentriert, ». . . einen mittelfristigen Rahmen für auf stetiges Wachstum ausgerichtete wirtschaftliche Schlüsselziele zu schaffen . . .«.

Die erforderliche und beschworene wirtschaftspolitische Konvergenz (Ziffern 1–15, 21, 42), die die wirtschaftliche Konvergenz in den monetären und nicht-monetären Bereichen der Volkswirtschaften herstellen und erhalten soll, bleibt wiederum ein Grundsatz ohne Ausführungsempfehlungen. Die Vorstellungen bleiben sogar hinter den tatsächlichen Stabilitätsbemühungen in den EWS-Ländern seit 1983 zurück. Diese Passagen im Delors-Bericht spiegeln die Auffassungen der Vertreter der Asymmetrie-These wider (vgl. 6.3.), die am umfassendsten im Padoa-Schioppa-Bericht vertreten worden ist. Seine wirtschaftspolitische Philosophie prägt auch die Vorschläge zur Koordinierung der Haushalts- und Fiskalpolitik.

In einem solchen Rahmen wäre die Ausrichtung der Geldpolitik auf die Geldwertstabilität nicht abgesichert. Wie dieses Assignment-Problem sachgerecht gelöst werden sollte, ist im Kapitel 6.4.4. dargelegt worden.

Aus den drei wirtschaftspolitischen Koordinierungsbereichen (Wettbewerb, Regional- und Strukturpolitik sowie makroökonomische Politik) ragen die beiden letzteren heraus. Sowohl für die Regional- und Strukturpolitik als auch für die Haushalts- und Fiskalpolitik werden weitreichende Zentralisierungen der Kompetenzen gefordert. Die Dringlichkeit und Legitimation von Gemeinschaftskompetenzen wird damit begründet, daß es sich um Funktionsbedingungen der Wirtschafts- und Währungsunion handele und nur so eine kohärente Wirtschafts- und Währungspolitik möglich sei (Ziffer 30).

Bei der Regional- und Strukturpolitik fallen die starke Betonung und die weitreichende Definition auf, hinter der Vorstellungen über das Finanzvolumen und die Kompetenzerweiterungen für die EG-Kommission vermutet werden können (Ziffer 29).

Erstaunen erregen dagegen die Vorschläge zur Haushalts- und Fiskalpolitik und die Ausführungen zu den ordnungspolitischen Vorstellungen, die den Vorschlägen einer makroökonomischen Steuerungspolitik zugrunde gelegt werden. Die konkreten Empfehlungen zur Koordinierung der Haushalts- und Fiskalpolitik sind eine ständige Herausforderung

- an die hervorgehobene Bedeutung der »Pluralität« in der Wirtschaftspolitik (Ziffer 17);
- an die Aussage in den Ziffern 19 und 30, daß »... im wirtschaftlichen Bereich zahlreiche Entscheidungen Sache der nationalen und regionalen politischen Instanzen bleiben (würden)« und
- an den Grundsatz der »Subsidiarität« in der Verteilung wirtschaftspolitischer Zuständigkeiten (Ziffer 20).

Zu diesem Kreis der Grundsätze kann auch gezählt werden, daß die Wirtschaftsunion auf den gleichen marktwirtschaftlichen Prinzipien basieren sollte, die auch die Grundlage der Wirtschaftsordnungen der EG-Mitgliedstaaten bilden (Ziffer 25). Gefordert werden für die Haushaltspolitik bindende Regeln und Verfahren, um

- wirksame Obergrenzen für die nationalen Haushaltsdefizite festzulegen,
- den Zugang zu direkten Zentralbankkrediten auszuschließen und
- eine Kreditaufnahme in außergemeinschaftlichen Währungen zu begrenzen und um einen mittelfristigen Gesamtkurs, in dem der Umfang und die Finanzierung des globalen Haushaltssaldos (nationale und gemeinschaftliche Haushaltsposition) erfaßt werden, festzulegen (Ziffern 30, 33).

Darüber hinaus werden Kompetenzen für eine Globalsteuerung auf Gemeinschaftsebene gefordert, da der »... zentral gesteuerte Gemeinschaftshaushalt auch künftig nur einen sehr kleinen Teil der Gesamtausgaben des öffentlichen Sektors ausmachen dürfte und da der Großteil seines Volumens für zyklische Anpassungen nicht zur Verfügung stehen wird . . .« (Ziffer 30).

Begründet werden diese »Erfordernisse« mit klassisch keynesianischen Argumenten. Zuerst wird eine Anpassung über Marktkräfte in Frage gestellt. Sie könnten zwar einen gewissen disziplinierenden Einfluß ausüben. Dem stünden aber die Erfahrungen gegenüber, ». . . daß von der Marktmeinung nicht immer kräftige und zwingende Signale ausgehen . . .« Die von den Marktkräften ausgehenden Zwänge könnten sich entweder als zu langsam und zu schwach erweisen oder aber zu plötzlich und zu drastisch greifen. Aus diesem Grunde müßte die Gemeinschaft ». . . in der Lage sein, ihre gesamtwirtschaftliche Situation zu beobachten; sie müßte beurteilen können, ob die Entwicklungen in den einzelnen Ländern im Hinblick auf die gemeinsamen Ziele konsistent sind, und sie müßte wirtschaftspolitische Leitlinien entwickeln können« (Ziffer 30). Folgerichtig wird postuliert, daß ohne die Globalsteuerung Ungleichgewichte im realwirtschaftlichen und monetären Sektor auftreten würden, kein Zusammenwirken der Finanz- und Geldpolitik zur Wahrung des internen Gleichgewichts möglich sei und daß die Gemeinschaft im internationalen Anpassungsprozeß keine Rolle spielen könne (Ziffer 30).

Dieser zugemessenen Bedeutung entspricht die Rigorosität der institutionellen Vorschläge. Der Ministerrat – in Form des Rates der Wirtschafts- und Finanzminister (Ecofin) – soll die Grundzüge der Wirtschaftspolitik festlegen. Die Kommission und die nationalen Regierungen sollen für die Umsetzung sorgen. Gleichzeitig wird vorgesehen, daß bei einem Abweichen der Mitgliedstaaten von diesen Grundzügen der Wirtschaftspolitik die Kommission oder eine andere Behörde beauftragt würden, ». . . die Einhaltung der festgelegten Linie durch wirksame Maßnahmen sicherzustellen; die Art dieser Maßnahmen wäre noch zu prüfen« (Ziffer 33).

Dieser Rigorismus ist in mehrfacher Weise erschreckend. Er läßt den Sinn für die Praxis des politischen Föderalismus ebenso vermissen wie ein bißchen Mehr an Bescheidenheit gegenüber den wirtschaftstheoretischen Erkenntnissen über die Wirksamkeit der umrissenen Instrumentarien und vor allem über die unterstellte hohe Analyse- und Entscheidungsfähigkeit des Trägers der Wirtschaftspolitik; hierzu zählen auch die für die Phase eins der Übergangszeit skizzierten Überwachungssysteme mit einem Indikatorenbündel, neue Verfahren zur haushaltspolitischen Koordinierung sowie die Neukonzipierung der Ratsentscheidung von 1974. Außerhalb des Delors-Berichts und des im Tenor gleichlautenden Padoa-Schioppa-Berichts

ist es eine allgemeine Erkenntnis, daß die keynesianische Globalsteuerung dieser Art nicht wirksam ist. Es werden zentralisierte Zuständigkeiten in einem falschen Ausmaß und auf einem falschen
wirtschaftspolitischen Gebiet gefordert.

Haushaltsrechte sind originäre politische Rechte. Bei einer Verwirklichung der Vorstellungen des Delors-Komitees würden die nationalen Parlamente und Regierungen über das für eine Stabilitäts-
und Stabilisierungspolitik erforderliche Maß an Koordinierung hinaus entmündigt. Die Forderungen einer zentralisierten Steuerung reichen weit über die Regeln des deutschen Stabilitäts- und Wachstums-
gesetzes aus dem Jahre 1967 hinaus. Die Autoren dieser Passagen belegen, daß ihnen der Nerv für föderative politische Systeme fehlt.
Auch eine angemessene politische Legislative auf Gemeinschaftsebene wird nicht entwickelt. Sie denken m.E. ökonomistisch-funktio-
nal im Sinne einer obsolet gewordenen keynesianischen Globalsteuerung. Darüber hinaus ist anzumerken, daß der fiskalpolitische Ansatz, den globalen Haushaltssaldo als Kennziffer zu wählen, nicht
dem Stand der wissenschaftlichen Erkenntnisse entspricht. Es hat
sich herausgestellt, daß der globale Haushaltssaldo eine wenig geeig-
nete Größe ist, um die Rückwirkungen auf die Leistungsbilanz,
Wechselkurse, Zinssätze u.a.m. zu erklären. Von größerer Bedeutung ist, wie die Salden verändert werden.[174] Die Tatsache, daß diese
Teile des Berichts ohne Widerspruch geblieben sind, könnte man positiv so erklären, daß sie von einigen Ausschußmitgliedern als so pro-
hibitive Bedingungen für eine Wirtschafts- und Währungsunion eingeschätzt wurden, daß man von ihrer Ablehnung im politischen Bereich ausging.

6.5.2. »Monetaristische« Elemente in der Übergangszeit

Das Minderheitenvotum für einen Europäischen Reservefonds

Die Einmütigkeit wird durch den Vorschlag einiger Mitglieder des
Ausschusses, einen Europäischen Reservefonds (ERF) zu errichten,
gänzlich aufgehoben. Er soll eine Vorstufe zu einem Europäischen Zentralbanksystem sein. Da der Vorschlag einen ausgefeilten
Institutionenaufbau mit Funktionengliederung enthält, muß er realistischerweise als Element einer alternativen Integrationsstrategie eingeschätzt werden. Seine Hauptaufgabe soll in der »konzertierten
Steuerung der Wechselkurse unter gemeinschaftlichen Gesichts-

---

[174] Vgl. Bofinger, P., Zum »Bericht zur Wirtschafts- und Währungsunion in der Europäischen Gemeinschaft«, a.a.O., S. 10 und die Literatur dort.

punkten« liegen. Dafür wird angeregt, daß die Mitgliedstaaten zu Beginn 10% ihrer Währungsreserven poolen.

Der institutionelle Aufbau sieht ein Direktorium vor, dem die Präsidenten aller am ERF teilnehmenden Zentralbanken angehören, und einen geschäftsführenden Vorstand aus drei bis vier Mitgliedern, die als Fachleute vom Ausschuß der Zentralbankpräsidenten ausgewählt werden. Der Vorstand wäre zuständig für drei Ausschüsse (für Devisenpolitik, für Geldpolitik und für Bankenaufsicht) sowie zwei Abteilungen (für Devisen- und Reservenpolitik und für Geldpolitik).

Zwei Ziele sollen mit einem ERF gleichzeitig erreicht werden: Einmal soll die Bedingung des Art. 102 A umgangen werden, nach der institutionelle Änderungen nicht im Rahmen des Art. 235, sondern nur mit einem ratifizierungsbedürftigen Vertrag gemäß Art. 236 EWG-Vertrag vorgenommen werden können. Da Art. 236 als Schutz der funktionellen Unabhängigkeit der Deutschen Bundesbank in die Einheitliche Europäische Akte eingefügt worden ist, kann dieses Minderheitenvotum auch als Vorstoß gewertet werden, die Position der Deutschen Bundesbank und damit möglicherweise ein unabhängiges Europäisches Zentralbanksystem vorzeitig zu unterlaufen. Denn der ERF wirkt genauso wie der Verzicht auf den Saldenausgleich bzw. die Ausweitung der Reservewährungsfunktion auf andere Währungen im EWS (vgl. 6.3.). Eine zweite Erklärung ist, daß mit Hilfe der gepoolten Reserven eine Wechselkurspolitik angestrebt werden könnte, die zu einer faktischen Verringerung der Bandbreiten und/oder zu einer Verhinderung von Realignments führt. Beide Komponenten können als Folge der Liquiditätswirkungen der Interventionen eine stabilitätsorientierte Geldpolitik der Deutschen Bundesbank und damit die Funktion der DM als monetären Anker unterhöhlen (vgl. 6.3.). Der ERF ist eine Institution, die Frankreich bereits im Zwischenbericht des Werner-Berichts als Devisenausgleichsfonds und später in anderen Versionen gefordert hat. Der EFWZ ist eine entschärfte Form dieses Vorschlags. Er ist originär »monetaristisch«; über eine direkte oder indirekte Verringerung der Wechselkursfluktuation sollen Anpassungszwänge ausgelöst werden. Die Problematik dieser Strategie ist durch die währungspolitische Entwicklung bestätigt worden (vgl. 3.2.). Eine Wiederholung dieser integrationspolitischen Fehlentwicklung sollte vermieden werden.

Der frühzeitige Abbau des Wechselkurses als Anpassungsvariable

Unbestritten ist, daß in einer vollendeten Währungsunion mit verschiedenen nationalen Währungen die Wechselkursrelationen irreversibel fixiert sein sollen. Umstritten ist dagegen, wann der Wechselkurs in seiner Bandbreite und in seiner Anpassung eingeschränkt werden soll. Im Delors-Bericht wird anerkannt, daß Wechselkursänderungen».. . ein wichtiges Instrument zur Korrektur wirtschaftlicher Ungleichgewichte und zur unabhängigen Verfolgung nationaler Ziele, insbesondere Preisstabilität« sind (Ziffer 24). Dennoch wird bereits in der Phase Eins der Übergangszeit empfohlen, daß sich jedes Land bemüht, auf Wechselkursänderungen zu verzichten, und statt dessen andere Anpassungsmechanismen funktionstüchtiger macht (Ziffer 52). Welche Instrumente gemeint sind, bleibt unerwähnt. In Phase Zwei soll dann Einverständnis darüber herrschen, daß auf Wechselkursänderungen »nur in außergewöhnlichen Situationen« zurückgegriffen werden soll.

Die Vorschläge zur Koordinierung der Geld- und der Wirtschaftspolitik reichen wohl kaum aus, um einen so frühzeitigen Verzicht auf den Wechselkurs als Anpassungsinstrument zu erklären. Zwar werden Gremien benannt, die in der Übergangszeit die Koordinierung üben und sogar mit Mehrheitsentscheidungen arbeiten sollen. Das Kuriose an diesen Konstruktionen ist aber, daß gleichzeitig empfohlen wird, daß bis zum Ende der Übergangszeit trotz des Lernprozesses für kollektive Entscheidungen auf Gemeinschaftsebene alle geld-, währungs- und wirtschaftspolitischen Kompetenzen auf den nationalen Ebenen verbleiben. Der Ausschuß gibt sogar den Auftrag, Vorschläge für den Übergang von Zuständigkeiten zu entwickeln, ungelöst an die Politiker zurück (Ziff. 57).

Wenn man einmal trotzdem annimmt, daß die Koordinierung wirksam ist und monetäre Störungen zwischen den EWS-Ländern seltener werden, dann wäre eine Ursache für Wechselkursanpassungen aufgehoben. Es wird aber eine Wirtschafts- und Währungsunion angestrebt, die durch die gegenseitige Öffnung der Güter-, Dienstleistungs- und Kapitalmärkte zusätzlich realwirtschaftliche Anpassungsprozesse auslöst, deren Verteilung ungleichmäßig ist. Für diese Datenänderungen ist der Wechselkurs ein zweckmäßigeres und kostengünstigeres Anpassungsinstrument als die Geldmengen-Preis-, Geldmengen-Einkommen- und Zins-Kredit-Mechanismen bei festen Wechselkursen. Für eine so frühzeitige Beschränkung der Wechselkursbeweglichkeit gibt es also keine Sachargumente.

6.5.3. Zusammenfassende Beurteilung

Der Delors-Bericht hat eine starke und eine schwache Seite. Beide Seiten haben ihre Vertreter, so daß die Einmütigkeit als politische Demonstration zu verstehen ist, hinter der eine Koalition stand, die den Status ungeklärter Gegenposition zum gemeinsamen Nenner erklärte. Trotz der Kritik darf aber nicht übersehen werden, daß der Bericht doch Ausgangspunkt einer Integrationsstrategie sein kann, die auf den klaren Grundsätzen zugunsten einer stabilitätsorientierten Geldpolitik und einer wirtschaftspolitischen Koordinierung aufbaut, die das »Subsidiaritätsprinzip« und damit das föderative Element stärker beachtet. Grundlage dieser Entwicklung könnte der in 6.2. umrissene Stabilitätspakt zwischen der Bundesrepublik Deutschland und Frankreich sein. Voraussetzung dafür ist, daß die Bundesregierung zusammen mit der Deutschen Bundesbank konsequent eine Strategie der Stabilitäts- und Wachstumsgemeinschaft vertritt. Umgekehrt wirft eine Abkehr von dieser Linie die Frage auf, wo dann Vorteile gegenüber dem Status quo liegen.

7. Zusammenfassung der wichtigsten Ergebnisse und Schlußfolgerungen

Die EG hat sich in mehrfacher Hinsicht alte Ziele und neue Zeithorizonte gesetzt: Mit dem Ziel, bis Ende 1992 den Binnenmarkt zu verwirklichen, werden nun die Bereiche in die Integration einbezogen, für die bei der Gründung der EWG und bis zur Verabschiedung der Einheitlichen Europäischen Akte (EEA) am 17. und 28. Februar 1986 kein politischer Konsens gefunden worden ist. Sie sind im EWG-Vertrag zwar verankert worden, aber ihr Integrationsniveau stagnierte. Die zu lösenden Aufgaben sind gewaltig, da es vielfach gilt, im gewerblichen Sektor national hoch regulierte Branchen dem internationalen Wettbewerb zu öffnen.

Für das Ziel, eine europäische Währungsunion zu erreichen, wird ein vierter Anlauf vorbereitet, über den auf der Tagung des Europäischen Rates im Juni 1989 in Madrid erste Entscheidungen getroffen worden sind. Durch seinen Auftrag an eine Expertenkommission »die konkreten Etappen zur Verwirklichung dieser Union zu prüfen und vorzuschlagen«, wollte der Europäische Rat sich eine Entscheidungsgrundlage schaffen. Die Kommission unter dem Vorsitz des Präsidenten der EG-Kommission, Jacques Delors, hat am 19. April 1989 ihren einmütig angenommenen Bericht vorgelegt. Seine Grundsätze und Vorschläge werden mit denen dieser Studie verglichen.

Kernstück des vierten Anlaufs zur europäischen Währungsunion ist der Vorschlag, frühzeitig ein Europäisches Zentralbanksystem (EZBS) einzurichten. Damit ist der institutionelle Aufbau einer europäischen Währungsunion zum ersten Mal in den Mittelpunkt der politischen Diskussion gestellt worden. Es wurde der unorthodox erscheinende Weg gewählt, einen Integrationsfortschritt über eine Institution des Endzustands einer Währungsunion anzustreben. Es wird geprüft, inwieweit und unter welchen Bedingungen diese Integrationsstrategie erfolgreich sein wird.

In einem ersten Schritt wird in Form einer integrationspolitischen Bestandsaufnahme das Fundament der gegenwärtigen Diskussion dargelegt und der integrationstheoretische Bezugsrahmen einer Währungsunion umrissen. Diese Grundlage ermöglicht es festzustellen, ob die nationalen Regierungen gegenüber 1969/70 ihre Integrationsstrategien verändert haben. Wenn das nicht der Fall sein sollte, sind analoge Konflikte wie bei den Anläufen von 1969 und 1978 zu befürchten. Sollten allerdings Wandlungen festgestellt werden, ist zu prüfen, inwieweit dadurch die Chancen verbessert worden sind, eine Wirtschafts- und Währungsunion zu realisieren. Auf dieser Grundlage wird auch der Delors-Bericht untersucht. Er wird mit den Erfahrungen des Integrationsprozesses und mit den Ergebnissen der eigenen Analyse verglichen, um eine Aussage zu wagen, wie realistisch die Vorschläge dieser Kommission sind (6.5.).

Nach Klärung der Bedingungen einer Wirtschafts- und Währungsunion werden die wirtschafts- und währungspolitischen Aussagen des EWG-Vertrages und des Anlaufes von 1969/1970 analysiert. Dabei werden die politischen Faktoren herausgearbeitet, die hinter den unterschiedlichen Integrationsansätzen der sogenannten »Monetaristen« und »Ökonomisten« gestanden haben.

Ein Schwerpunkt im Rahmen der Prüfung der Integrationserfahrungen ist die Analyse des Europäischen Währungssystems (EWS). Denn die Entwicklungen im EWS seit 1978 werden in der politischen Diskussion in zwei Formen interpretiert. Einmal werden die integrations- und stabilitätsfördernden Wirkungen hervorgehoben, so daß weitere institutionelle Integrationsschritte eingeleitet werden könnten. Auf der anderen Seite wird eine »zu weitgehende« Stabilität im EWS kritisiert und als währungspolitische Asymmetrie beklagt. Die empirische und theoretische Untersuchung kommt zu dem Ergebnis, daß die wirtschaftliche Konvergenz seit 1979 und besonders seit 1983 zugenommen hat. Dies ist aber nicht das Ergebnis der als symmetrisch konzipierten Interventionsregeln, sondern das Resultat der Umkehrung dieser Regeln. Nicht die marginalen, sondern die als Ausnahme geplanten intramarginalen Interventionen dominierten. Hinzu kam, daß die DM als monetärer Anker den Stabilitätsstandard bestimmte und die EWS-Mitgliedsländer das Ziel der Inflationsbekämpfung übernahmen. Die größten Fortschritte in den Ergebnissen und im Wandel der wirtschafts- und währungspolitischen Prioritäten sind in Frankreich festzustellen.

Auf diesen Grundlagen, die besser sind als die von 1969/70, werden zwei Integrationsansätze geprüft, die vielfach gekoppelt werden:

der Ausbau der ECU zu einer Parallelwährung und die Errichtung eines EZBS. In einer umfassenden Bestandsaufnahme der Ziele und der Realität der offiziellen und der privaten ECU werden die Defizite aufgezeigt, und es wird auf die Sonderfaktoren hingewiesen, die den Markt für private ECU kennzeichnen. In einer eingehenden Analyse wird anschließend eine Antwort gesucht, bei welchen Geldfunktionen die private ECU die Chance hätte, die nationalen Währungen zu verdrängen. Dabei werden sowohl die ökonomisch-theoretischen als auch die politischen Aspekte der Durchsetzbarkeit und der Emission der ECU berücksichtigt. Die Resultate sind ernüchternd: Die ECU ist – auf jeden Fall als Korbwährung – als Parallelwährung vollständig ungeeignet. Darüber hinaus sind auch prinzipielle Zweifel angebracht, eine Parallelwährung als einen sanften Weg zur Einheitswährung und zur Währungsunion zu wählen.

Der zweite Vorschlag im politischen Raum geht dahin, die Integration mit Hilfe eines EZBS zu beschleunigen. Die Meinungsverschiedenheiten über die Zweckmäßigkeit, die Realisierbarkeit und die Bedingungen dieses unorthodoxen Weges waren groß; sie wurden deshalb erarbeitet und im Anhang 3 zusammengefaßt. Ferner weichen die nationalen Geldverfassungen so stark voneinander ab, daß Meinungsverschiedenheiten in den politischen Verhandlungen zu erwarten sind. Die Zentralbankverfassungen von sieben EG-Ländern werden im Anhang 2 und im Text (6.4.3.) umrissen. Diese empirischen Grundlagen erlauben währungs-*politische* Einschätzungen.

Zuvor werden in Kapitel 5 die Bedingungen einer Zentralbankverfassung erarbeitet. Es werden die Argumente für und gegen die Unabhängigkeit einer Zentralbank abgewogen. Darauf aufbauend wird theoretisch und empirisch begründet, weshalb ein EZBS unabhängig und primär dem Ziel der Geldwertsicherung verpflichtet sein sollte. Dabei wird besonders die Interdependenz zwischen den drei Komponenten der Unabhängigkeit (funktionelle, finanzielle, personelle) herausgestellt. Es kann gezeigt werden, daß es Konstellationen gibt, bei denen ein EZBS formal weisungsungebunden und dem Ziel der Geldwertstabilität verpflichtet ist, bei denen diesem EZBS aber die materielle Durchsetzbarkeit eigener geldpolitischer Konzeptionen erschwert wird, weil ihm komplementäre Elemente der drei Komponenten der Unabhängigkeit vorenthalten werden. Damit ist eine Grundlage erarbeitet worden, die es erlaubt, konkrete Pläne und zu erwartende politische Kompromisse zu beurteilen sowie einen eigenen Vorschlag zu entwickeln.

Diese Aufgabe wird in Kapitel 6 aus mehreren Blickwinkeln heraus gelöst. Nach einer Bestandsaufnahme der (Un-)Abhängigkeitsstati der Zentralbanken in der EG werden die Strategien analysiert, die sich aus den politischen und wirtschaftlichen Stellungnahmen zur Gründung eines EZBS ableiten lassen. Sie lassen sich zu zwei alternativen Integrationskonzeptionen verdichten. Die eine Konzeption ist aus der Kritik an der angeblichen Asymmetrie des praktischen EWS entwickelt worden. Die in dieser Argumentationslinie vorgeschlagene Weiterentwicklung des EWS unter Einschluß einer EZBS hat zum Ziel, den Stabilitätsstandard im EWS und die DM als monetären Anker aufzuheben. Analysiert werden in diesem Zusammenhang folgende Vorschläge: Umorientierung der Zielprioritäten, Einschränkungen der Anpassung über den Wechselkurs, Finanzierung von intramarginalen Interventionen über die »sehr kurzfristige Finanzierung«, teilweise Aufhebung des Saldenausgleichs im EWS, indem den EWS-Währungen im Europäischen Fonds für Währungspolitische Zusammenarbeit administrativ eine Reservewährungsfunktion eingeräumt wird, Aktivierung des Abweichungsindikators, der Währungsausschuß als Vorstufe einer EZBS sowie die Schaffung eines »Europäischen Wirtschafts- und Finanzrates«.

Eine zweite Option wird in einem deutsch-französischen Stabilitätspakt als dem Kern einer Stabilitätsgemeinschaft gesehen. Es wird abgeleitet, warum diese Strategie für Frankreich eine realistische Alternative sein könnte. Es wird unterstellt, daß die Funktion des monetären Ankers in der Übergangszeit dann allmählich von zwei Währungen wahrgenommen würde. Es wird erwartet, daß sich diesem Stabilitätspakt innerhalb und außerhalb der EG weitere stabilitätsorientierte Länder anschließen (Niederlande, Schweiz, Österreich). Es wird begründet, daß diese Strategie auch als Teilintegration begonnen werden sollte, insbesondere wenn Großbritannien sich zuerst nicht beteiligen würde.

Mit der eingehenden Analyse dieser Option können zwei politische Strategien parallel überprüft werden. Einmal die des skizzierten Stabilitätspaktes. Ferner wird damit inhaltlich auch die deutsche Position im Kern umrissen, wenn man davon ausgeht, daß sie eine rationale und integrationsfördernde Zielsetzung nur in Entwicklungen sieht, die den Status quo nicht verschlechtern. Für diese Stabilitätsstrategie werden die Optionen und Kriterien für eine direkte geldpolitische Koordinierung analysiert. Es werden die wichtigsten Referenzsysteme für ein EZBS untersucht (Federal Reserve System, Bank deutscher Länder, Deutsche Bundesbank). Es wird ein eigener Vorschlag für den Übergang auf ein Europäisches Zentralbanksystem entwickelt, das unabhängig sein soll und das allein dem Ziel der Geldwertstabilität verpflichtet wird.

Das zentrale Augenmerk in diesem Vorschlag wird darauf gerichtet, nur Maßnahmen in der Übergangsphase zu ergreifen, die die

Ziele und Grundsätze der Endstufe der europäischen Währungsunion nicht gefährden. Die Beachtung dieser wirtschafts- und währungspolitischen *Konsistenzbedingung* erhöht die langfristigen Erfolgschancen, weil gravierende Fehlorientierungen in politischen Kompromissen vermieden werden können.

Für diesen Rahmen kristallisieren sich die folgenden konstitutiven Kriterien heraus, die in einem EZBS erfüllt sein müssen, um es politisch tragfähig zu gestalten und mit ihm eine Währungsunion als Stabilitätsgemeinschaft verwirklichen zu können:

- Es sollte eine dezentrale Organisationsstruktur haben.
- Das EZBS muß gegenüber politischen Instanzen auf nationaler und auf der Ebene der Gemeinschaft weisungsungebunden sein.
- Das EZBS erhält den eindeutigen geldpolitischen Auftrag, die Geldpolitik auf die Sicherung des Geldwertes auszurichten.
- Das EZBS muß schrittweise die funktionelle Unabhängigkeit erhalten.
- Die finanzielle Unabhängigkeit des EZBS wird auf der Länder- und der Gemeinschaftsebene hergestellt.
- Das EZBS wird durch eine gemeinschaftliche Wirtschaftspolitik flankiert, die vor allem im außenwirtschaftlichen Bereich über Wechselkursanpassungen innerhalb des EWS und gegenüber Drittstaaten eine stabilitätsorientierte Geldmengenpolitik ermöglicht.
- Als Keimzelle für ein EZBS eignet sich von den bestehenden europäischen Institutionen nur der Ausschuß der Zentralbankpräsidenten.

Die Realisierung des Stabilitätszieles und die gleichzeitige Vertiefung der Währungsintegration erfordern das Entstehen einer Erfahrungsgemeinschaft. Selbst wenn man einen Stabilitätskern hätte durch einen deutsch-französischen Stabilitätspakt, der von den Niederlanden, Österreich und der Schweiz gestützt würde, müßte der Anpassungspfad für die anderen Länder zeitlich zumutbar bleiben. Der Zeitraum sollte deshalb großzügig bemessen werden. Es muß sich eine Erfahrungsgemeinschaft zugunsten der Stabilität entwickeln können. Dies erfordert eine Umorientierung bei den Trägern der Wirtschafts- und Währungspolitik, die gewohnt sind, die Inflation als Element ihrer Beschäftigungs- und Wachstumspolitik zu nutzen. Aus diesem Grunde wird auf einen konkreten Zeitplan für die Übergangszeit verzichtet. Es werden allerdings zwei Phasen unterschieden, die mit materiellen Integrationsfortschritten gekoppelt werden: Eine »Erfahrungsphase« und eine »Praktizierungsphase«. Neben den Regelungen für eine Harmonisierung der gesamtwirtschaftlichen Ziele in der Wirtschafts- und in der Währungspolitik und für die Ausgestaltung eines EZBS wird ein eigenständiger Vorschlag entwickelt, um in der Übergangszeit die Unabhängigkeit der nationalen Zentralbanken zu fördern. Es wird die Schaffung eines »Direktoriums der Europäischen Zentralbankräte« angeregt. Diese »Europäischen Zentralbankräte« würden in der Übergangszeit in den nationalen Zentralbanken arbeiten. Sie hätten eine eindeutige Aufgabenstellung, die aus der Endstufe eines EZBS und einer europäischen Währungsunion als Stabilitätsgemeinschaft abgeleitet wäre. Dieses Gremium hätte als weiterer Vorteil, daß es jederzeit in die Organisation eines endgültigen EZBS überführt werden könnte, unabhängig davon, ob eine Organisationsstruktur in Form der »Zentralbankrats-Lösung« oder der »Board-Lösung« gewählt wird.

Vor dem Hintergrund dieser Analysen und des eigenen Vorschlags wird in einem Schlußkapitel der Delors-Bericht geprüft. Dabei werden die klaren Grundsätze dieses Berichtes zur Währungs- und Wirtschaftspolitik und für ein EZBS positiv gewürdigt. Da aber für den Erfolg eines Konzeptes ausschlaggebend ist, inwieweit die Konsistenzbedingungen erfüllt worden sind, werden die damit zusammenhängenden Aspekte eingehend betrachtet. Dabei stellt sich heraus, daß zwischen den Grundsätzen für die Endstufe einer Wirtschafts- und Währungsunion und den konkreten Vorschlägen in der Übergangszeit große Diskrepanzen bestehen.

In der Währungspolitik ist ein Europäischer Reservefonds vorgeschlagen worden, der in seiner konkreten Form als ein alternatives Integrationskonzept eingeschätzt werden muß. Besonders gravierend ist die Inkonsistenz in der Wirtschaftspolitik. Hier werden zentrale Kompetenzen für die Koordinierung der Haushaltspolitik und für die Gestaltung einer gemeinschaftlichen Globalsteuerung dringend empfohlen. Diese Forderungen verletzten massiv den Grundsatz der »Subsidiarität«. Sie gehen über das zweckmäßige Maß der Koordinierung und Zentralisierung auf diesem Gebiet hinaus und tasten die föderative Struktur der EG als politische Gemeinschaft über Gebühr an. Darüber hinaus sollen Kompetenzen auf die Gemeinschaftsebene transferiert werden, bei denen wirtschaftstheoretisch Zweifel an der Wirksamkeit dieser Instrumente bestehen. Auch die unterstellte Fähigkeit einer politischen Instanz, diese Instrumente so funktional wie unterstellt einzusetzen, ist ein in der Praxis nicht gelöstes Problem.

Der Delors-Bericht weist viele Parallelen zu dem hier entwickelten Vorschlag auf: In der Beschreibung der Endstufe, in den Grundsätzen und vom Prinzip her in der Gliederung der Übergangszeit. Als Grundlage für die Realisierung sollte man sich nur auf diese Elemente stützen.

Anhang

Anhang 1:   Tabellen und Abbildungen 196
Anhang 2:   Organisation, geldpolitische Kompetenzen
              und politischer Einfluß auf die Zentralbanken
              von Belgien, England, Frankreich, Italien, den
              Niederlanden und Spanien 209
Anhang 3:   Synopse von Vorschlägen und Stellungnah-
              men zur Weiterentwicklung des Europäischen
              Währungssystems 228

Verzeichnis der Tabellen im Text

Tabelle 1:   Wirtschaftspolitische Koordinierung: Soll-Ist-
              Vergleich der Entwicklung der Preisindizes des
              privaten Verbrauchs auf der Grundlage des 3.
              Programms für die mittelfristige Wirtschafts-
              politik (Soll) 1971–75 60
Tabelle 2:   Die Schwankungen der Mitgliederzahl am
              Europäischen   Wechselkursverbund   von
              1972–1979 62
Tabelle 3:   Die Wechselkursanpassungen innerhalb des
              Europäischen Wechselkursverbundes 63
Tabelle 4:   Art der Interventionen der Deutschen Bundes-
              bank, März 1979–März 1988 74
Tabelle 5:   Bruttointerventionsvolumen der Deutschen
              Bundesbank im EWS und ihre Liquiditätswir-
              kungen, März 1979–März 1988 75
Tabelle 6:   Schwankungen von Wechselkursen gegenüber
              den Teilnehmerwährungen am Paritätengitter
              des EWS (EWS-P-Währungen) und gegenüber
              anderen Währungen, 1974–1986 80

Tabelle 7:   Geldmengenziele und tatsächliche Expan-
                sion der Geldmenge in der Bundesrepublik
                Deutschland, 1975–1988   86
Tabelle 8:   Geldmengenziele und tatsächliche Expansion
                der Geldmenge in Frankreich, 1977–1987   87
Tabelle 9:   Der Stand der Liberalisierung des Kapitalver-
                kehrs in den EG-Staaten, Stand März 1989   88
Tabelle 10:   Ausstehendes Volumen von ECU-Anleihen
                Ende September 1988   96
Tabelle 11:   Entwicklung und Struktur des ECU-Geschäf-
                tes der Banken in Europa und Japan,
                1982–September 1987   97

Verzeichnis der Abbildungen im Text

Abbildung 1:   Schwankungsbreite der prozentualen Steige-
                rungen der Verbraucherpreise gegenüber dem
                Vorjahr zwischen den Teilnehmerländern am
                Europäischen Wechselkursverbund und in den
                übrigen EWG-Ländern, 1964–1978.   64
Abbildung 2:   Konvergenz der Inflationsraten in der EG und
                zwischen den WKM-Ländern von 1978–1988 .   78
Abbildung 3:   Komponenten der Geldmenge in der Bundes-
                republik Deutschland von 1960–1986   84
Abbildung 4:   Die Komponenten der Unabhängigkeit der
                Zentralbank   116
Abbildung   Determinanten der Willensbildung und des
5 a und 5 b: Staatseinflusses bei Zentralbanken ausgewähl-
                ter europäischer Staaten   132
Abbildung 6:   Synopse der wichtigsten Merkmale der Bank
                deutscher Länder, der Deutschen Bundesbank
                und des Federal Reserve Systems der USA   169

Tabellen im Anhang 1

Tabelle A1:   Die Entwicklung der tatsächlichen und hypo-
                thetischen Währungsgewichte in der ECU,
                März 1979–Juni 1989.....................   196
Tabelle A2:   Interventionen im Europäischen Währungssy-
                stem, finanziert mit DM, und ihre Liquiditäts-
                wirksamkeit in der Bundesrepublik Deutsch-
                land, März 1979–März 1988   197

Tabelle A3:   Hauptkomponenten-Analyse: Teil der kumulativen Varianz von monetären Variablen, erklärt durch die erste Hauptkomponente – für 17 Industrieländer 198

Tabelle A4:   Hauptkomponenten-Analyse: Teil der kumulativen Varianz von monetären Variablen, erklärt durch die Hauptkomponenten-Teilnehmerländer am EWS-Paritätengitter 198

Tabelle A5:   Anteile der USA und der Bundesrepublik Deutschland an den Im- und Exporten verschiedener regionaler Gruppierungen 199

Tabelle A6:   Wechselkursänderungen im Europäischen Wechselkursverbund (1973–1979) und im Europäischen Wechselkurssystem seit März 1979   200

Tabelle A7:   Finanzierung der Staatsausgaben über die Zentralbank in den EG-Staaten von 1975–1984   201

Tabelle A8:   Geldmengendefinitionen bei Geldmengenzielen in ausgewählten EG-Ländern 202

Tabelle A9:   Entwicklung der Kreislaufgeschwindigkeiten des Geldes (M 1) in ausgewählten EG-Ländern, 1980–1986 203

Abbildungen im Anhang 1

Abbildung A1: Der Stufenplan zur Wirtschafts- und Währungsunion auf der Grundlage der Beschlüsse des EG-Ministerrates vom 22. März 1971 204

Abbildung A2: Formen des Ausgleichs der Zahlungsbilanz: in der Übergangsphase und im Endstadium einer Währungsunion mit nationalen Währungen sowie die tatsächlichen Formen der außenwirtschaftlichen Anpassung zwischen den EG-Mitgliedstaaten seit 1972 206

Abbildung A3: Der ECU-Wert in DM und das tatsächliche und hypothetische Gewicht der DM im ECU-Korb, März 1979–Juni 1989 208

Anhang 1:

Tabellen und Abbildungen

Tabelle A1: Die Entwicklung der tatsächlichen und hypothetischen[1] Währungsgewichte in der ECU, März 1979–Juni 1989

	Währungsbeitrag seit dem		Währungsgewicht im Korb[2]				Offizielle Korrektur nur der Korbgewichte	Hypothetisches Gewicht ohne Korbrevision[1]
	13.3.79	17.9.84	13.3.79	14.9.84	17.9.84	19.6.89	20.9.89[3]	16.5.89
Belgien/Luxemburg	3,80	3,85	9,63	8,4	8,5	8,9	7,9	8,72
Bundesrepublik Deutschland	0,828	0,719	32,98	36,9	32,0	34,7	30,1	39,76
Dänemark	0,217	0,219	3,06	2,7	2,7	2,7	2,45	2,68
Frankreich	1,15	1,31	19,83	16,7	19,0	18,6	19,0	16,33
Irland	0,00759	0,00871	1,31	1,0	1,2	1,1	1,1	0,97
Italien	109,00	140,00	9,49	7,9	10,2	9,3	10,15	7,20
Niederlande	0,286	0,256	10,51	11,3	10,1	11,0	9,4	12,18
Großbritannien	0,0878	0,0878	13,27	15,1	15,0	13,0	13,0	13,43
Griechenland	–	1,15	–	–	1,3	0,6	0,8	0,65
Spanien	–	–	–	–	–	–	5,3	–

[1] Entwicklung des Währungsgewichtes auf der Grundlage der Währungsbeiträge vom 13. 3. 1979; bei Griechenland vom 17. 9. 1984.
[2] Keine Rundungen auf 100 v.H.
[3] Entscheidung des Rates der EG-Wirtschafts- und Finanzminister vom 19. Juni 1989.
Quelle: Deutsche Bundesbank, Statistische Beihefte zu den Monatsberichten der Deutschen Bundesbank, Reihe 5, versch. Jgg., eigene Berechnungen; dto, Monatsbericht Juli 1989, S. 13.

Tabelle A 2: Interventionen im Europäischen Währungssystem, finanziert mit DM, und ihre Liquiditätswirksamkeit in der Bundesrepublik Deutschland, März 1979–März 1988 (in Mrd. DM)

Jahr		Obliga-torisch	Intra-marginal	Gesamt	Liquiditäts-wirksamkeit[1]
1979	Käufe	–	– 2,7	– 2,7	– 2,4
	Verkäufe	+ 3,6	– 8,1	+ 11,7	+ 11,7
	Saldo	+ 3,6	+ 5,4	+ 9,0	+ 9,2
1980	Käufe	– 5,9	– 5,9	– 11,8	– 11,1
	Verkäufe	–	+ 1,0	+ 1,0	+ 0,6
	Saldo	– 5,9	– 4,9	– 10,8	– 10,5
1981	Käufe	– 2,3	– 8,1	– 10,4	– 10,3
	Verkäufe	+ 17,3	+ 12,8	+ 30,1	+ 25,3
	Saldo	+ 15,0	+ 4,7	+ 19,7	+ 15,0
1982	Käufe	–	– 9,4	– 9,4	– 2,5
	Verkäufe	+ 3,0	+ 12,8	+ 15,8	+ 6,1
	Saldo	+ 3,0	+ 3,4	+ 6,4	+ 3,7
1983	Käufe	– 16,7	– 19,1	– 35,8	– 20,4
	Verkäufe	+ 8,3	+ 12,9	+ 21,2	+ 12,6
	Saldo	– 8,4	– 6,2	– 14,5	– 7,8
1984	Käufe	–	– 30,2	– 30,2	– 0,8
	Verkäufe	+ 4,7	+ 7,6	+ 12,3	+ 4,4
	Saldo	+ 4,7	– 22,7	– 17,9	+ 3,6
1985	Käufe	–	– 29,6	– 29,6	– 0,2
	Verkäufe	+ 0,4	+ 30,8	+ 31,1	–
	Saldo	+ 0,4	+ 1,2	+ 1,5	– 0,2
1986	Käufe	– 19,0	– 33,6	– 52,6	– 12,1
	Verkäufe	+ 4,1	+ 76,0	+ 80,1	+ 3,8
	Saldo	– 14,8	– 42,4	+ 27,6	– 8,4
1987	Käufe	–	– 48,1	– 48,1	– 7,3
	Verkäufe	+ 15,0	+ 62,7	+ 77,7	+ 25,4
	Saldo	+ 15,0	+ 14,6	+ 29,7	+ 18,1
1988[2]	Käufe	–	–	–	–
	Verkäufe	–	–	–	–
	Saldo	–	– 8,2	– 8,2	– 6,1

[1] Zeigt an, in welchem Umfang DM-Interventionen im EWS und die Regulierung von Gläubiger- und Schuldnerpositionen im EFWZ die Nettoauslandsposition der Bundesbank und damit die Zentralbankgeldversorgung der Banken beeinflußten.
[2] 15. Januar 1988 bis Ende März 1988.
Quelle: Deutsche Bundesbank, Geschäftsberichte, versch. Jgg.

Tabelle A 3: Hauptkomponenten-Analyse: Teil der kumulativen Varianz von monetären Variablen, erklärt durch die erste Hauptkomponente – für 17 Industrieländer

Variablen[1]	März 1973 bis Februar 1979	März 1979 bis Februar 1983	Mai 1983 bis März 1986
Wechselkurse[2]	0,56	0,70	0,83
Konsumentenpreisindex	0,18	0,19	0,24
Nominale kurzfristige Zinssätze	0,34	0,70	0,59
Nominale langfristige Zinssätze	0,28	0,44	0,31
Geldvolumen M 1[3]	0,12	0,11	0,20

Tabelle A 4: Hauptkomponenten-Analyse: Teil der kumulativen Varianz von monetären Variablen, erklärt durch die Hauptkomponenten–Teilnehmerländer am EWS-Paritätengitter

Variablen[1]	März 1973 bis Februar 1979	März 1979 bis Februar 1983	Mai 1983 bis März 1986
Wechselkurse[2]	0,73	0,95	0,99
Konsumentenpreisindex	0,34	0,26	0,48
Nominale kurzfristige Zinssätze	0,40	0,76	0,79
Nominale langfristige Zinssätze	0,49	0,49	0,36
Geldvolumen M 1[3]	0,20	0,16	0,24

[1] Alle Variablen sind ausgedrückt in prozentualen Veränderungen mit Ausnahme der Zinssätze.
[2] Bilaterale Kurse gegenüber dem US-Dollar.
[3] Saisonal bereinigt.
Quelle: Guittián, M., M. Russo und G. Tullio, Policy Coordination in the European Monetary System, Occasional Paper, No. 61, IMF, Washington, D.C., September 1988, S. 50.

Tabelle A 5: Anteile der USA und der Bundesrepublik Deutschland an den Im- und Exporten verschiedener regionaler Gruppierungen

Jahr	Vereinigte Staaten		Bundesrepublik Deutschland		
	Welt	Industrie-länder	EWS inkl. GBR	EWS ohne GBR	Industrie-länder
Exporte					
1950	17,6	28,3	12,1	19,5	5,4
1960	17,4	24,6	27,0	36,0	13,6
1970	15,1	19,7	30,4	36,7	15,6
1980	11,7	17,8	29,2	35,0	15,6
1985	11,9	16,9	29,9	35,8	14,6
Importe					
1950	16,0	24,2	13,6	21,6	6,8
1960	13,2	19,2	22,5	31,7	11,9
1970	14,2	18,8	25,7	31,6	13,2
1980	13,3	18,8	26,2	31,2	13,7
1985	19,2	26,6	25,7	31,3	11,6

Quelle: International Monetary Fund, International Financial Statistics, versch. Jgg.

Tabelle A6: Wechselkursänderungen im Europäischen Wechselkursverbund (1973–1979) und im Europäischen Währungssystem seit März 1979 (in Prozent der Kassakurse)

	Mitgliedswährungen der europäischen Währungssysteme								Assoziierte Währungen	
	Belg./Lux. Franken	Dänische Krone	Deutsche Mark	Franz. Franc	Irisches Pfund	Ital. Lira	Niederl. Gulden	Pfund Sterling	Norwegische Krone	Schwedische Krone
19. März 1973			+3,0							
29. Juni 1973			+5,5							
15. Sept. 1973							+5,0			
26. Nov. 1973										
17. Okt. 1976		−4,0	+2,0						+5,0	
04. April 1977		−3,0							−1,0	−1,0
29. Aug. 1977		−5,0							−3,0	−6,0
13. Febr. 1978									−5,0	
16. Okt. 1978	+2,0		+4,0				+5,5		−8,0	
24. Sept. 1979			+2,0						im EWS nicht mehr assoziiert	
30. Nov. 1979		−4,76	+5,0							
23. März 1981						−6,0				
05. Okt. 1981			+5,5	−3,0		−3,0	+5,5			
22. Febr. 1982	−8,5	−3,0								
14. Juni 1982			+4,25	−5,75		−2,75	+4,25			
21. März 1983	+1,5	+2,5	+5,5	−2,5	−3,5	−2,5	+3,5			
20. Juli 1985	+2,0	+2,0	+2,0	+2,0	+2,0	−6,0	+2,0			
07. April 1986	+1,0	+1,0	+3,0	−3,0			+3,0	(+5,4)		
04. Aug. 1986					−8,0					
12. Jan. 1987	+2,0		+3,0				+3,0			

Quelle: Deutsche Bundesbank, Monatsberichte, versch. Jgg.

Tabelle A7: Finanzierung der Staatsausgaben über die Zentralbank in den EG-Staaten von 1975 bis 1984

Land	Kredit der Zentralbank an die Zentralregierung (in Milliarden der Landeswährung)			Kumulierte Schuld der Zentralregierung bei der Zentralbank (in Milliarden der Landeswährung)			Finanzierung durch die Zentralbank, in Prozent aller Staatsausgaben und Kredite abzüglich der Rückzahlungen			Staatsdefizit in Prozent des BIP			
	1975	1980	1984	1975	1980	1983	1975	1980	1983	1975	1980	1985	1974–1986
EWS-Staaten:													
– BRD	4,91	4,66	1,77	11,04	12,30	14,49	–0,1	1,03	0,34	–3,62	–1,82	–0,71[6]	–2,6
– Frankreich	19,3	–15,9	64,3	n.v.	n.v.	n.v.	3,47	–1,43	3,58	–2,57	–0,04	–3,04[2]	–1,7
– Italien	9,004	21,614	19,358	39,994[1]	50,151	79,631	15,47	13,01	5,51	–17,14	–10,62	–13,10[2]	–10,5
– Belgien/Lux.	–1,0	0	0	39,0	71,0	71,0	–0,1	0	0	–4,71	–7,63	–10,26	–8,0
– Niederlande	1,55	–0,93	2,73	1,17	2,27	4,08[2]	1,42	–0,5	1,15[2]	–2,89	–4,62	–7,30[2]	–4,2
– Irland	n.v.	n.v.	n.v.	n.v.	n.v.	n.v.	n.v.	n.v.	n.v.	–12,45	–13,08	–10,45[2]	n.v.
– Dänemark	n.v.	n.v.	n.v.	n.v.	n.v.	n.v.	n.v.	n.v.	n.v.	–1,93	–2,68	–3,93[2]	n.v.
Nicht-EWS-Staaten													
– Großbritannien	–1,022	–1,595	1,848	8,767	8,97	4,393	2,25	–1,71	1,43	–7,34	–4,75	–3,34	–3,5
– Portugal	n.v.	n.v.	n.v.	n.v.	n.v.	n.v.	n.v.	n.v.	n.v.	–8,40	–9,67	–9,64[7]	n.v.
– Spanien	n.v.	n.v.	n.v.	112,2	703,9	1.940,1	0,97[4]	7,85	–0,57	–1,79	–4,18	–8,41[2]	–3,0
– Griechenland	1,35	–2,03	114,08	18,10[3]	11,08	112,47	–1,19[4]	–0,33	13,80[5]	–3,88	–5,0	–14,33[6]	n.v.
USA	–0,8	7,2	6,7	91,70	131,20	n.v.	2,47	1,16	1,45	–3,58	–2,91	–4,89[2]	–2,0

[1] 1978 [2] 1984 [3] 1974 [4] 1977 [5] 1981 [6] 1986 [7] 1983.

Quelle: International Monetary Fund, Government Financial Statistics, Yearbook, versch. Jgg.; Sachverständigenratsgutachten, versch. Jgg.

Tabelle A8: Geldmengendefinitionen
bei Geldmengenzielen in der EG

1. Bundesrepublik Deutschland	1975–1987: Zentralbankgeldmenge in der Abgrenzung der DBB: Bargeldumlauf (ohne Kassenbestände der Kreditinstitute an inländischen Noten und Münzen) plus Reserve-Soll auf Inlandsverbindlichkeiten zu konstanten Reservesätzen (Januar 1974). 1988: M3
2. Frankreich	1977–1985: M2 1986: M3 1987: M2 + M3
3. Großbritannien	Bis zu 4 Indikatoren mit breiten Korridoren; Indikatoren nicht unbedingt deckungsgleich
4. Italien	1975–1984: »Gesamte inländische Kreditgewährung« (CIK) ab 1985: Kredite an den nicht öffentlichen Sektor (einschließlich bestimmte öffentliche Unternehmen (CPS) + M2
5. Niederlande	1977–1981: M1 1986–1987: DM 2 (Zuwachs der Bankkredite an den privaten Sektor und der langfristigen Bankkredite an den öffentlichen Sektor, abzüglich der langfristigen Verschuldung des Bankensystems) 1982–1985: keine Zielvorgabe
6. Spanien	1986: ALP (= liquide Mittel in der Hand privater Nichtbanken)

Tabelle A9: Entwicklung der Kreislaufgeschwindigkeit des Geldes (M1) in ausgewählten EG-Ländern, 1980–1986 (1980 = 100)

Land	1980	1981	1982	1983	1984	1985	1986
Bundesrepublik D.	100	99,5	97,2	95,5	95,5	95,1	94,7
Frankreich	100	100,8	103,1	103,7	103,9	106,4	—
Großbritannien	100	90,2	83,5	80,2	76,8	74,7	—
Italien	100	107,0	111,4	109,3	111,5	115,3	133,1
Niederlande	100	96,3	94,7	93,9	91,6	90,2	—

Quelle: IMF, International Financial Statistics, 1987, S. 101

Abb. A1: Der Stufenplan zur Wirtschafts- und Währungsunion auf der Grundlage der Beschlüsse des EG-Ministerrates vom 22. März 1971

Stufen	Ziel- und Mittelabstimmung, allgemeine Wirtschaftspolitik	Interne Geld- und Kreditpolitik	Wechselkurs- und Zahlungsbilanzpolitik	Haushalts- und Steuerpolitik	Kapitalmarkt-, Struktur- und Regionalpolitik
I 1971–1973	Verfahren zu obligatorischen vorherigen Konsultationen und Koordinierung der kurzfristigen Wirtschaftspolitik (dreimal jährlich). Kompatible mittelfristige Orientierungsdaten (3. mittelfristiges Programm). Konsultation der Sozialpartner über Grundzüge der Wirtschaftspolitik vor Ratsbeschlüssen. Bericht der Kommission über Integrationsfortschritte in der Wirtschafts- und Währungspolitik und über Kompetenzaufteilung bis Mitte 1973. Festlegung von Maßnahmen zum Übergang in die zweite Stufe und zur vollständigen Verwirklichung der Wirtschafts- und Währungsunion.	Intensivierung der obligatorischen Vorkonsultationen im Währungsausschuß und/oder im Ausschuß der Zentralbankpräsidenten. Nach den Leitlinien des Rates koordinieren Zentralbanken die Geld- und Kreditpolitik in den Grenzen ihrer Befugnisse und unter Wahrung ihrer Eigenverantwortung.	Anwendung eines kurz- und mittelfristigen Beistandssystems. Experimentelle Verringerung der Intra-EWG-Bandbreiten durch konzentrierte Intervention gegenüber dem $, u. U. Übergang zu einem de jure-System und zu Interventionen in Gemeinschaftswährungen und evtl. weitere Bandbreitenverringerung. Studie und evtl. Errichtung eines »Europ. Fonds für währungspolitische Zusammenarbeit«. Schrittweise gemeinsamer Standpunkt nach außen.	Angleichung der Zeitpläne für Abwicklung der Haushaltsentwürfe. Uneingeschränkte Konsultationspflicht, Koordinierung der kurzfristigen Haushaltspolitik (insbesondere des Haushaltsvolumens, der Finanzierungssalden) nach Maßgabe gemeinschaftlicher Ziele. Quantitative Orientierung für die wichtigsten Elemente der öffentlichen Gesamthaushalte. Harmonisierung der Bemessungsgrundlage für die Mehrwertsteuer, des Anwendungsbereichs, Bemessungsgrundlage und Modalitäten für die Verbrauchsteuern.	Harmonisierung der Körperschaftssteuerstruktur und bestimmter Steuerarten, die unmittelbaren Einfluß auf die innergemeinschaftlichen Kapitalbewegungen haben. Verfahren für schrittweise Koordinierung der Kapitalmarkt-, Struktur- und Regionalpolitik. Einleitung einer gemeinschaftlichen Struktur- und Regionalpolitik.

Stufen	Ziel- und Mittelabstimmung, allgemeine Wirtschaftspolitik	Interne Geld- und Kreditpolitik	Wechselkurs- und Zahlungsbilanzpolitik	Haushalts- und Steuerpolitik	Kapitalmarkt-, Struktur- und Regionalpolitik
II 1974–1979	Übergang zur zweiten Stufe durch Ratsbeschluß nach hinreichenden Fortschritten in der Harmonisierung der Wirtschaftspolitik.		Übergang zur zweiten Stufe ist Voraussetzung für Fortdauer der Vereinbarungen über Bandbreitenverengung und den mittelfristigen Währungsbeistand.		
	Schrittweise Entwicklung von Gemeinschaftsinstrumenten und größere Verbindlichkeit der Koordinierung.				
III Endstufe ab 1980	Die erforderlichen wirtschaftspolitischen Entscheidungen werden auf Gemeinschaftsebene getroffen. Kompetenzverteilung zwischen nationalen und gemeinschaftlichen Entscheidungen nach Gemeinschaftserfordernissen.	Gemeinschaftliches Zentralbanksystem ist eigenverantwortlich für die Stabilitäts- und Wachstumsgemeinschaft.	Abschaffung der innergemeinschaftlichen Bandbreiten, volle und irreversible Konvertierbarkeit der Währungen, unwiderrufliche Fixierung der Paritäten. Europäischer Währungsfonds interveniert auf den Devisenmärkten und verwaltet Reserven.	Abschaffung aller Steuergrenzen, die das Funktionieren der Wirtschafts- und Währungsunion behindern. Harmonisierung des budget- und fiskalpolitischen Instrumentariums.	Freier Kapitalverkehr und Schaffung eines europäischen Kapitalmarkts durch Harmonisierung der Rechts-, Steuer- und Finanzbedingungen, ohne strukturelle und regionale Ungleichgewichte zu verursachen.

Quelle: Wegner, M., Wirtschafts- und Währungsunion – Ziele und Wege, in: U. Weinstock, Hrsg., Neun für Europa, 2. Aufl., Düsseldorf 1973, S. 74f.

Abb. A2: Formen des Ausgleichs der Zahlungsbilanz: in der Übergangsphase und im Endstadium einer Währungsunion mit nationalen Währungen sowie die tatsächlichen Formen der außenwirtschaftlichen Anpassung zwischen den EG-Mitgliedstaaten seit 1972

Marktwirtschaftliche Formen des Ausgleichs der Zahlungsbilanz – Zahlungsbilanzmechanismen

Zwischenformen des marktwirtschaftlichen und administrativen Ausgleichs der Zahlungsbilanz

Administrativer/zwangswirtschaftlicher Ausgleich der Zahlungsbilanz – Formen der Devisenbewirtschaftung

flexible Wechselkurse Wechselkursmechanismus

feste Wechselkurse
1. Preis-Mechanismus
– Geldmengen-Preis-Mechanismus
– direkter internat. Preiszusammenhang
2. Geldmengen-Einkommen-Mechanismus
3. Zins-Kredit-Mechanismus

Ex post-Überwindung von Zahlungsbilanzungleichgewichten

Koordination der Wirtschafts- und Währungspolitik

Ex ante-Vermeidung von Zahlungsbilanzungleichgewichten

Stufenflexibilität der Wechselkurse

offizielle Zahlungsbilanzkredite

»Zwischen-Finanzierung von Zahlungsbilanzungleichgewichten«

Aufhebung der Freiheit des Zahlungsverkehrs (Konvertibilität)[4]

für

Kapitalverkehrstransaktionen
(Weder die IWF-Charta noch der EWG-Vertrag enthalten eine eindeutige Konvertibilitätsgarantie.)
IWF, Art. VI, Abschn. 3a
EWG-V., Art. 71/73

Leistungsbilanztransaktionen
(Die IWF-Charta – Art. VIII, Abschn. 2 – und der EWG-Vertrag – Art. 67 enthalten eine Konvertibilitätsgarantie für »Transaktionen der laufenden Rechnung.« Aber: Es gibt auch die »escape clause« der Art. 108/109 EWG-V.)

Endstation einer Währungsunion mit nationalen Währungen und ohne politische Union [1]

Mögliche Formen der außenwirtschaftlichen Absicherung zwischen den Mitgliedstaaten in der Übergangsphase zu einer Währungsunion [2]

Tatsächliche Formen des Ausgleichs der Zahlungsbilanz zwischen den EG-Mitgliedstaaten seit 1972 [3]

[1] Theoretisch sind auch flexible Wechselkurse in der Übergangsphase möglich.
[2] Eine wirksame Koordination der Wirtschafts- und Währungspolitik fehlt.
[3] Eingriffe in Leistungsbilanztransaktionen sind rechtlich möglich und finden direkt und indirekt (als Folge der Kapitalverkehrskontrollen) auch statt.
[4] Umgekehrt ist auch die Wiederherstellung der Konvertibilität ein Mittel, um den Ausgleich der Zahlungsbilanz zu verbessern. Diese Form wird aber von Defizitländern seltener gewählt: ein Beispiel – die Bundesrepublik Deutschland 1974 ff. und 1979 ff.
Quelle: Hasse, Rolf, Ziele und Konflikte des Europäischen Währungssystems, in: WiSt, 4/1986, S. 180.

Abb. A3: Der ECU-Wert in DM und das tatsächliche und hypothetische Gewicht der DM im ECU-Korb, März 1979 bis September 1989

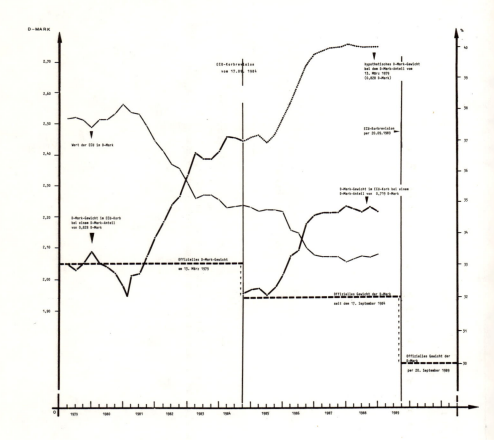

Anhang 2:

Organisation, geldpolitische Kompetenzen und politischer Einfluß auf die Zentralbanken von Belgien · England · Frankreich · Italien · den Niederlanden · Spanien

1. Die belgische Zentralbank (Banque Nationale de Belgique)

1.1. Die Rechtsform

Die Banque Nationale de Belgique ist eine Aktiengesellschaft. Sie ist aber keine öffentlich-rechtliche, sondern eine selbständige und privatrechtliche Körperschaft. Der Staat hält zwar 50% des Kapitals von 400 Mio. bfr., doch ist die Satzung so formuliert, daß er die Politik nicht bestimmen kann.

1.2. Organe und Organisation: Die personelle Unabhängigkeit

1.2.1. Der Präsident

Er ist der Vorsitzende des Vorstandes, des Verwaltungsrates, des Generalrates und der Hauptversammlung. Der Präsident wird auf Vorschlag des Regentschaftsrates vom König auf fünf Jahre ernannt und kann auch über diesen wieder entlassen werden. Er darf nicht Parlamentarier sein.

Bei Differenzen zwischen der Bank und der Regierung kann diese den Präsidenten abberufen lassen.

1.2.2. Der Vorstand (Direktorium)

Der Vorstand besteht aus dem Präsidenten und drei bis sechs Direktoren, die der König für sechs Jahre auf Vorschlag des Verwaltungsrates ernennt. Ebenso wie der Präsident können die Direktoren abberufen werden. Eine Wiederwahl nach Ablauf der Amtsperiode ist möglich. Der König bestimmt einen der Direktoren auf Vorschlag des Verwaltungsrates zum Vizepräsidenten, der wie der Präsident abberufen werden kann. Eine Wiederwahl nach Ablauf der Amtsperiode ist möglich.

Da nach einer Absetzung des Vorstandes der Verwaltungsrat ein

Vorschlagsrecht besitzt, besteht praktisch eine Patt-Situation zwischen der Regierung und der Bank. Dieser Passus in der Satzung soll die politische Einflußnahme auf die Bank zurückdrängen. In dringenden Fällen kann der Vorstand eigenständig den Diskont- und Lombardsatz ändern. Der Verwaltungsrat kann diese Entscheidung aber auf seiner nächsten Sitzung aufheben bzw. ändern.

1.2.3. Der Verwaltungsrat (Regentschaftsrat)

Er setzt sich aus dem Präsidenten, den Direktoren und zehn Regenten zusammen, die von der Hauptversammlung für die Dauer von drei Jahren gewählt werden. Davon werden drei Regenten vom Finanzminister, zwei aus den Gewerkschaften, zwei aus Finanzinstituten und jeweils ein Regent aus Industrie-, Handels- und Landwirtschaftsverbänden vorgeschlagen.

Für die Abberufung der Gewählten bedarf es einer 2/3-Mehrheit aller Anwesenden der Hauptversammlung, so daß eine Abwahl aufgrund einer alleinigen Entscheidung der Regierung nicht möglich ist. Zudem muß ein Quorum von mindestens 3/5 aller Aktionärsstimmen die Abwahl unterstützen.

Zu den Hauptaufgaben des Verwaltungsrates zählt die Festlegung der Diskont- und Kreditgeschäftsbedingungen. Ferner legt der Verwaltungsrat die Höhe der gegebenenfalls auszuzahlenden Dividende fest.

1.2.4. Der Aufsichtsrat

Die Hauptversammlung wählt mit einfacher Mehrheit für drei Jahre den Aufsichtsrat mit seinen acht bis zehn Mitgliedern. Diese Mitglieder bestimmen aus ihrer Reihe den Vorsitzenden und den Geschäftsführer. Der Wahl liegen keine zwingenden Kandidatenvorschläge zugrunde. Für eine Abwahl gelten jedoch dieselben Vorschriften wie für die Abwahl eines Verwaltungsratsmitgliedes. Der Aufsichtsrat führt eine Kontrollfunktion aus, sofern diese nicht in Zusammenarbeit mit anderen Gremien ausgeführt wird.

1.2.5. Der Generalrat

Mitglieder des Generalrates sind der Präsident, die Direktoren, die Regenten und der Aufsichtsrat.

Der Generalrat legt die endgültige Verwendung des Gewinnes fest und beschließt über die Vergütungen und Pensionen der Bankbeamten.

1.2.6. Der Staatskommissar

Der König ernennt einen Staatskommissar, der jeden Beschluß der

Bank suspendieren kann, welcher ungesetzlich, satzungs- oder ord-
nungswidrig oder gegen das öffentliche Interesse gerichtet ist. Nach
einer Suspendierung meldet der Staatskommissar den Sachverhalt
dem Finanzminister, welcher dann binnen acht Tagen entscheiden
muß. Geschieht dies nicht, kann der Entschluß der Bank durchgeführt werden.

Damit ist eine subtile institutionelle Regelung gewählt worden, bei
der weder die Zentralbank noch der Staat im Konfliktfall seine Interessen durchdrücken kann.

Die Regierung kann die Bankpolitik über den Staatskommissar
also nur negativ beeinflussen, nicht jedoch positiv. Entscheidend ist,
daß der Staatskommissar in der Öffentlichkeit als neutraler Beobachter anerkannt wird und daher eine für die Unabhängigkeit der Zentralbank wichtige psychologische Funktion wahrnimmt.

1.2.7. Die Hauptversammlung

Die Hauptversammlung der Aktionäre tritt jährlich zusammen. Trotz
der Aktienverteilung (der Staat besitzt 50% der Aktien) hat der Staat
Belgien keine Stimmenmehrheit in der Hauptversammlung, da für
wichtige Fälle eine Sonderregelung gilt. Die Hauptversammlung hat
das Recht, freigewordene Sitze der nicht dem Vorstand angehören-
den Verwaltungsratsmitglieder und des Aufsichtsrates, d. h. Regenten und Aufsichtsräte, zu besetzen. Darüber hinaus erfüllt sie alle
Aufgaben einer Hauptversammlung einer Aktiengesellschaft.

1.2.8. Der Diskontausschuß

Der Generalrat ernennt die drei bis sechs Mitglieder des Diskontaus-
schusses für zwei Jahre. Dieser Ausschuß hat nur beratende Aufgaben innerhalb des Diskontgeschäftes. Die Regenten und Aufsichtsräte können an den wöchentlich stattfindenden Sitzungen teilnehmen.

1.3. Die finanzielle Unabhängigkeit

Der Staat kann sich über Schatzwechselkredite direkt bei der Zentralbank finanzieren, die Höhe des Kredits ist jedoch plafondiert (37
Mrd. bfr.). Aufgrund der Währungsunion mit Luxemburg verfügt
auch dieses über einen plafondierten Kredit bei der Banque Nationale de Belgique.

Eine indirekte Staatsfinanzierung besteht über den Fond des Ren-
tes, allerdings ist auch dieser Kredit plafondiert auf ca. 160 Mrd. bfr.
(Stand Mai 1988). Luxemburg verfügt über einen analogen Zugang.

Für die dritte Quelle des Staates, Zentralbankgeld direkt zu erhalten – bei der Gewinnverteilung –, besteht folgende Regelung: Die

Aktionäre erhalten eine erste Dividende von 6%. Von dem verbleibenden Rest des Gewinns werden 10% in die Reserven eingestellt und 8% für Sozialeinrichtungen des Personals (Personalfonds) verwendet. Von dem neuerlichen Restgewinn erhält der Staat 20%, die Aktionäre erhalten eine zweite Dividende, deren Höhe der Verwaltungsrat festlegt. Der danach verbleibende Rest wird der Reserve zugeführt.

Diese verklausulierte Verteilungsregel verdeckt jedoch den Grundsatz, daß nach dem belgischen Zentralbankgesetz der Teil der Zinseinnahmen, der sich aus dem Überschreiten eines »Basis-Zentralbankzinssatzes« von 3% ergibt, unabhängig von dem errechneten Jahresüberschuß, an den Staat abzuführen ist. Diese Vorwegabführungen werden in der Gewinn- und Verlustrechnung der Zentralbank als Aufwandposten verbucht und umfassen über 60% der Bruttoeinnahmen der Zentralbank.

1.4. Die funktionelle Unabhängigkeit

Die währungspolitische Zielsetzung der Banque Nationale de Belgique ist gesetzlich nicht definiert. In ihren Veröffentlichungen betont sie als primäres Ziel, eine »stabile Währung« zu erreichen.

Die Regierung hat formal nur begrenzte direkte Einflußmöglichkeiten auf die Geldpolitik. Ein Eingriffsrecht in die Diskontpolitik erreicht sie über den Staatskommissar nur in einer Pattsituation. Auch in der Hauptversammlung ist der Staat als Hauptaktionär aufgrund der Erfordernisse für qualifizierte Mehrheiten nicht in der Lage, die Statuten oder die Personalentscheidungen in seinem Sinne zu verändern bzw. zu bestimmen. Wesentlich deutlicher ist der Einfluß auf die Offenmarktpolitik, die nicht bei der Zentralbank liegt. Sie wird ausgeführt über die Rentenkasse, die paritätisch mit Mitgliedern der Regierung und der Zentralbank besetzt ist; bei Stimmengleichheit gibt die Stimme der Regierung den Ausschlag. Allerdings müssen die divergierenden Meinungen dem Parlament mitgeteilt werden, so daß sie offenkundig werden. Diese Sanktion ist ein Anreiz, eine interne, einvernehmliche Lösung anzustreben. Die Mindestreservepolitik liegt in der Hand der Zentralbank, doch müssen Reservesatzänderungen oberhalb 3% von der Regierung gebilligt werden. Aufgrund der Ausweichreaktionen der Banken über Euromärkte wird die Mindestreservepolitik nicht mehr genutzt. Der Staat erzielt über einen Seitenweg Einfluß auf die Geld- und Kreditpolitik: über halbstaatliche Kreditinstitute und über Operationen des Schatzamtes am Devisenmarkt.

1.5. Zusammenfassung

Die belgische Zentralbank ist zentralistisch organisiert. Ihre währungspolitische Zielsetzung ist nicht klar definiert. Ihre personelle Unabhängigkeit ist aufgrund des Kompetenzensplitting gegeben, weil dieses einen möglichen Staatseinfluß ausbalanciert. Es wird auf eine hohe Kooperation zwischen der Regierung und der Zentralbank abgestellt. Die finanzielle Unabhängigkeit ist durch die Begrenzung der direkten und indirekten Kredite an den Staat in einem weiten Rahmen geregelt. Die funktionelle Autonomie ist als Folge des Kompetenzensplitting nur im Rahmen der Kooperationserfordernisse mit der Regierung erfüllt.

2. Die englische Zentralbank (Bank of England)

2.1. Die Rechtsform

Die Bank of England (BoE) ist eine Kapitalgesellschaft eigenen Rechts. Sie ist seit 1946 verstaatlicht. Das Kapital von £ 14,553 Mio. hält der Rechtsberater des Schatzamtes. Mit dem Kapital ist kein Stimmrecht verbunden.

2.2. Organe und Organisation: Die personelle Unabhängigkeit

Die Organe der BoE sind:
- der Governor
- die Executive Directors
- der Court of Directors (Vorstand).

2.2.1. Der Governor

Der Präsident (Governor) der BoE leitet die Geschäfte und wird wie der Vize-Präsident auf Vorschlag des Premierministers von der Krone für fünf Jahre ernannt. Er ist Vorsitzender des Court of Directors. Ein Abberufungsrecht besteht nur bei straf- und zivilrechtlichen Verfehlungen.

2.2.2. Die Executive Directors

Maximal vier hauptamtliche Direktoren werden auf Vorschlag des Premierministers auf vier Jahre ernannt. Ihnen obliegt die Exekutivarbeit der BoE.

2.2.3. Der Courts of Directors (Vorstand)

Dieser Vorstand setzt sich aus dem Governor, dem Deputy-Governor und 16 von der Krone für vier Jahre ernannten Direktoren zusam-

men. Maximal vier der Direktoren (Executive Directors) sind haupt-
amtlich, die übrigen Direktoren üben ihr Amt ehrenamtlich aus.
Während ihrer Amtszeit können alle Mitglieder aus politischen
Gründen nicht abgesetzt werden; sie können nur abberufen werden,
wenn zivil- oder strafrechtliche Tatbestände vorliegen.
Der Vorstand bildet insgesamt acht ständige Ausschüsse (Committee of Treasury, Ausschuß für die Rechnungsprüfung, Ständige Aus-
gabenkontrolle, Personal, Anlagenkontrolle, Druckereiangelegenhei-
ten, Wohltätigkeitsgesuche, Bankgebäude). Der zentrale Ausschuß
ist das Committee of Treasury, in dem über die Bankpolitik entschieden wird.

2.3. Die finanzielle Unabhängigkeit

Eine direkte Finanzierung des Staatsbudgets ist weder durch Gesetz
verboten noch in ihrer Höhe in irgendeiner Weise begrenzt. Sie ist
aber unüblich. Es hat sich eine traditionelle Begrenzung auf kurzfristige Überbrückungskredite entwickelt.

Die indirekte Staatsfinanzierung dagegen kann sehr ausgeprägt
sein, weil die BoE Schatzwechsel und Staatsanleihen in ihr Porte-
feuille übernimmt. Das Instrument der Offenmarktpolitik wird bei einer Politik des »deficit spending« wirkungslos gemacht, weil die BoE
dann größere Mengen kurzfristiger Treasury Bills oder langfristiger
Government Bonds übernimmt, um den Zinssatz zu stabilisieren. Die
Fiskalpolitik dominiert die Geldpolitik. Die Gewinnabführung als
dritte Säule der Finanzierung des Staates über die Zentralbank ist bei
der BoE eindeutig geregelt. Sie ist entsprechend der Zweiteilung der
BoE in ein Issue Department und in ein Banking Department unterschiedlich geregelt. Der überwiegende Teil des Gewinns entsteht im
Issue Department, das für die Notenausgabe zuständig ist. Diese Er-
träge werden nach Abzug der Kosten der Notenausgabe gemäß der
gesetzlichen Regelung der Currency and Bank-Notes Act of 1928
vollständig an das Schatzamt überwiesen. Da es sich in hohem Maße
um Zinserträge aus Staatspapieren handelt, entsteht hier ein staatlich
geschlossener Kreislauf.

Die Gewinne aus den Bankgeschäften des Banking Department
werden wie folgt transferiert: Vom Bruttogewinn erhält das Schatzamt zunächst 25%. Der Restgewinn wird mit der Körperschaftssteuer
belegt. Der dann verbleibende Netto-Netto-Gewinn wird den Reserven zugeführt.

2.4. Die funktionelle Unabhängigkeit

Der BoE ist gesetzlich kein währungspolitisches Ziel übertragen worden, so daß sie aufgrund ihrer Rechtsstellung gegenüber der Regie-

rung währungspolitische Aufgaben im Rahmen der staatlichen Wirtschaftspolitik wahrzunehmen hat.

Es besteht eine formale und materielle Unterordnung der BoE und der Geldpolitik unter die Fiskal- und Wirtschaftspolitik. Die BoE besitzt keine funktionelle Unabhängigkeit. Die Geld- und Kreditpolitik erfolgt überwiegend durch die Regierung bzw. das Schatzamt. Die Rolle der BoE beschränkt sich auf die Beratung und Ausführung.

Die geldpolitischen Instrumente, die sie einsetzt, beschränken sich bei den Geldmarktgeschäften auf die Offenmarktpolitik. Eine Diskontpolitik im kontinentaleuropäischen Sinne existiert ebenso wenig wie eine Lombardpolitik. Aufgrund der Zwischenschaltung von »Discount Houses« können Geschäftsbanken nur indirekt beeinflußt werden. Seit 1972 hat der Einsatz der Refinanzierungspolitik stark abgenommen. Eine Mindestreserve im klassischen Sinne ist nicht vorhanden. Die Funktionsfähigkeit der Offenmarktpolitik hängt von der Finanzierung des öffentlichen Haushalts ab. In Phasen größerer Haushaltsdefizite ist eine eigenständige Offenmarktpolitik und restriktive Zinspolitik nicht durchzusetzen. Die erratische Geldmengenpolitik in Großbritannien dokumentiert diese enge Verbindung zwischen Fiskal- und Geldpolitik. Auf der anderen Seite ist das englische Bankensystem gekennzeichnet von einer sehr engen, informellen Zusammenarbeit zwischen der Zentralbank und den Geschäftsbanken.

2.5. Zusammenfassung

Die BoE ist zentralistisch organisiert. Sie verfügt weder über die personelle noch über die finanzielle, noch über die funktionelle Unabhängigkeit. Sie ist eindeutig weisungsgebunden. Die Geldpolitik wird von der Finanzpolitik dominiert. Eine eigenständige, restriktive Geldpolitik erfordert aufgrund des geldpolitischen Instrumentariums eine parallele, disziplinierte Finanzierung des öffentlichen Budgets. Anders als die hierarchische Lösung des Verhältnisses zwischen Zentralbank und Regierung ist das Verhältnis Zentralbank zu den Geschäftsbanken in Großbritannien durch sehr enge, informelle Kooperationsformen gekennzeichnet.

3. Die französische Zentralbank (Banque de France)

3.1. Die Rechtsform

Die Banque de France (BdF) ist eine Aktiengesellschaft. Sie ist 1945 verstaatlicht worden, so daß der Staat einziger Aktionär des Grundkapitals von 250 Mio. FF ist.

3.2. Organe und Organisation: Die personelle Unabhängigkeit

Die Organe der BdF sind:
- der Gouverneur bzw. Präsident sowie zwei Untergouverneure bzw. Vizepräsidenten
- und der Conseil General (Generalrat).

Die Hauptversammlung der Aktionäre ist seit der Verstaatlichung nicht mehr formell einberufen worden.

3.2.1. Der Präsident

Der Präsident wird durch die Regierung (Beschluß des Ministerrates) ernannt. Vereidigt wird er durch den Staatspräsidenten. Die Amtsdauer ist unbestimmt. Umgekehrt kann der Präsident auch jederzeit durch die Regierung abberufen werden. Während seiner Amtszeit darf er weder dem Parlament angehören noch eine Position in der Privatwirtschaft innehaben.

Dem Präsidenten stehen zwei Vizepräsidenten zur Seite, die bei einer Verhinderung des Präsidenten dessen Geschäftsbefugnisse übernehmen. Die Wahl, Amtszeit und die Abberufungsmöglichkeit der Vizepräsidenten entsprechen der beim Präsidenten.

Der Präsident leitet allein die Geschäfte der Bank und hat den Vorsitz im Generalrat. Er hat die personalpolitische Kompetenz, Beamte der BdF zu berufen und zu entlassen. Die Vizepräsidenten sind ihm untergeordnet.

3.2.2. Der Generalrat

Der Generalrat setzt sich zusammen aus
- dem Gouverneur als Vorsitzendem,
- den zwei Vizepräsidenten,
- 10 Beiräten
- und zwei nichtstimmberechtigten Kommissaren.

Die Bestellung der Beiräte spiegelt auch in diesem Gremium den staatlichen Einfluß wider:
- 4 sind Leiter der verstaatlichten Kreditinstitute und ex officio Mitglieder,
- 9 Beiräte werden vom Finanzminister ernannt, aber von Wirtschaftsverbänden vorgeschlagen: Verband für Handel und Industrie des Mutterlandes, für die französische Wirtschaft in Übersee, für die französischen Interessen im Ausland, für Landwirtschaft, für Arbeitnehmer, der allgemeinen (öffentlichen) wirtschaftlichen Interessen,
- ein Beirat wird von der Belegschaft der BdF gewählt,
- die beiden Kommissare sind zwei aus dem Finanzministerium entsandte höhere Beamte (in der Regel der »Directeur de Trésor« und

der »Directeur des Finances Extérieurs«). Sie besitzen zwar kein Stimmrecht mehr, überwachen aber den Generalrat und geben dem Staatspräsidenten einmal im Jahr Auskunft über ihre Tätigkeit.

Die Amtszeit der ernannten Beiräte beträgt sechs Jahre.

Der Generalrat »bestimmt« die Zinssätze und die Bedingungen des Diskont- und Kreditgeschäfts. Er entscheidet über die Höhe der Rückstellungen und Rücklagen sowie über die Dividende, die der Staat erhält. Der Generalrat wird vom sogenannten Diskontrat unterstützt. Dieser hat die Aufgabe, das tägliche Diskontgeschäft zu überwachen und auf Anfrage dem Generalrat Auskunft zu geben. Der Diskontrat umfaßt 15 Mitglieder, die von den Kommissaren aus einer vom Generalrat vorgelegten Liste für drei Jahre bestellt werden.

3.3. Die finanzielle Unabhängigkeit

Die direkte Finanzierung des staatlichen Budgets ist plafondiert. Die Höchstgrenze ist in der Höhe nicht eindeutig fixiert, sie schwankt mit den Gewinnen und Verlusten des Devisenstabilisierungsfonds. Zum 1. Januar 1987 existierte eine Höchstgrenze von 31,8 Mrd. FF.

Die indirekte Finanzierung liegt formal im Ermessen der BdF. Da eine gesetzliche Obergrenze fehlt, die BdF keine personelle Unabhängigkeit hat und sie mitwirkt bei der Kreditaufnahme des Staates, hängt der Umfang der indirekten Finanzierung materiell von der Regierung ab.

Ähnlich ist die Gewinnverteilung einzuordnen, über die formal der Generalrat beschließt. Im Rahmen der Diskont- und Lombardpolitik bestehen folgende Regelungen: Gewinne, die durch eine Erhöhung des Diskontsatzes auf mehr als 5% entstehen, gehen zu 25% in eine Reserve, und der Rest wird an das Schatzamt transferiert. Bei einer Erhöhung des Lombardsatzes auf über 6% werden die Gewinne vollständig in die Reserve eingestellt. Für den verbleibenden Jahresgewinn gilt, daß er über zwei Wege dem öffentlichen Budget übertragen wird; einmal in Form der Körperschaftssteuer und dann als »Dividende à l'Etat«.

3.4. Die funktionelle Autonomie

Eine spezifizierte währungspolitische Zielsetzung besteht für die BdF nicht. Die Kreditpolitik erfolgt letztlich durch die Regierung, die BdF nimmt in konsultativer Form daran teil. Die Regierung bedient sich bei der Geld- und Kreditpolitik einer Zwischeninstitution – des Conseil National du Crédit. Den Vorsitz in diesem Gremium führt der Finanzminister, der direkt 25 der 45 Mitglieder ernennt, während weitere fünf von anderen Ministerien ernannt werden.

Dem Nationalen Kreditrat untersteht ausschließlich die Mindest-reserve, während die Dispositionsspielräume der BdF bei den beiden anderen geldpolitischen Instrumenten, die sie einsetzt – der Diskont-politik und der Offenmarktpolitik – weitaus größer ist. Die Mindest-reservepolitik wird seit 1967 verstärkt eingesetzt. Sie existiert nicht nur in Form der Passivreserve, sondern seit 1971 auch in Form der Aktivreserve, um bei einem Überschreiten von vorgegebenen Höchst-grenzen im Kreditgeschäft mit einem progressiv gestaffelten Satz steuernd einzugreifen.

Aufgrund der starken Stellung der Regierung in der Geld- und Kreditpolitik verfügt die BdF über keine funktionelle Unabhängig-keit.

3.5. Zusammenfassung

Die BdF ist zentralistisch aufgebaut. Sie hat weder eine personelle noch eine funktionelle Unabhängigkeit. Die finanzielle Komponente ist zwar durch einen Plafond teilweise geregelt, der Umfang der indi-rekten Finanzierung von Staatsausgaben liegt aber im Ermessen der Regierung. Die informelle Kooperation mit dem Bankgewerbe ist nicht ausgeprägt. Der hohe Staatsanteil am Kreditgeschäft, der sehr selektive Einsatz der Kreditpolitik sowie die Verstaatlichung und Re-privatisierung der Banken erschwerten den Aufbau dieser Formen der Zusammenarbeit.

4. Die italienische Zentralbank (Banca d'Italia)

4.1. Die Rechtsform

Die Banca d'Italia (BdI) ist eine Aktiengesellschaft öffentlichen Rechts. Nur öffentlich-rechtliche Körperschaften können Aktionäre werden. Diese sind Sparkassen, Kreditinstitute des öffentlichen Rechts, Banken von nationalem Interesse, öffentliche Wohlfahrtsin-stitutionen und Versicherungen. Das Grundkapital beträgt 300 Mrd. Lit.

4.2. Organe und Organisation: Die personelle Unabhängigkeit

Die Organe der BdI sind
- die Generalversammlung der Anteilseigner,
- der zentrale Verwaltungsrat und der Verwaltungsausschuß als Gesellschaftsorgane
- sowie der Gouverneur, der Generaldirektor und zwei Vize-Ge-neraldirektoren als Exekutivorgane.

4.2.1. Die Generalversammlung

Die Generalversammlung ist das oberste Organ der BdI, aber nicht das währungspolitische Entscheidungszentrum. Sie tagt einmal im Jahr, und Teilnehmer sind alle Anteilseigner mit mehr als 100 Anteilen am Bankkapital. Die Generalversammlung wählt *nicht* den Verwaltungsrat. Ihre Rechte beschränken sich auf den Beschluß über die Jahresbilanz und die Wahl der Revisoren. Den Vorsitz hat ex officio der Gouverneur, Beisitzer ist der Inspektor des Schatzamtes.

4.2.2. Der Zentrale Verwaltungsrat und der Verwaltungsausschuß

Der Zentrale Verwaltungsrat wird durch lokale Aktionärsversammlungen an den zwölf Orten mit Hauptniederlassungen der Zentralbank, die je ein Verwaltungsratsmitglied stellen können, gewählt. Die Amtsdauer beträgt drei Jahre; sie dürfen nicht politisch aktiv sein oder einer Bank angehören. Eine Wiederwahl ist möglich.

Der Zentrale Verwaltungsrat wählt und entläßt den Gouverneur, der gleichzeitig Vorsitzender ist, den Generaldirektor und dessen Stellvertreter. Die Wahl muß ein doppeltes Quorum erfüllen: einmal müssen zwei Drittel der Mitglieder anwesend sein, und von diesen müssen zwei Drittel dafür votieren. Darüber hinaus bedürfen die Ernennungen und die Abberufungen der Zustimmung des Staatspräsidenten, der auf Vorschlag des Ministerpräsidenten und im Einvernehmen mit dem Schatzminister und dem Ministerrat per Erlaß entscheidet. Beschlüsse des Zentralen Verwaltungsrates bedürfen der Bestätigung der Regierung.

Der Zentrale Verwaltungsausschuß bildet einen vierköpfigen Verwaltungsausschuß, der den Gouverneur berät, aber ansonsten keine weiteren Aufgaben und Befugnisse hat.

4.2.3. Der Gouverneur, der Generaldirektor und dessen Vertreter

Der Gouverneur ist das höchste Exekutivorgan der BdI. Er verfügt wie die BdI über keine originären geld- und währungspolitischen Kompetenzen, aber ihm wird die höchste technische Verantwortung in allen Währungs- und Geldangelegenheiten zuerkannt. Er darf ebenso wie der Generaldirektor und dessen Stellvertreter weder in anderen Kreditinstituten tätig sein noch Handel treiben, Börsengeschäfte tätigen oder sonstigen Organisationen angehören. Seine Hauptaufgabe ist die Leitung der BdI gemäß den Gesetzen und den Richtlinien für die Kredit- und Währungspolitik des Interministeriellen Kredit- und Sparausschusses. Der Gouverneur kann dem Schatzminister Änderungen der Lombard- und Diskontsätze vorschlagen.

Der Gouverneur wird auf unbestimmte Zeit ernannt, er kann aber wie der Generaldirektor und dessen Stellvertreter jederzeit abberufen werden. Der Zentrale Verwaltungsrat kann diese Entscheidung de jure allein fällen, die Nebenbedingungen für die Abberufung zeigen jedoch, daß ein eminenter Staatseinfluß gegeben ist. Der Generaldirektor vertritt den Gouverneur.

4.3. Die finanzielle Autonomie

Die BdI wird in großem Umfange zur Finanzierung der Staatsaufgaben herangezogen. Der Staat verfügt seit 1948 über einen Überziehungskredit von maximal 14% der gesamten für ein Jahr geplanten Staatsausgaben (ohne Schuldendienstzahlungen). Wird dieser Plafonds überschritten, so ist die BdI verpflichtet, nach Ablauf von 20 Tagen die Zahlungen an die Staatskasse einzustellen, bis der Saldo der Zentralbankkredite die vorgegebene Grenze wieder unterschreitet. Außerordentliche und befristete Darlehen darf die BdI nur vergeben, wenn sie durch ein Gesetz dazu ermächtigt wird.

Die BdI ist das Emissionsinstitut des Staates. Da der Ankauf von Schuldverschreibungen des Staates nicht reglementiert ist, kann die BdI den Staat auch indirekt finanzieren. De jure ist dies eine alleinige Entscheidung der BdI, der durchgängige Einfluß des Staates weist jedoch auf die Grenzen hin, die für die BdI existieren, wenn der Staat eine undisziplinierte Finanzierung seines Budgets praktiziert. Aber ausgeschlossen ist diese Haltung nicht, wenn der Gouverneur der BdI ein politisches und währungspolitisches Gewicht bei labiler Staatsmacht hat wie unter dem Gouverneur G. Carli.

Die Verteilung des Gewinns der BdI ist wie folgt geregelt: 20% werden den ordentlichen Rücklagen zugeführt. Die Dividende darf 6% des Nominalkapitals nicht überschreiten. Vom Restgewinn können außerordentliche Rücklagen bis 20% des Gesamtgewinns gebildet und bis zu 4% des Nominalkapitals als Sonderdividende an die Aktionäre verteilt werden. Der verbleibende Rest wird dem Schatzminister überwiesen.

4.4. Die funktionelle Unabhängigkeit

In den gesetzlichen Bestimmungen der BdI werden nur ihre technischen Funktionsaufgaben umrissen. Die eigentliche geld- und währungspolitische Kompetenz liegt beim Staat. In der italienischen Verfassung heißt es in Art. 47 Absatz 1 ». . . sie (die Regierung, d. V.) regelt, koordiniert und beaufsichtigt das Kreditwesen«. Diese Funktionen sind dem Interministeriellen Kredit- und Sparausschuß übertragen worden, der die allgemeinen Richtlinien der Geld-, Kredit- und Devisenpolitik festlegt. Der Vorsitzende dieses Ausschusses ist der Schatzminister. Der Gouverneur der BdI nimmt an den Sitzungen nur beratend teil und verfügt über kein Stimmrecht. Weitere stimmberechtigte Mitglieder sind die Minister für öffentliche Arbeiten, für Landwirtschaft, für Außenhandel, für den Staatshaushalt, für Wirtschaftsplanung sowie für staatliche Beteiligungen.

Die BdI ist verpflichtet, die Beschlüsse des Interministeriellen Ausschusses durchzuführen. Ihr steht jedoch das Recht zu, innerhalb der Beschlüsse die Auslegung selbständig vorzunehmen. Ferner stehen die Auswahl, die technische Form der einzusetzenden Mittel sowie der Zeitpunkt in dem Ermessen der BdI. Aber der Einsatz der Instrumente bedarf der vorherigen Genehmigung des Schatzministers, wodurch die Freiheitsgrade der BdI wieder auf Null schrumpfen können.

Aufgrund der permanenten Ansammlung staatlicher Schuldverschreibungen in der Bilanz der BdI und auf den Aktivseiten der Geschäftsbanken (Pflichtanteile mit Anrechnung auf das Mindestreservesoll) sind die geldpolitische Bewegungsfreiheit der BdI und ihr geldpolitisches Instrumentarium sehr beschränkt. Die Diskontpolitik spielt keine Rolle. Der Diskontsatz wird konstant gehalten, weil er keine kreditpolitische Funktion ausübt. Ebenso verharren die Mindestreservesätze bei 25%, weil aufgrund der Ausweichmöglichkeiten über die Euromärkte dieses Instrument an Wirksamkeit verloren hat. Auch die Offenmarkt- und Lombardpolitik sind einseitige Instrumente geworden vor dem Hintergrund der Finanzierungsansprüche des Staates an die Zentralbank. Die italienische Geldpolitik hat aus diesem Grunde Zuflucht gesucht bei Instrumenten der administrativen und quantitativen Kreditkontrolle: Kreditplafondierung, Genehmigungspflicht für Großkredite, Festlegung von Höchstsätzen für die Soll- und Habenzinsen bei den Geschäftsbanken. Um die Wirksamkeit dieser Mittel technisch zu ermöglichen, wurde der italienische Geld- und Kapitalmarkt durch umfangreiche Kapitalverkehrskontrollen außenwirtschaftlich abgeschottet.

4.5. Zusammenfassung

Die Banca d'Italia ist zentralistisch organisiert. Aufgrund eines ausgeprägten Staatseinflusses verfügt sie weder über eine personelle noch über die finanzielle noch über die funktionelle Unabhängigkeit. Die Organe der BdI besitzen nur organisatorische Selbständigkeit und begrenzte Ausführungskompetenzen. Ihr geldpolitisches Instrumentarium ist aufgrund des hohen Beitrags der Zentralbankkredite zur Finanzierung des Staatsbudgets nur begrenzt zweiseitig (expansiv und kontraktiv) einsetzbar. Der Ausweg, die Kreditexpansion dann über Kreditplafondierungen zu kontrollieren, hatte zur Folge, daß diese Maßnahmen außenwirtschaftlich durch Kapitalverkehrskontrollen abgesichert werden mußten, die Italien auch gemäß Art. 108

EWG-Vertrag beantragte und immer verlängerte. Die Liberalisierung des Kapitalverkehrs und eine Kontrolle der Geld- und Kreditausweitung werden jedoch nur möglich sein, indem entweder der Wechselkurs die Anpassung übernimmt oder die Finanzierung des Staatsbudgets über die Zentralbank reduziert wird.

5. Die Zentralbank der Niederlande (De Nederlandsche Bank N.V.)

5.1. Die Rechtsform

De Nederlandsche Bank (DNB) ist eine Aktiengesellschaft. Der Staat ist seit 1948 alleiniger Aktionär des Grundkapitals von 20 Mio. hfl.

5.2. Organisation und Organe: die personelle Unabhängigkeit

Die offiziellen Organe der DNB sind
– die Direktion und
– der Kommissarsrat.
Hinzu kommen der Königliche Kommissar und der Bankrat.

5.2.1. Die Direktion

Die Direktion setzt sich aus dem Präsidenten, einem Sekretär und drei bis fünf Direktoren zusammen. Deren genaue Zahl bestimmen die Direktion und der Kommissarsrat in einer gemeinsamen Sitzung. Dort können auch stellvertretende Direktoren gewählt werden, die jedoch von der Krone bestätigt werden müssen, falls deren Amtszeit sechs Monate überschreitet. Der Präsident und der Sekretär der Bank werden auf Vorschlag der Direktion und des Kommissarsrates ernannt. Die Krone erhält eine Vorschlagsliste mit jeweils zwei Kandidaten. Diese Liste ist nicht bindend, jedoch sind bisher immer die Erstvorgeschlagenen ernannt worden. Der Ministerrat erörtert die Vorschlagsliste und unterbreitet sie dann der Krone. Die Amtszeit umfaßt sieben Jahre, eine Wiederbestellung ist möglich.

Für die Wahl der Direktoren, die auch für sieben Jahre bestellt werden, ist eine abweichende Regelung getroffen worden. Die Direktion und der Kommissarsrat erstellen eine Liste mit drei Vorschlägen, wovon die Krone einen auswählt. Ist kein Vorschlag genehm, muß eine neue Liste erstellt werden. Wird diese wieder abgelehnt, ernennt die Krone einen eigenen Kandidaten. Wichtig in diesem Zusammenhang ist der politische Faktor. Der Finanzminister überbringt den Entscheidungsvorschlag, so daß er faktisch die Direktoren (mit) auswählt.

Die Aufgaben der Direktion sind die Verwaltung der Bank, die Vertretung der Bank gegenüber Dritten und die Beschlußfassung über die Richtlinien der Diskontpolitik.

5.2.2. Der Kommissarsrat

Der Kommissarsrat besteht aus zwölf Mitgliedern, die vom Staat als Aktionäre auf vier Jahre bestellt werden. Letztlich entscheidet der Finanzminister bzw. der Ministerrat über die Zusammensetzung. Die Aufgaben konzentrieren sich auf die Überwachung und Beratung der Direktion in allen Fällen, die die Satzung und die Gesetze vorsehen. Ferner entscheidet er einmal im Jahr über die Entlastung der Direktion.

5.2.3. Der Königliche Kommissar

Der Königliche Kommissar wird auf informellen Vorschlag des Finanzministers von der Krone auf unbestimmte Zeit ernannt, sie kann ihn auch gegebenenfalls abberufen. Seine Aufgabe ist es, für die Regierung die Tätigkeit der DNB zu beaufsichtigen. Er beschränkt seine Aufsichtsfunktion auf die formale Einhaltung der gesetzlichen Vorschriften und der Satzung.

5.2.4. Der Bankrat

Der Bankrat besteht aus 17 Mitgliedern:
- dem Königlichen Kommissar, der ex officio Vorsitzender dieses Gremiums ist;
- vier Mitgliedern des Kommissarsrats, die in den Bankrat delegiert werden, und
- zwölf Mitgliedern als Vertreter der Wirtschaftsbranchen (Industrie, Handel- und Transportwesen, Landwirtschaft, Gewerkschaften sowie Währungs- und Bankfachleute). Sie werden vom Finanzminister der Krone vorgeschlagen, die sie für vier Jahre ernennt.
- Als Beisitzer gehören dem Bankrat ferner an: die gesamte Direktion, der Generalschatzmeister sowie je ein Vertreter des Wirtschafts-, des Landwirtschafts- und des Sozialministers. Die Beisitzer haben formal nur eine beratende Funktion.

Die Aufgaben des Beirats sind, die Direktion und den Finanzminister in allen Fragen der Zentralbankpolitik zu beraten. Der Finanzminister ist verpflichtet, mit dem Bankrat Verbindung aufzunehmen, wenn er der Direktion Weisungen erteilen will, mit denen er Gegensätze zwischen der Politik der Zentralbank und der Wirtschafts-, Währungs- und Fiskalpolitik der Regierung auszuräumen beabsichtigt. Gegen eine Weisung kann die Direktion binnen drei Tagen die

Krone anrufen, die dann entscheidet. Das bedeutet: Die Entscheidung wird auf die gesamte Regierung übertragen, denn aufgrund der Geschäftsordnung für den Ministerrat entscheidet dieser über Appellationen der Direktion. Darüber hinaus muß eine Entscheidung zugunsten der Regierung mit eingehender Begründung und mit den Einwendungen der Direktion im Staatscourant veröffentlicht werden, es sei denn, staatliche Belange sprechen gegen eine Publizierung.

Die personelle Unabhängigkeit der DNB wird – so paradox dies klingt – in der Regelung des Weisungsrechts des Finanzministers sichtbar. Es ist durch institutionelle Beratungsauflagen und Widerspruchsrechte eingerahmt und durch ein Veröffentlichungsgebot zu einer gewichtigen Entscheidung erklärt worden. Aufgrund dieser subtilen Regelungen ist diese Konfliktsituation bisher vermieden worden.

5.3. Die finanzielle Unabhängigkeit

Der Grundsatz, daß die DNB keine Kredite ohne Sicherheit gewähren darf, gilt auch für die direkte und indirekte Finanzierung von Staatsausgaben. Die Vorschüsse in laufender Rechnung für das Schatzamt müssen durch Schatzwechsel gesichert werden. Die DNB stellt sie nach Ermessen des Finanzministers bis zu einem Höchstbetrag von 150 Mio. hfl zinslos zur Verfügung. Darüber hinaus kann eine indirekte Finanzierung durch die Übernahme von Schuldscheinen bis auf maximal 3% der Haushaltseinnahmen des Vorjahres in Anspruch genommen werden.

Die Gewinne der DNB werden fast vollständig an den Staat abgeführt, weil die Vorschrift, 20% einem allgemeinen Reservefonds zuzuführen, obsolet ist. Die Begrenzung dieses Reservefonds auf die Höhe des Grundkapitals ist bereits überschritten. Aufgrund einer Vereinbarung zwischen dem Finanzminister und der Direktion wird in Höhe von 5–8% des Gewinns eine Sonderreserve gebildet. Der restliche Gewinn wird dem Staatsbudget überwiesen, das ihn als reguläre Einnahmequelle behandelt und ihn in der Haushaltsplanung als nichtsteuerliche Einnahme gesondert veranschlagt.

5.4. Die funktionelle Unabhängigkeit

Die Aufgaben der DNB sind auf monetäre Ziele konzentriert, aber relativ offen formuliert worden. Die DNB hat die Bargeldversorgung zu sichern und den Zahlungsverkehr zu fördern. Sie soll den Wert des Geldes so regeln, daß die Wohlfahrt der Niederlande wächst und der Geldwert stabil bleibt. Darüber hinaus beaufsichtigt sie das Kreditwesen.

Wie bereits in 5.2. dargestellt, hat der Finanzminister das formale Recht, der DNB Weisungen zu erteilen. Aufgrund der subtilen Gegengewichtsregelungen ist dieses Recht offiziell noch nie in Anspruch genommen worden. Die Direktion verfügt also formal über einen großen Dispositionsspielraum, die Geldpolitik zu konzipieren und auszuführen. Das angewendete geldpolitische Instrumentarium hat sich in den letzten Jahren gewandelt. Damit trägt die DNB den geänderten internationalen Rahmenbedingungen Rechnung. Die Globalisierung der Finanzmärkte und das Nebeneinander von nationalen und internationalen (Euro-) Finanzmärkten hat die zuvor praktizierte Kreditplafondierung obsolet werden lassen. Die DNB konzentriert ihre Geldmengen- und Zinspolitik auf Refinanzierungs- und Offenmarktgeschäfte, wobei sie, ähnlich wie die Deutsche Bundesbank, die Form der Versteigerung (Mengentender) wählt. Neu sind ferner Offenmarktoperationen am Kapitalmarkt. Das Instrument der Mindestreserve nutzt die DNB neuerdings wieder als Aktivreserve auf die Kassenbestände der Geschäftsbanken.

5.5. Zusammenfassung

Die DNB ist zentralistisch organisiert. Sie verfügt aufgrund der ausgeklügelten Kompetenzregeln in der niederländischen Geldverfassung über ein beachtliches Maß an funktioneller Autonomie. Hilfreich und beschränkend zugleich sind dafür die große Offenheit der niederländischen Volkswirtschaft und ihre große wirtschaftliche Verzahnung mit dem deutschen Markt. Einmal sinkt damit das Interventionspotential für die Regierung, gleichzeitig wird aber auch die Freiheit in der Geldpolitik für die DNB eingeengt. Die DNB und die Regierung haben deshalb immer eine Währungs- und Geldpolitik verfolgt, die eng an die deutsche angelehnt war. Größere Spannungen entstanden aus dieser Abhängigkeit nicht, weil die Zielprioritäten in beiden Ländern ähnlich sind.

6. Die spanische Zentralbank (Banco de España)

Die spanische Zentralbank kann als Modell betrachtet werden, daß eine de-jure-Autonomie durch Regelungen im funktionellen und finanziellen Sektor ihrer Funktionen sowie bei der Bestellung und Abberufung von Geschäftsträgern zu einer faktischen Weisungsgebundenheit umgedreht werden kann.

Die beiden wichtigsten gesetzlichen Grundlagen sind das Gesetzdekret 18 (Ley de Ordencación del Credito y la Banca), das sogenannte 4. Bankengrundgesetz vom 7. Juni 1962, und das Gesetz 30 vom 21. Juni 1980, mit dem die Stellung der Zentralbank und ihre Aufgaben definiert werden. Darüber sind in Verordnungen, Gesetzen für wirtschaftliche Sofortprogramme und durch Gesetze, mit denen der spanische Finanzmarkt liberalisiert wurde, auch Funktionen der Zentralbank neu gestaltet worden (Stellung im Kreditgeschäft, Stellung am Devisenmarkt, Reform der geld- und devisenmarktpolitischen Instrumente).[1]

Im Gesetz 30 vom 21. Juni 1980 wird der spanischen Zentralbank eine Autonomie gegenüber der Staatsverwaltung garantiert. Da ihr aber keine Kompetenzen übertragen werden, um sie ausüben zu können, ist und bleibt sie de facto von politischen Instanzen abhängig.
– Die spanische Zentralbank gliedert sich in folgende leitende Organe:
– den Gouverneur (Gobernador),
– den stellvertretenden Gouverneur (Subgobernador),
– den Generalrat (Consejo General) und
– den Exekutivrat (Consejo Ejecutivo).

Der *Gouverneur* wird auf Vorschlag des Kabinetts vom Staatsoberhaupt für 4 Jahre bestellt, eine Verlängerung der Amtszeit ist möglich. Zusammen mit dem stellvertretenden Gouverneur führt er die Geschäfte und vertritt die Bank nach außen. Gleichzeitig besitzt er das Recht, Direktoren des Generalrates mitzubestellen.

Der *stellvertretende Gouverneur* wird auf Vorschlag des Wirtschaftsministers vom Kabinett für vier Jahre bestellt, eine Verlängerung der Amtszeit ist möglich. Neben der Funktion in Zusammenhang mit dem Gouverneur hat er keine anderen Rechte als die der Vertretung desselben.

Der Generalrat ist das oberste beschlußfassende Organ. Es bestimmt die Zentralbankpolitik nach außen und entscheidet bei internen Fragen. Es besteht aus
– dem Gouverneur in der Funktion des Präsidenten,
– dem stellvertretenden Gouverneur,
– sechs von der Regierung ernannten Mitgliedern (Consejeros),
– dem Direktor der Finanzpolitik,
– dem Direktor des Schatzamtes,
– maximal vier Zentralbankdirektoren, die vom Gouverneur bestellt werden, und
– einem Vertreter des Personals, der vom Gouverneur ernannt wird.

[1] Vgl. u. a. Hennecke, M., Das Bankrecht in Spanien vor dem Beitritt zur Europäischen Gemeinschaft, Berlin 1981; Lubitz, K.-J. (Hrsg.), Struktur ausländischer Bankensysteme: Spanien, in: Hein, M., Schriftenreihe des Instituts für Banken und Industrie, Geld und Kredit der Freien Universität Berlin, Bd. 22, Frankfurt/Main 1985, S. 30ff.

Die Amtsdauer der Consejeros beträgt drei Jahre, die der anderen Mitglieder außer der des Gouverneurs und seines Stellvertreters ist unbegrenzt und dauert, solange sie ihre Ämter bzw. Funktionen innehaben.

Der Exekutivrat tagt wöchentlich, und ihm obliegt die Ausführung der Richtlinien des Generalrats in der Geldpolitik, Devisenpolitik, Bankenaufsicht und in der Berichterstattung über diese Aufgaben.

Die spanische Zentralbank verfügt über *keine* personelle Unabhängigkeit. Der politische Einfluß und die Schwäche der Stellung einzelner Funktionen dokumentieren sich
- an der relativ kurzen Normalamtszeit des Gouverneurs und seines Stellvertreters,
- an der politischen Besetzung des stellvertretenden Gouverneurs,
- an der direkten politischen Einflußnahme auf den Generalrat: 9 von maximal 15 Mitgliedern werden unmittelbar von politischen Instanzen entsandt; zwei davon gehören sogar der Regierung unmittelbar an;
- hinzu kommt, daß die Regierung das Recht hat, die Mitglieder des Generalrates aus ihrem Amt zu entfernen.

Ähnliche Einflußmöglichkeiten wie im personellen hat sich die Regierung auch in den finanziellen und funktionellen Bereichen vorbehalten. Die Zentralbank verfügt zwar über das alleinige Emissionsrecht. Aber sie ist der Kassenhalter des Staates, der die Emissionen übernimmt, verwaltet und die Rückzahlung regelt. Ferner ist die spanische Zentralbank verpflichtet, öffentlich-rechtlichen Kreditinstituten Kredite mit einer Laufzeit von maximal 18 Monaten zu gewähren, deren Höhe die Regierung festlegt. Die Höchstgrenzen für die Emission von Banknoten und Münzen bestimmt die Regierung.

Da die Zentralbank gleichzeitig auch als Aufsichtsamt für das Kreditwesen tätig ist, ergibt sich ein doppelter Einfluß. Sie kann mit Hilfe des Finanz- und/oder des Wirtschaftsministers die Einhaltung von Kreditrichtlinien auch mit Sanktionen durchsetzen und bei Verstößen sogar die Geschäftsführungen absetzen bzw. einen Kontrolleur mit Vetorecht in den Vorstand bringen.

Die allmähliche Liberalisierung des spanischen Finanzmarktes (Niederlassungsfreiheit für ausländische Banken, Abbau der Kapitalverkehrskontrollen, Änderung der Devisenmarktpolitik) und die schrittweise Erfüllung der Verpflichtungen aus dem Beitritt zur EG (Art. 62–64 der Beitrittsakte) haben den politischen Einfluß auf die spanische Zentralbank noch nicht verändert.

Anhang 3:

Synopse von Vorschlägen und Stellungnahmen zur
Weiterentwicklung des Europäischen Währungssystems

M. Eyskens (Belgien)

Begründung: EWS ungenügend in der Absprache der Wechsel-
kurs- sowie der Zinspolitik

Nahziele: – – –

Maßnahmen: »Entdramatisierung« der Wechselkurspolitik;
der EG-Währungsausschuß und die nationalen
Zentralbanken sollen über Wechselkursänderungen entscheiden. Als prophylaktische Wechselkurspolitik schlägt er eine stärkere Abstimmung
der Zinspolitik vor.

Perspektiven: Eine europäische »Reservebank« nach dem Beispiel der amerikanischen Federal Reserve Bank.
Eine »Europäische Bankenkommission« zur Koordinierung der Wechselkurskontrollen.

Deutsche Bundesbank, AaP, 26/1987 (zitiert: DBB, AaP).

E. Hoffmeyer (Dänemark)

Begründung: Asymmetrische Lastenverteilung im EWS. Die
Schwachwährungsländer tragen die Anpassungslast z. B. über Abwertung der heimischen Währung.

Nahziele: Erlangung der Symmetrie der Anpassungslasten,
indem die Hartwährungsländer Anpassungskosten übernehmen.

Maßnahmen: Ansatzpunkt der Reform wäre eine Stärkung der
Rolle des EFWZ. Dieses sollte mittelfristig das
Recht besitzen, ECU auszugeben.

Perspektiven: Einführung einer EZB und einer europäischen
                 Währung als Endziel

                 Auszug aus einer Rede vor der interfraktionellen Gruppe
                 »Europäische Währung« des Europäischen Parlamentes
                 vom 10. 2. 1988.

N. Thygesen (Dänemark)

Begründung: Die Schwachwährungsländer behindern den
                 Ausbau des EWS, da es den Hartwährungslän-
                 dern schwerfällt, den ECU – welcher als Durch-
                 schnitt aller ECU-Korbwährungen als Standard-
                 größe betrachtet werden muß – als Richtlinie im
                 EWS anzuerkennen.
Nahziele: Liberalisierung des Kapitalverkehrs. Diese Libe-
                 ralisierung soll die EG-Staaten zu einer einheitli-
                 chen stabilitätskonformen Wirtschaftspolitik
                 zwingen.
Maßnahmen: Stärkung der Hartwährungsländer im EWS; Li-
                 beralisierung des Kapitalverkehrs; Ausbau des
                 EWS nach dem Vorbild des föderativen FED-Sy-
                 stems in den USA oder nach dem der Deutschen
                 Bundesbank, wobei kleinere Staaten ein geringe-
                 res Stimmrecht besitzen als größere.
Perspektiven: Auf längere Sicht EZB und ECU in einer Funk-
                 tion als europäische Währung. Autonomie der
                 EZB muß gewährleistet sein. Gegebenenfalls
                 Festlegung des Zieles Geldwertstabilität

                 DBB, AaP, 60/22. August 1988.

H.-D. Genscher (Bundesrepublik Deutschland)

Begründung: Einheitlicher Währungsraum notwendige Ergän-
                 zung zu Binnenmarkt. Internationalisierung der
                 Finanzmärkte erfordert Ausbau der Währungs-
                 kooperation. EZB eine ökonomisch notwendige
                 Ergänzung des europäischen Binnenmarktes.
                 EZB Katalysator für die notwendige Konvergenz
                 der Wirtschaftspolitiken.
Nahziele: Vereinheitlichung der EWS-Teilnahmebedingun-
                 gen. Beteiligung aller EG-Staaten am EWS. Ge-
                 meinschaftliche Währungspolitik gegen Dritt-
                 währungen.

Maßnahmen:	Ausrichtung der nationalen Wirtschafts- und Währungspolitik an gemeinsam festgelegten Zielen bei Vorrang der Preisstabilität. Anwendung gleicher EWS-Regeln auf alle Mitglieder. Wer noch nicht teilnehmen kann, soll sich später dem (weiterentwickelten) System anschließen.
Perspektiven:	EZB mit einem hohen Maß an personeller, funktioneller und finanzieller Autonomie. Priorität für die Geldwertstabilität. Grundelemente des Bundesbankgesetzes und die Ziele des Gesetzes zur Förderung der Stabilität und des Wachstums in der Wirtschaft sollten Grundlage einer europäischen Magna Charta der Stabilitätspolitik sein. ECU zunächst als Parallelwährung, später als Gemeinschaftswährung. Förderung der ECU.

Genscher, H.-D., Memorandum für die Schaffung eines europäischen Währungsraumes und einer Europäischen Zentralbank, Bonn, 26. Februar 1988.

G. Stoltenberg (Bundesrepublik Deutschland)

Begründung:	Ein einheitlicher europäischer Währungsraum erfordert eine Annäherung der Wirtschafts- und Währungspolitiken auf der Basis stabiler Preise und einer Stärkung des EWS.
Nahziele:	Verstärkung der Zusammenarbeit, um Konvergenz zu sichern. Vereinheitlichung der EWS-Teilnahmebedingungen.
Maßnahmen:	Liberalisierung des Kapitalverkehrs und der Finanzdienstleistungen. Annäherung der Wirtschafts- und Währungspolitik auf der Basis stabiler Preise. Verringerung der Haushaltsdefizite und der Leistungsbilanzsalden. Volle Teilnahme der Mitgliedstaaten am EWS und Beseitigung von Sonderregelungen. Keine Privilegierung der privaten ECU.
Perspektiven:	Wirtschafts- und Währungsunion (WWU) als langfristiges Ziel mit einem langen Übergangsprozeß (über 1992 hinaus). Eine WWU erfordert eine Umgestaltung der EG zu einer politischen Union. Unabhängige EZB mit klarer Zielpriorität zugunsten der Geldwertstabilität.

Stoltenberg, Gerhard, Zur weiteren Entwicklung der währungspolitischen Zusammenarbeit in Europa (»Stoltenberg-Memorandum«), Bonn, 19. März 1988.

N. Kloten (Bundesrepublik Deutschland)

Begründung: Das EWS reagiert um so sensitiver auf divergierende intraeuropäische Entwicklungen und externe Anstöße, je stärker die Finanzmärkte integriert werden: sie induzieren spekulative Kapitalströme; Hartwährungsländer werden mit expansiven Liquiditätseffekten überschwemmt. Das EWS mit seiner nur indirekten Koordinierung der Geld- und Kreditpolitik ist deshalb überfordert, eine effiziente Währungsordnung für den europäischen Binnenmarkt zu schaffen.

Nahziele: Das EWS so ändern, daß es zu der geforderten Symmetrie der Anpassungsprozesse kommt. Eine EZB ist nicht nötig, um ein Europäisches Zentralbankensystem (EZBS) zu schaffen.

Maßnahmen: Förderung der direkten Koordination der nationalen Geldpolitiken. Schrittweises Vorgehen bei der Schaffung eines EZBS ist unabdingbar, weil eine uno-acta-Lösung politisch nicht durchsetzbar ist. EZBS wäre der krönende Abschluß eines geldpolitischen Integrationsprozesses. Abbau der Kapitalverkehrsbeschränkungen ohne zeitlich begrenzte Sonderregelungen. Explizites Bekenntnis zur Geldwertstabilität als oberstes Ziel der Geldpolitik. Nach dem Erfolg einer solchen ersten Übergangsphase soll eine zweite eingeleitet werden: Harmonisierung der Geldpolitik durch aufeinander abgestimmte monetäre Zielvorgaben. Diversifizierung der Währungsreserven durch eine limitierte Hereinnahme von EWS-Währungen. Behandlung der ECU als Reserveaktivum. Fusion der beiden ECU-Kreisläufe.

Perspektiven: Das EWS sollte den Status einer obersten europäischen Instanz mit quasi verfassungsrechtlichem Rang erhalten. Dem EZBS muß die geldpolitische Kompetenz zugeteilt werden (funktionelle Autonomie). Die Regierungen sollten keinen Zugriff auf den Notenbankkredit erhalten (finanzielle Autonomie). Eine etwaige Neuordnung der Kompetenzen muß an erschwerte Konditionen gekoppelt sein. Andererseits muß die Kompatibilität der Geldpolitik mit der allgemeinen Wirtschaftspolitik gewährleistet sein.

Die nationalen Notenbanken sollen bestehenbleiben, sie sollen »fiscal agents« für ihre Länder bleiben. Als oberstes Organ wird ein »Board of Governors« oder ein »Gouverneursrat« (Präsidenten der nationalen Zentralbanken) vorgeschlagen. Bei dieser dezentralen Organisation besteht kein Bedarf für eine EZB. Das geldpolitische Instrumentarium sollte dieser dezentralen Struktur angepaßt werden, indem die nationalen Zentralbanken weiterhin die Instrumente anwenden. Es genügt, durch eine indirekte monetäre Lenkung das angestrebte Zinsniveau im EZBS über die Steuerung der nationalen Zinssätze zu erreichen. Als Referenzsysteme bieten sich das FED-System, die Bundesbank und das System der Bank deutscher Länder an.

Kloten, N., Wege zu einem Europäischen Zentralbanksystem, in: Europa-Archiv, 11/1988, S. 285–298.

E. Balladur (Frankreich)

Begründung:	Asymmetrische Lastenverteilung im EWS und Dominanz der Starkwährungsländer. Zu restriktive Politik einzelner Länder. Ungleiche Rechte und Pflichten für EG-Währungen.
Nahziele:	Beseitigung der Asymmetrie. Vereinheitlichung der EWS-Teilnahmebedingungen. Gemeinschaftliche Drittwährungspolitik.
Maßnahmen:	Ausrichtung der nationalen Wirtschafts- und Währungspolitik an gemeinsam festgelegten Zielen. Verlagerung der Anpassungslast auf Zielabweichler. Anwendung enger Bandbreite auch auf £, Lit. Konsultationen über Wechselkursentwicklung gegenüber Drittwährungen. Kapitalverkehrsliberalisierung, Diversifizierung der Reservehaltung.
Perspektiven:	EG-Zentralbank und EG-Währung.

E. Balladur (Frankreich)

Begründung:	EWS ist zu stark auf die DM ausgerichtet. Flexible Wechselkurse sind nachteilig, da dann die Preisstabilität gefährdet ist (vicious-cirle-Theorie).
Nahziele:	Stärkere Harmonisierung der Währungs- und Haushaltspolitik im EWS. ECU zur »echten«

	Währung ausgestalten. Steuerharmonisierung. Inflationsbekämpfung. Das Ziel »fester« Franc, deshalb ist die »Überrolle« der DM im EWS nicht erwünscht.
Maßnahmen:	Feste Wechselkurse im EWS als Voraussetzung für eine EZB. Einheitliche Euro-Währung. Freier Kapitalverkehr. Ausbau der ECU zur Reservewährung der nationalen Zentralbanken.
Perspektiven:	Bis zum Jahre 2000 eine EZB verwirklichen. Die EZB soll der »lender of the last resort« für die nationalen Zentralbanken sein. Eine »gewisse« Autonomie sollte gegeben sein.

Balladur, E., Les enjeux du grand marché intérieur européen, Les Notes Bleues, 339/18. Juni 1987; ders., Il faut aller vers une monnaie commune en Europe, Interview in Le Figaro, 14. Januar 1988; ders., La construction monétaire européenne, Januar 1988 (vervielfältigt).

R. Barre (Frankreich)

Begründung:	Frankreich muß das Niveau der Bundesrepublik Deutschland bezüglich der Währungsstärke erreichen. Ferner muß die Banque de France politisch autonom werden. Erst dann wird man sich innerhalb des EWS auf die Errichtung einer EZB einigen.
Nahziele:	Wechselkursstabilität, die zu festeren Preisniveaus führt.
Maßnahmen:	Unterstützung eines angebotsorientierten Wachstums, um Frankreich den Weg zu ebnen, bis es das Ziel einer stabilen Volkswirtschaft mit geringer Arbeitslosigkeit und starker Währung erreicht hat. Damit sind die Voraussetzungen für die Schaffung der EZB genannt.
Perspektiven:	Während der nächsten vier Jahre eine EZB nach dem Vorbild des amerikanischen FED-Systems unter Leitung eines Zentralen Gouverneursrates.

DBB, AaP, 18/11. März 1988.

P. Bérégovoy (Frankreich)

Begründung:	Eine effektive Geldpolitik ist notwendig, um Europa gegenüber den anderen Staaten Gewicht zu verleihen.
Nahziele:	Großbritannien in das EWS integrieren.

Maßnahmen:	Koordinierung der Interventionen innerhalb des EWS; Steuerharmonisierung.
Perspektiven:	Zuerst eine Zentralbank der Zentralbanken schaffen, erst später eine einzige EZB. Diese Zentralbank der Zentralbanken soll das Außenverhältnis der ECU zum Dollar und zum Yen regeln sowie die nationalen Währungsreserven verwalten.

DBB, AaP, 73/6. Oktober 1988; International Herald Tribune, 29. September 1988.

J. Chirac (Frankreich)

Begründung:	Keine Angaben.
Nahziele:	Anpassung der Banque de France an das Autonomiestatut der Deutschen Bundesbank oder des FED-Systems der USA.
Maßnahmen:	Größere Freiräume für die Banque de France schaffen, z. B. durch Abschaffung der Ernennungs- und Abberufungsmöglichkeiten des Notenbankgouverneurs durch die Regierung. Der Generalrat soll durch Vertreter des Wirtschafts- und Finanzministeriums, des Parlaments sowie des Wirtschafts- und Sozialrates bestimmt werden. Die Haushaltsbefugnisse der Banque de France sollen erhöht werden.
Perspektiven:	Keine Aussagen bezüglich einer EZB, doch es ist wahrscheinlich, daß durch die Angleichung an die Deutsche Bundesbank eine Hemmschwelle zur EZB beseitigt werden soll.

Frankfurter Allgemeine Zeitung, 13. Januar 1988 und 21. Januar 1988.

M. Rocard (Frankreich)

Begründung:	Enge europäische Zusammenarbeit ist unverzichtbar. Besonders das System sozialer Sicherung unterstreicht den Modellcharakter der EG.
Nahziele:	– – –
Maßnahmen:	Großbritannien sollte Vollmitglied des EWS werden. Die Bundesbank sollte ihre nationalistische Politik aufgeben und die Entwicklungen in den anderen europäischen Ländern stärker beachten.

Perspektiven: Schaffung einer Europäischen Zentralbank ist absolute Notwendigkeit. Die französische Regierung ist dafür auch bereit, Konzessionen an die deutschen Vorstellungen zu machen. Die Annahme, die Zentralbanken könnten autonom von der Regierung agieren, sei allerdings illusorisch.

Financial Times, 24. Oktober 1988.

M. Thatcher (Großbritannien)

Begründung: Eine weitergehende monetäre Integration ist nur erwünscht, wenn keine nationalstaatlichen Souveränitätsansprüche aufgegeben werden müssen.

Nahziele: Verbesserung des Kapitalverkehrs, Aufhebung von Kapitalverkehrskontrollen, Freigabe von Finanzdienstleistungen und eine verstärkte Rolle der ECU.

Maßnahmen: Kein Beitritt in das EWS. Ausgabe von auf ECU lautenden Treasury Bills.

Perspektive: Eine EZB ist ein »Luftschloß«, da eine Bildung der »Vereinigten Staaten von Europa« Voraussetzung ist. Dazu ist aber kein Staat bereit.

Financial Times, 21. September 1988.

M. F. Doyle (Irland)

Begründung: Eine weiterreichende monetäre Integration ist aus politischen Gründen nicht möglich.

Nahziele: Über schrittweise Reformen soll eine gemeinsame Währungspolitik ermöglicht werden.

Maßnahmen: Beitritt Großbritanniens in das EWS. Einheitliche Schwankungsbreiten im EWS. Vereinheitlichung der Fiskalpolitik, da sonst eine gemeinschaftliche Geldpolitik konterkariert werden kann.

Perspektiven: Eine EZB kann es in naher Zukunft nicht geben, weil die politischen Umstände dies nicht zulassen. Es fehlt die Bereitschaft innerhalb der politische Ebene, auf Souveränität zu verzichten. Es ist daher sinnlos, sich Gedanken über eine Ausgestaltung einer EZB zu machen.

Doyle, M. F., Rede auf der 5. Europäischen Währungskonferenz des Europäischen Parlaments in Straßburg, 10. Februar 1988.

G. Amato (Italien)

Begründung: Asymmetrische Lastenverteilung in EWS und Dominanz der Starkwährungsländer. Deflationärer bias/Wachstumsmotor fehlt. Unvereinbarkeit von festen Wechselkursen, Kapitalverkehrsliberalisierung und unkoordinierter Wirtschafts- und Währungspolitik.

Nahziele: Beseitigung der Asymmetrie. Vereinheitlichung der EWS-Teilnahmebedingungen. Gemeinschaftliche Drittwährungspolitik. Absicherung der Kapitalverkehrsliberalisierung.

Maßnahmen: Ausrichtung der nationalen Wirtschafts- und Währungspolitik an gemeinsam festgelegten Zielen. Verlagerung der Anpassungslast auf Zielabweichler. Erweiterte Bandbreite für alle EG-Währungen. Konsultationen über Wechselkursentwicklung gegenüber Drittwährungen in G 7. Schutzklausel für Kapitalverkehrsliberalisierung. Ausbau der Finanzierungsmechanismen. ECU als Referenzgröße und Interventionswährung.

Perspektiven: EG-Zentralbank in naher Zukunft.

Frankfurter Allgemeine Zeitung, 27. Februar 1988.

G. Carli (Italien)

Begründung: – – –

Nahziele: Freier Kapitalverkehr und freier Finanzdienstleistungsverkehr; Preis- und Wechselkursstabilität sowie eine gemeinsame Geldschöpfungsmethodik.

Maßnahmen: Keine konkreten Ausführungen, jedoch keine Abkehr von der DM als Leitwährung im EWS.

Perspektiven: Eine EZB als »fernes Ziel« wird angestrebt. Eine schnelle Einigung erscheint zweifelhaft, zumal schon bei »kleineren Problemen«, wie der Liberalisierung des Kapitalverkehrs, keine einheitliche Stellung eingenommen wird. Diese EZB sollte autonom und dem Ziel der Geldwertstabilität verpflichtet sein. Als Referenzsystem wird das FED-System der USA betrachtet.

DBB, AaP, 53/22. Juli 1988.

T. Padoa-Schioppa (Italien)

Begründung: Der einheitliche europäische Binnenmarkt verlangt nach einer EZB, ohne die er nicht voll funktionsfähig ist, d. h., 1992 muß eine EZB bestehen.

Nahziele: Keine konkreten Angaben.

Maßnahmen: Eine einheitliche Geldpolitik ist notwendig, um die Währungsunion zu verwirklichen.

Perspektiven: Ein dreistufiges Zentralbanksystem in Europa, wobei die jeweiligen nationalen Zentralbanken die Refinanzierungsquelle der nationalen Geschäftsbanken sind, während die EZB die »Bank der Zentralbanken« darstellt und somit die Geldmenge innerhalb der EG steuert. Es bedarf dabei keiner einheitlichen Währung. In der Übergangszeit soll der EG-Währungsausschuß die Geldmengenziele festlegen. Ein EG-Gouverneursrat führt diese Geldpolitik aus.

Padoa-Schioppa, T., Rede auf der EWS-Konferenz des Zentrums für Wirtschaftspolitische Forschung der Bank von Italien in Perugia, 16.–17. Oktober 1987.

R. Ruggiero (Italien)

Begründung: EWS als »Insel der Währungsstabilität« stärken. EZB ist notwendig, um das EWS voll funktionsfähig zu machen; ebenso ist eine einheitliche Währung zweckdienlich.

Nahziele: Keine konkreten Angaben.

Maßnahmen: Liberalisierung des Kapitalverkehrs; einheitliche Europäische Währung und eine EZB.

Perspektiven: Eine EZB muß die Aufgabe erhalten, das Wachstum zu fördern; das Ziel der Geldwertstabilität ist diesem Ziel unterzuordnen. Die EZB sollte so schnell wie möglich verwirklicht werden.

Wirtschaftswoche, 19. Februar 1988.

P. Werner (Luxemburg)

Begründung: Monetäre Integration als Voraussetzung für die vollständige Funktionsfähigkeit des Gemeinsamen Marktes.

Nahziele: Gemeinsame Geldpolitik mit einheitlicher Auffassung über: Methodik und Zielsetzung der Geldschöpfung sowie das Verhältnis zwischen öffentlichem Haushalt und Zentralbank.

Maßnahmen:	Revitalisierung des EFWZ über eine Umgestaltung des Zentralorgans der neuen EZB. Dabei müssen die Kompetenzen des EFWZ ausgeweitet werden. Dieses Zentralorgan sollte die Kreisläufe der privaten und der offiziellen ECU verbinden.
Perspektiven:	Föderatives Zentralbanksystem wie in den USA, allerdings auf europäische Verhältnisse transformiert. Die EZB soll die gemeinsame Währungspolitik definieren und ausführen. Dies soll auch im Außenverhältnis gegenüber Dritten gelten. Innerhalb der durch politische Instanzen über die allgemeine Wirtschaftspolitik festgelegten Rahmenbedingungen sollte die EZB völlig autonom entscheiden.

Börsen-Zeitung, 23. Juni 1988.

CEPS-Konzept

Begründung:	EZB als Vorstufe zum »letzten Ziel« einer europäischen Währungsintegration – der einheitlichen Währung.
Nahziele:	Engere währungspolitische Kooperation und strafferes Wechselkurssystem. Beitritt Englands und Spaniens zum EWS.
Maßnahmen:	Ohne größere institutionelle Reformen lassen sich die nationalen Befugnisse der Geldpolitik auf ein gemeinsames Zentralbankforum übertragen. Als Referenzsystem gilt das FED-Modell der USA. Das europäische FED-System sollte einer politischen Autorität verantwortlich sein (z. B. Ministerrat).
Perspektiven:	Die EZB wäre das Resultat einer schrittweisen Übertragung von nationalen Rechten auf ein zu bildendes Zentralorgan. Dazu bedarf es keiner größeren institutionellen Reform des EWS.

M. Russo (IWF)

Begründung:	Asymmetrie der Lastenverteilung. Besteht keine EZB, bedarf es eines monetären Ankers.
Nahziele:	Erlangung der Symmetrie im EWS und der geldpolitischen Kooperation.

Maßnahmen:	Liberalisierung des Kapitalverkehrs, vor allem auch in den Schwachwährungsstaaten des EWS. Straffung der Bandbreiten im EWS. Schaffung einer neuen ECU, die einen festen Wert besitzt, d. h. keine schwankende Korbwährung ist. Diese neue ECU soll Stabilitätsanker und Parallelwährung werden.
Perspektiven:	Angestrebt werden soll die zweite Phase des EWS, der Europäische Währungsfonds (EWF). Der Weg dorthin sollte schrittweise angegangen werden. Die EZB bzw. der EWF wird das Resultat eines evolutorischen Prozesses sein.

Russo, M., Cooperation and Coordination in the EMS: The System at a Crossroad, in: Dräger, C., und L. Späth (Hrsg.), Internationales Währungssystem und weltwirtschaftliche Entwicklung, Baden-Baden 1988.

Europäisches Parlament

Begründung:	Schwankungen der Wechselkurse innerhalb des EWS sind gesunken, dennoch Unsicherheit über die Dauer dieser Ruhephase. Die endgültigen Voraussetzungen für feste Wechselkurse sind noch nicht gegeben.
Nahziele:	Koodinierung der nationalen Währungspolitiken. Schwankungsmargen im EWS stufenweise verringern. Angleichung der nationalen Preissteigerungsraten, der Zahlungsbilanzpositionen und der öffentlichen Finanzen. Stärkung der ECU durch öffentliche Anleihen, die auf ECU lauten.
Maßnahmen:	Einbeziehung Großbritanniens in das EWS. Abbau der Sonderregelungen für Italien. Stärkung der Rolle des Ausschusses der Zentralbankpräsidenten (diese sollten Geldmengen- und Zinsziele festlegen). Schaffung eines Europäischen Gouverneursrates und eines Europäischen Finanz- und Wirtschaftsrates. Der Gouverneursrat bestimmt die Geldpolitik, der Wirtschafts- und Finanzrat die Eckdaten der Konjunktur- und Fiskalpolitik. Stärkung der ECU als Gemeinschaftswährung.
Perspektiven:	Bis zum 1. 1. 1995 Schaffung einer europäischen Währungsunion als Ergänzung des zum 1. 1. 1993 zu schaffenden europäischen Binnenmarktes.

Für Griechenland, Spanien und Portugal sollte die Möglichkeit bestehen, später der Währungsunion beizutreten. Am 1. 1. 1995 soll die *neue* ECU (keine Korbwährung) als gesetzliches Zahlungsmittel eingeführt werden und die nationalen Währungen ersetzen. Die alte ECU soll als »Europäische Währungs- und Rechnungseinheit« weiter bestehenbleiben. Die europäische Währungsunion bedarf einer Europäischen Zentralbank. Diese soll dem Stabilitätsziel verpflichtet sein. Die Geldpolitik wird von der EZB, die weisungsungebunden ist, bestimmt. Alle geldpolitischen Instrumente befinden sich in der Hand der EZB (funktionelle Autonomie).

Europäisches Parlament, Ausschuß für Wirtschaft, Währung und Industriepolitik, Bericht über die Entwicklung der Europäischen Währungsintegration (»Franz-Bericht«), Dok. A2–14/89/B, Luxemburg 1989.

Aktionskomitee für die Europäische Währungsunion (Committee for the Monetary Union of Europe)

Begründung:	Eine neue Entwicklungsstufe im monetären Bereich muß angestrebt werden, da der Binnenmarkt 1992 verwirklicht wird. Das EWS hat eine Grundlage für diese »Zweite Stufe« der monetären Integration geschaffen. Eine EZB kann diesen Prozeß beschleunigen.
Nahziele:	– Alle EG-Staaten werden Vollmitglieder des EWS;
	– alle EG-Staaten vereinbaren die einheitliche Bandbreite von + / − 2,25% für ihre bilateralen Wechselkurse;
	– der Kapitalverkehr wird liberalisiert;
	– die Devisenmarktinterventionen gegenüber dem U.S. Dollar werden im Ausschuß der Zentralbankgouverneure koordiniert;
	– die Statuten der Zentralbanken sollen angeglichen werden, um den Übergang auf eine EZB zu erleichtern;
	– die Funktion der privaten ECU soll gestärkt werden;
	– eine EZB kann vor der Vollendung der Europäischen Währungsunion gegründet werden.

Maßnahmen: Konstitutive Merkmale der Europäischen Währungsunion:
- vollständige Liberalisierung des Kapitalverkehrs;
- irreversible Konvertibilität bei starren Wechselkursen zwischen den Mitgliedswährungen. Flexible Wechselkurse gegenüber Drittwährungen;
- gemeinschaftliche Geldpolitik mit einer optimalen Wachstumsrate des Geldangebots in allen Mitgliedstaaten;
- Eine EZB soll die gemeinschaftliche Geldpolitik konzipieren und durchsetzen, zum Beispiel durch die Festlegung von Mindestreservesätzen und Zinssätzen für die nationalen Zentralbanken.

Aufbau und Aufgaben der EZB:
Die Organisation ist angelehnt an das Federal Reserve System der USA.
- Management Board:
Sechs Mitglieder, davon eines als Präsident der EZB. Ernannt werden sie für einen Zeitraum von fünf Jahren (eine Verlängerung ist möglich) vom Europäischen Rat oder dem Ministerrat auf Vorschlag des Ausschusses der Zentralbankpräsidenten. Der Management Board ist für die Leitung und Administration der EZB verantwortlich und unterliegt der Aufsicht des Ausschusses der Zentralbankpräsidenten, der als Aufsichtsrat (Supervisory Council) fungiert.
- Market Committee:
Es besteht aus den sechs Mitgliedern des Management Boards und sechs Präsidenten der nationalen Zentralbanken, die rotieren. Bei Stimmengleichheit zwischen dem Management Board und den sechs Präsidenten der nationalen Zentralbanken entscheidet die Stimme des Präsidenten der EZB. Das Market Committee legt die Leitlinien der Geldpolitik fest.
Die EZB soll weisungsungebunden sein. Es besteht jedoch eine Berichtspflicht dem Euro-

päischen Parlament und dem Europäischen Rat gegenüber.

Mitglieder der EG-Kommission, des EG-Ministerrates und des Währungsausschusses können mit beratender Stimme an den Sitzungen des Supervisory Council und auf Einladung auch an denen des »Market Committees« teilnehmen.

Wirtschafts- und Währungspolitik in der Übergangszeit:

- Die nationalen Zentralbanken sollen obligatorisch ECU-Reserven anlegen, die mit dem Geldangebot bzw. der monetären Basis gekoppelt werden.
- Die EZB emittiert die ECU nicht allein. Sie werden entweder über eine nationale Zentralbank oder über ein privates Bankenkonsortium ausgegeben. Die Geldmengenkontrolle erfolgt über Mindestreservesätze gegenüber der EZB.
- Die EZB betreibt eine Offenmarkt-Politik in Papieren, die auf ECU lauten, im Rahmen der Geldmengenziele des Market Committee.

Auch Interventionen in ECU gegenüber Drittwährungen können technisch vorbereitet werden durch bilaterale Swap-Vereinbarungen.

Perspektiven: Eine Europäische Wirtschafts- und Währungsunion mit einer EZB für die gemeinschaftliche Geld- und Währungspolitik. Sie soll ergänzt und abgesichert werden durch eine gemeinsame Budgetpolitik.

Committee for the Monetary Union of Europe, A Programme for Action, Juni 1988.

Wissenschaftlicher Beirat beim Bundesministerium für Wirtschaft

Begründung: Die Zeit ist noch nicht reif für eine europäische Währungsunion. Die Bereitschaft und Fähigkeit für eine stabilitätsbetonte Wirtschafts- und Währungspolitik in den EG-Mitgliedsländern sei noch nicht ausreichend. Die Nutzung der Vorteile eines Binnenmarktes erfordert nicht zwingend eine Währungsunion. Auch wird keine ökonomische Logik gesehen, daß eine Währungs-

	union regionalpolitische Probleme schaffe, die eine gemeinschaftliche finanzielle Regionalpolitik erfordere. Ebenso skeptisch wird eine formelle Harmonisierung der Fiskalpolitik und der Sozialpolitik beurteilt, da sie die Elemente der funktionellen Integration über Gebühr einschränken kann.
Nahziele:	Statt voreiliger institutioneller währungspolitischer Weichenstellungen sollte zunächst das EWS durch die Zusammenarbeit stabilitätsbewußter Zentralbanken gehärtet werden. Andere Währungen sollten den Stabilitätsstandard der D-Mark anstreben, um so die D-Mark-Dominanz aufzulösen.
Maßnahmen:	Weitere Liberalisierungen des Kapitalverkehrs. Verzicht auf neue Regeln, die die Anpassungserfordernisse senken oder verlagern (erweiterte Kreditfazilitäten, gemeinschaftliche Finanzierung von intramarginalen Interventionen, teilweiser Verzicht auf den Saldenausgleich).
Perspektiven:	Schaffung einer einheitlichen, stabilen Währung, um den Warenverkehr, die Kapitalbildung und Innovationen zu fördern.

Gutachten des Wissenschaftlichen Beirates beim Bundesministerium für Wirtschaft, Europäische Währungsordnung, Bonn, 21. Januar 1989; vgl. auch die Stellungnahme des Wissenschaftlichen Beirates: Währungskoordination dem Markt überlassen, Frankfurter Allgemeine Zeitung, 21. 6. 1989.

CEPREM (Komitee Spinelli)

Begründung:	Der Binnenmarkt erfordert die parallele Schaffung einer europäischen Währungsunion und damit einer EZB. Die Beachtung dieser Komplementarität entspräche der historischen Logik und sei der Vollzug der Grundidee von R. Schuman. Der politischen Union ginge die Währungsunion voraus.
Nahziele:	In einer Übergangsphase von nur einigen Jahren sollen die juristischen und politischen Verfahren für die Endstufe einer Währungsunion vorbereitet werden. Der Plan enthält dazu sehr präzise Verfahrensvorschläge, u. a. auch für den Fall,

Maßnahmen und Perspektiven:

eine EZB zu gründen, an der nicht alle EG-Mitgliedsländer sofort teilnehmen.
Die Ausführungen konzentrieren sich auf die Endstufe einer EZB und formulieren die Statuten dieser Organisation innerhalb einer europäischen Währungsunion.

Konstitutive Merkmale einer Währungsunion:
- Irreversible Konvertibilität der Währungen;
- starre Wechselkursrelationen, besser eine Einheitswährung – die ECU ohne Korbbewertung;
- eine zentrale Geld- und Währungspolitik;
- eine weitreichende fiskalpolitische Harmonisierung (Fixierung von Wachstumsraten, Höhe der Defizite, Finanzierung der Defizite); die Konzeption einer gemeinschaftlichen Linie der Globalsteuerung sowie Maßnahmen auf den Gebieten der Regional- und Sozialpolitik.

Grundzüge einer EZB:
- Die EZB soll personell, finanziell und funktionell unabhängig sein, die Referenzzentralbanken sind die Deutsche Bundesbank und in einigen Beratungsgremien auch die belgische Zentralbank;
- die EZB ist allein dem Stabilitätsziel verpflichtet, und nur in diesem Rahmen besteht eine Kooperationsverpflichtung gegenüber der Wirtschaftspolitik;
- die politische Gemeinschaftsexekutive hat ein Recht, an Sitzungen des europäischen Zentralbankrates teilzunehmen und ein suspensives Veto (14 Tage) einzulegen;
- die EZB soll föderativ organisiert sein.

Die Organisation der EZB:
- Der Gouverneur und sein Stellvertreter:
Sie werden ernannt vom Bankrat auf Vorschlag der EG-Kommission und nach Zustimmung des Europäischen Parlaments. Amtsdauer: sechs Jahre mit einmaliger Verlängerungsmöglichkeit.
- Direktorium:
Mindestens drei, maximal fünf Mitglieder für sechs Jahre. Ernennung wie der Gouverneur.

Dem Direktorium obliegen die Verwaltung und die Konzipierung sowie Durchsetzung der Geld- und Währungspolitik.
- Bankrat:
Er setzt sich aus dem Direktorium und den Präsidenten der nationalen Zentralbanken (12) zusammen. Ihm obliegt die Aufsicht in Personal- und Budgetfragen.
- Beratungskomitee:
Es setzt sich aus 40-60 Mitgliedern zusammen, die durch die EG-Kommission auf Vorschlag des Wirtschafts- und Sozialausschusses für drei Jahre ernannt werden.

Perspektiven: Europäische Währungsunion mit einer EZB und einer Einheitswährung (ECU ohne Korbbewertung), die von der EZB gegen Devisen und/oder nationale Währung emittiert wird.
Rapport du Groupe »Système Européen de Banques Centrales« unter der Leitung von Jean-Victor Louis (»Comité Spinelli«), Brüssel, 16. Mai 1989.

Deutscher Industrie- und Handelstag (DIHT)

Begründung: Ohne einen gemeinsamen Währungsraum mit Europäischer Zentralbank und einer europäischen Währung bleibt der Binnenmarkt ein Torso.

Nahziele: Geldwertstabilität soll in jedem Land das vorrangige Ziel der Währungspolitik werden. Die Zentralbanken müssen einen gesetzlich gesicherten Autonomiestatus erhalten.

Maßnahmen: Abbau aller noch bestehenden Geld- und Kapitalverkehrsbeschränkungen. Beseitigung gespaltener Devisenmärkte. Beitritt aller EG-Mitgliedsländer zum EWS.

Perspektiven: Schaffung eines föderalen Zentralbanksystems, das auf den Zentralbanken der EG-Mitgliedstaaten aufbaut, die am EWS-Wechselkurssystem teilnehmen. Weiterentwicklung zu einer EZB, die unabhängig und allein dem Ziel der Geldwertstabilität verpflichtet ist. Ein Europäischer Zentralbankrat soll die Einheitlichkeit der Geld- und Kreditpolitik herstellen und die Emission einer einheitlichen Währung vorbereiten.
DBB, AaP, 45/20. Juni 1988.

Auswahlbibliographie zur Wirtschafts- und Währungsunion

Zusammengestellt von Michael Leyendecker[1]

Die folgende Bibliographie verzeichnet Quellen, Werke und Materialien, die dem Leser eine weiterführende Auseinandersetzung mit der monetären und wirtschaftlichen Integration innerhalb der Europäischen Gemeinschaft ermöglichen sollen. Sie erhebt keinen Anspruch auf Vollständigkeit. Aktuelle Informationen aus Zeitungen und Informationsdiensten wurden nur aufgenommen, wenn es sich um Namensartikel von Experten handelte. Insbesondere stellt die Bibliographie kein Literaturverzeichnis zu den beiden Einführungsbeiträgen und des Gutachtens dar. Die bibliographischen Angaben zu den im Text zitierten Beiträgen finden sich in den Fußnoten.

1. Dokumente

Bericht an Rat und Kommission über die stufenweise Verwirklichung der Wirtschafts- und Währungsunion in der Gemeinschaft (»Werner-Bericht«), Bulletin der Europäischen Gemeinschaften, Beilage 11/1970.

Bericht zur Wirtschafts- und Währungsunion in der Europäischen Gemeinschaft (»Delors-Bericht«), 12. April 1989, abgedruckt in: Europa-Archiv, 10/1989, S. D283–304.

Comité pour l'Union monétaire de l'Europe, Un programme pour l'Action, Paris, 22. 2. 1988.

Deutsche Bundesbank, Internationale Organisationen und Abkommen im Bereich von Währung und Wirtschaft, Sonderdruck Nr. 3, 3. Auflage, Frankfurt 1986.

Entschließung des Europäischen Rates zur Errichtung des Europäischen Währungssystems (EWS) und damit zusammenhängende Fragen, 5. Dezember 1978, abgedruckt in: Europäische Gemeinschaften, Währungsausschuß der Europäischen Gemeinschaften, Kompendium von Gemeinschaftstexten im Bereich der Währungspolitik, Brüssel/Luxemburg, 1986, S. 43–46.

Europäisches Parlament, Entschließung zur Entwicklung der europäischen Währungsintegration, 14. April 1989, Dok. A2-14/89 (vervielfältigt).

Europäisches Parlament, Ausschuß für Wirtschaft, Währung und Industriepolitik, Bericht über die Entwicklung der Europäischen Währungsintegration (»Franz-Bericht«), Dok. A2-14/89/B, Luxemburg 1989.

---

[1] Michael Leyendecker M.A., Wissenschaftlicher Mitarbeiter der Forschungsgruppe Europa am Institut für Politikwissenschaft der Johannes Gutenberg-Universität Mainz.

Genscher, Hans-Dietrich, Memorandum für die Schaffung eines europäischen Währungsraumes und einer Europäischen Zentralbank (»Genscher-Memorandum«), Bonn, 26. Februar 1988 (vervielfältigt).

Gutachten des Wissenschaftlichen Beirats beim Bundesministerium für Wirtschaft, Europäische Währungsordnung, Bonn, 21. Januar 1989 (vervielfältigt).

Kommission der Europäischen Gemeinschaften, Mitteilung der Kommission an den Rat: Der Ausbau des Europäischen Währungssystems und der Entwurf für eine Entschließung des Rates, Dok. (82) 133 endg., Brüssel 1982.

Kommission der Europäischen Gemeinschaften, Vollendung des Binnenmarktes. Weißbuch der Kommission an den Europäischen Rat, Luxemburg 1985.

Kommission der Europäischen Gemeinschaften, Mitteilung der Kommission, Die Einheitliche Akte muß ein Erfolg werden. Eine neue Perspektive für Europa, Dok. (87) 100 endg., Brüssel 1987.

Kommission der Europäischen Gemeinschaften, Europäische Wirtschaft: Schaffung eines europäischen Finanzraums, Luxemburg 1988.

Kommission der Europäischen Gemeinschaften, Europäische Wirtschaft: Jahreswirtschaftsbericht 1988–1989, Luxemburg 1988.

Kommission der Europäischen Gemeinschaften, 22. Gesamtbericht über die Tätigkeit der Europäischen Gemeinschaften 1988, Brüssel/Luxemburg 1989.

Kommission der Europäischen Gemeinschaften, Arbeitsprogramm der Kommission für 1989, Bulletin der Europäischen Gemeinschaften, Beilage 2/1989, S. 13–70.

Kommission der Europäischen Gemeinschaften, The EMS. Ten Years On, Sec (89) 360, Brüssel 1989.

Memorandum de M. Balladur, La Construction monétaire européenne, Paris, 12. 2. 1988 (vervielfältigt).

Protokoll über die Schaffung eines deutsch-französischen Finanz- und Wirtschaftsrats, 22. 1. 1988, abgedruckt in: Europa-Archiv, 5/1988, S. D133–134.

Protokoll über die Schaffung eines deutsch-französischen Verteidigungs- und Sicherheitsrats, 22. 1. 1988, abgedruckt in: Europa-Archiv, 5/1988, S. D131–132.

Rapport du Groupe »Système Européen de Banques Centrales« unter Leitung von Jean-Victor Louis (»Comité Spinelli«), Projet de Dispositions Organiques, Brüssel, 16. 5. 1989.

SPD-Fraktion im Deutschen Bundestag (Hrsg.), Europäischer Binnenmarkt – Europäischer Sozialraum, Zusammenfassung der Redebeiträge der Anhörung vom 2. Mai 1988, Bonn 1988.

Stellungnahme des Wissenschaftlichen Beirats beim Bundesministerium für Wirtschaft zum Delors-Bericht in Form eines Briefes, Bonn, 20. Juni 1989 (vervielfältigt).

Stoltenberg, Gerhard, Zur weiteren Entwicklung der währungspolitischen Zusammenarbeit in Europa (»Stoltenberg-Memorandum«), Bonn, 15. März 1988 (vervielfältigt).

Schlußfolgerungen des Europäischen Rates der Staats- und Regierungschefs am 27. und 28. Juni 1988 in Hannover, abgedruckt in: Europa-Archiv, 16/1988, S. D443–447.

Schlußfolgerungen des Europäischen Rates der Staats- und Regierungschefs am 2. und 3. Dezember 1988 in Rhodos, abgedruckt in: Europa-Archiv, 1/1989, S. D2–9.

Schlußfolgerungen des Europäischen Rates der Staats- und Regierungschefs am 26. und 27. Juni 1989 in Madrid (vervielfältigt).

2. Weiterführende Literatur

Bertelsmann Stiftung (Hrsg.), Die Vollendung des Europäischen Währungssystems: Ergebnisse einer Fachtagung. Arbeitspapiere 3, Gütersloh 1989.

Bofinger, Peter, Das Europäische Währungssystem und die geldpolitische Koordination in Europa, in: Kredit und Kapital, 21. Jg. (1988), S. 317–345.

Bofinger, Peter, Zum »Bericht zur Wirtschafts- und Währungsunion in der Europäischen Gemeinschaft« des »Ausschusses zur Prüfung der Wirtschafts- und Währungsunion«, erscheint demnächst in: Kredit und Kapital.

Blohm, Bernhard, Ein Lob wie eine Ohrfeige, in: Die Zeit, 26. 5. 1989, S. 25.

Bozzi, Jacques, Le 10e anniversaire du Système monétaire européen, in: Le Monde, 14. 3. 1989, S. 44.

Caesar, Rolf, Die Unabhängigkeit der Notenbank im demokratischen Staat, in: Zeitschrift für Politik, 4/1980, S. 347–377.

Caesar, Rolf, Der Handlungsspielraum von Notenbanken. Theoretische Analyse und internationaler Vergleich, Baden-Baden 1981.

Caesar, Rolf, Bundesbankautonomie: Internationale Bedrohung?, in: Wirtschaftsdienst, 3/1988, S. 124–129.

Cobham, David, Strategies for Monetary Integration Revisited, in: Journal of Common Market Studies, 3/1989, S. 203–218.

Deutscher Bundestag, Wissenschaftlicher Dienst, Europäische Währungsunion: Delors-Bericht, Entschließung des Europäischen Parlaments, Problemanalyse aus deutscher Sicht, Materialien, Nr. 104, Bonn 1989.

Duisenberg, Wim, The European Central Bank Concept, in: European Affairs, 3/1988, S. 128–134.

Ehrenberg, H., Autonom bis zum europäischen Ende?, in: Wirtschaftsdienst, 3/1988, S. 119–221.

Emminger, Otmar, D-Mark, Dollar, Währungskrisen: Erinnerungen eines ehemaligen Bundesbankpräsidenten, Stuttgart 1986.

Forschungsgruppe Europa, Europäische Defizite, europäische Perspektiven – eine Bestandaufnahme für morgen. Grundlagen 1, Gütersloh 1988.

Forschungsgruppe Europa (Hrsg.), Binnenmarkt '92: Perspektiven aus deutscher Sicht. Arbeitspapiere 1, 3. Auflage, Gütersloh 1989.

Franzmeyer, Fritz, Gesamtwirtschaftliche und strukturelle Aspekte der Vollendung des europäischen Binnenmarktes. Stellungnahme im Rahmen der Anhörung der SPD-Bundestagsfraktion am 2. Mai 1988, in: SPD-Fraktion im Deutschen Bundestag (Hrsg.), Europäischer Binnenmarkt – Europäischer Sozialraum, Zusammenfassung der Redebeiträge der Anhörung vom 2. Mai 1988, Bonn 1988, S. 37–44.

Gleske, Leonhard, Geld- und Währungspolitik bei vollständiger Integration der EG-Finanzmärkte, in: Dieter Duwendag (Hrsg.), Europa-Banking. Bankpolitik im Europäischen Finanzraum und währungspolitische Integration, Baden-Baden, 1988, S. 43–55.

Granet, Robert, Zehn Jahre EWS – eine Bilanz: Eine Bewertung aus französischer Sicht, in: Wirtschaftsdienst, 2/1989, S. 66–70.

Gros, Daniel, und Thygesen, Niels, The EMS-Achievements. Current Issues and Directions for the Future, CEPS-Paper, Nr. 35, Brüssel 1988.

Gros, Daniel, Paradigms for the Monetary Union of Europe, in: Journal of Common Market Studies, 3/1989, S. 219–230.

Hasse, Rolf H., Ziele und Konflikte des Europäischen Währungssystems, in: Wirtschaftswissenschaftliche Studien, 4/1986, S. 177–181.

Hasse, Rolf H., Costs and Benefits of Financial Integration in Europa, in: Fair, D. E., und Boissieu, C. de (Hrsg.), International Monetary and Financial Integration – The European Dimension, Dordrecht u. a. 1988, S. 299–302.

Hasse, Rolf H., Die ECU – ein Währungsmedium mit Integrationswirkungen?, in: Zeitschrift für Wirtschaftspolitik, 2–3/1988, S. 225–234.

Hasse, Rolf H., Ansätze zur Neuordnung des internationalen Währungssystems, in: Aus Politik und Zeitgeschichte 20–21/1989, S. 33–45.

Hasse, Rolf H., Der Delors-Bericht schließt erneute Integrationsirrwege nicht aus, in: Handelsblatt, 26./27. 5. 1989, S. 12.

Hofmeier, Klaus, Die Nation wird überflüssig: Wann kommt das Europa-Geld?, in: Deutsches Allgemeines Sonntagsblatt, 5. 5. 1989, S. 9.

Kleinheyer, Norbert, Die Weiterentwicklung des Europäischen Währungssystems. Überlegungen zur stabilitätsorientierten Ausgestaltung der »Zweiten Stufe«, Berlin 1987.

Kloten, Norbert, und Bofinger, Peter, Währungsintegration über eine europäische Parallelwährung, in: Dieter Duwendag (Hrsg.), Europa-Banking. Bankpolitik im Europäischen Finanzraum und währungspolitische Integration, Baden-Baden 1988, S. 57–84.

Kloten, Norbert, Wege zu einem Europäischen Zentralbanksystem, in: Europa-Archiv, 11/1988, S. 285–298.

Kloten, Norbert, Der »Delors-Bericht«, in: Europa-Archiv, 9/1989, S. 251–260.

Küsters, H. J., Die Gründung der Europäischen Wirtschaftsgemeinschaft, Baden-Baden 1982.

Lazare, Françoise, Le 10e anniversaire du Système monétaire européen: Un murissement réussi, in: Le Monde, 14. 3. 1989, S. 44.

Ludlow, Peter, The Making of the European Monetary System. A Case Study of the Politics of the European Community, London 1982.

Russo, Massimo, Cooperation and Coordination in the EMS – The System at a Crossroad, in: Dräger, Christian, und Lothar Späth (Hrsg.), Internationales Währungssystem und weltwirtschaftliche Herausforderung. Eine Herausforderung an die internationale Wirtschaftskooperation, Baden-Baden 1988, S. 281–312.

Scharrer, Hans-Eckart, und Wessels, Wolfgang (Hrsg.), Das Europäische Währungssystem. Bilanz und Perspektiven eines Experiments, Bonn 1983.

Scharrer, Hans-Eckart, und Wessels, Wolfgang (Hrsg.), Stabilität durch das EWS? Koordination und Konvergenz im Europäischen Währungssystem, Bonn 1987.

Scharrer, Hans-Eckart, Eine Zentralbank für Europa, in: Integration, 3/1988, S. 95–102.

Scharrer, Hans-Eckart, Das EWS – ein Beispiel erfolgreicher Wirtschaftskooperation, in: Dräger, Christian, und Lothar Späth (Hrsg.), Internationales Währungssystem und weltwirtschaftliche Herausforderung. Eine Herausforderung an die intern. Wirtschaftskooperation, Baden-Baden 1988, S. 255–265.

Schlüter, Peter-W., Währungspolitik, in: Weidenfeld, Werner, und Wolfgang Wessels (Hrsg.), Jahrbuch der Europäischen Integration 1986/87, Bonn 1987, S. 128–140.

Schlüter, Peter-W., Währungspolitik, in: Weidenfeld, Werner, und Wolfgang Wessels (Hrsg.), Jahrbuch der Europäischen Integration 1987/88, Bonn 1988, S. 135–147.

Schlüter, Peter-W., Die Stellung des EWS im Weltwährungssystem, in: Issing, Otmar (Hrsg.), Wechselkursstabilisierung, EWS und Weltwährungssystem, Hamburg 1988, S. 15–53.

Schmidt, Helmut, Blockiert von Kleinmütigen, in: Die Zeit, 22. 4. 1988, S. 38.

Schmidt, Helmut, Eine Währung für Europa, in: Die Zeit, 23. 6. 1989, S. 7.

Schmitz, Wolfgang, Der Beitrag der Währungspolitik zum Binnenmarkt, in: Aus Politik und Zeitgeschichte, 20–21/1989, S. 15–24.

Starbatty, Joachim, Europa braucht kein Einheitsgeld, in: Rheinischer Merkur, 10. 3. 1989, S. 7.

Steinel, Helmut, Das Europäische Währungssystem, in: Aus Politik und Zeitgeschichte, 20–21/1989, S. 3–13.

Stoltenberg, Gerhard, Zehn Jahre Europäisches Währungssystem – Bilanz einer erfolgreichen Zusammenarbeit, in: Die Welt, 13. 4. 1989, abgedruckt in: Deutsche Bundesbank, Auszüge aus Presseartikeln, 24/13. 4. 1989, S. 2–4.

Ludlow, Peter, Beyond 1992: Europe and Its Western Partners, CEPS-Paper, Nr. 38, Brüssel 1989.

Matthes, Heinrich, Die Entwicklung des EWS mit Blick auf 1992 – Thesen zum gegenwärtigen Stand des EWS, in: Dieter Duwendag (Hrsg.), Europa-Banking. Bankpolitik im Europäischen Finanzraum und währungspolitische Integration, Baden-Baden 1988, S. 85–109.

Matthes, H., Zum Stand der Debatte der monetären Integration. Ausführungen anläßlich des Symposiums der Gesellschaft zum Studium strukturpolitischer Fragen, Bonn, 21. April 1988 (vervielfältigt).

McDonald, Frank, und Zis, George, The European Monetary System. Towards 1992 and Beyond, in: Journal of Common Market Studies, 3/1989, S. 183–202.

Minford, Patrick, The EMS – What is Wrong With It?, in: Dräger, Christian, und Lothar Späth (Hrsg.), Internationales Währungssystem und weltwirtschaftliche Herausforderung. Eine Herausforderung an die internationale Wirtschaftskooperation, Baden-Baden 1988, S. 313–330.

Müller, Lothar, Perspektiven der Europäischen Wirtschafts- und Währungsunion, in: Politische Studien, März–April 1989, S. 154–165.

Nölling, Wilhelm, Europawährung 2000? Stand und Aussichten einer europäischen Währungsintegration, Hamburger Beiträge zur Wirtschafts- und Währungspolitik, Nr. 1, Hamburg 1987.

Otmar, Franz (Hrsg.), Europäische Währung – Eine Utopie? Sindelfingen 1988.

Padoa-Schioppa, Tommaso, u. a., Effizienz, Stabilität und Verteilungsgerechtigkeit. Eine Entwicklungsstrategie für das Wirtschaftssystem der Europäischen Gemeinschaft, Brüssel 1987.

Pöhl, Karl Otto, Die Zukunft der Deutschen Mark in der europäischen Währungsintegration, Vortrag auf der Jahrestagung des Vereins für Socialpolitik am 7. 10. 1988 in Freiburg, abgedruckt in: Deutsche Bundesbank, Auszüge aus Presseartikeln, 13. 10. 1988, S. 1–6.

Pöhl, Karl Otto, Interview mit der Tageszeitung Die Welt: Wird die Macht der Notenbanken unheimlich, Herr Pöhl?, in: Die Welt, 24. 10. 1988, S. 9.

Pöhl, Karl Otto, Aktuelle Fragen der Währungspolitik, in: Deutsche Bundesbank, Auszüge aus Presseartikeln, 9/27. 1. 1989, S. 1–3.

Rahmsdorf, Detlev W., Währungspolitik, in: Weidenfeld, Werner, und Wolfgang Wessels (Hrsg.), Jahrbuch der Europäischen Integration 1988/89, Bonn 1989 (im Druck).

Thiel, Elke, Vom Binnenmarkt zur Wirtschafts- und Währungsunion, in: Außenpolitik, 1/1989, S. 71–80.

Thygesen, Niels, A European Central Bank System – why and when?, EBA Newsletter, 1/1988, S. 6–13.

Ungerer, Horst, u.a., The European Monetary System: Recent Developments, Occasional Paper, No. 48, Washington D.C. 1986.

Ungerer, Horst, The European Monetary System and the International Monetary System, in: Journal of Common Market Studies, 3/1989, S. 231–248.

Vaubel, Roland, Der Königsweg, in: Wirtschaftswoche, 18. 12. 1988, S. 52.

Weidenfeld, Werner, Die Einheitliche Europäische Akte, in: Außenpolitik, 4/1986, S. 375–383.

Weidenfeld, Werner, 30 Jahre EG. Bilanz der Europäischen Integration, Bonn 1987.

Weidenfeld, Werner, Die Schlüsselrolle der deutsch-französischen Zusammenarbeit für den Fortschritt in Europa, in: Biskup, Reinhold (Hrsg.), Europa – Einheit in der Vielfalt. Orientierungen für die Zukunft der europäischen Integration, Bern/Stuttgart 1988, S. 53–65.

Weidenfeld, Werner, Die Bilanz der Europäischen Integration 1987/88, in: Weidenfeld, Werner, und Wolfgang Wessels (Hrsg.), Jahrbuch der Europäischen Integration 1987/88, Bonn 1988, S. 13–23.

Weidenfeld, Werner, und Wessels, Wolfgang (Hrsg.), Jahrbuch der Europäischen Integration 1987/88, Bonn 1988.

Wessels, Wolfgang, Das EWS – Konflikt zwischen Währungs- und Integrationspolitik?, in: Scharrer, Hans-Eckart, und Wolfgang Wessels (Hrsg.), Das Europäische Währungssystem. Bilanz und Perspektiven eines Experiments, Bonn 1983, S. 147–174.

Wessels, Wolfgang, und Hrbek, Rudolf, EG-Mitgliedschaft: Ein vitales Interesse der Bundesrepublik?, Bonn 1984.

Wittkowski, Bernd, EWS – Erfolgreiches Geburtstagskind mit Schönheitsfehlern, in: Frankfurter Rundschau, 12. 3. 1989, S. 7.

Wyplosz, Charles, The EMS – From Success to Transition, in: Dräger, Christian, und Lothar Späth (Hrsg.), Internationales Währungssystem und weltwirtschaftliche Herausforderung. Eine Herausforderung an die internationale Wirtschaftskooperation, Baden-Baden 1988, S. 267–279.

Die Autoren

Prof. Dr. Werner Weidenfeld

Professor für Politikwissenschaft an der Johannes Gutenberg-Universität Mainz;
geboren am 2. Juli 1947 in Cochem; Studium der Politikwissenschaft, Geschichte und Philosophie, 1971 Promotion zum Dr. phil. an der Universität Bonn, 1975 Habilitation im Fach Politikwissenschaft, seit 1975 Professor für Politikwissenschaft an der Johannes Gutenberg-Universität Mainz, 1986–1987 Professeur associé an der Sorbonne, Paris, seit 1987 außerdem Koordinator der Bundesregierung für die deutsch-amerikanische Zusammenarbeit.
Veröffentlichungen u. a.:
Jalta und die Teilung Deutschlands, Andernach 1969; Die Englandpolitik Gustav Stresemanns, Mainz 1972; Europa – Bilanz und Perspektive (zusammen mit Thomas Jansen), Mainz 1973; Konrad Adenauer und Europa, Bonn 1976; Europa 2000. Zukunftsfragen der Europäischen Einigung, München/Wien 1980; Die Frage nach der Einheit der deutschen Nation, München/Wien 1981; Europäische Zeitzeichen. Elemente eines deutsch-französischen Dialogs (zusammen mit Joseph Rovan), Bonn 1982; Die Identität der Deutschen (Herausgeber), Bonn/München 1983; Ratlose Normalität. Die Deutschen auf der Suche nach sich selbst, Osnabrück/Zürich 1984; Die Identität Europas (Herausgeber), Bonn/München 1985; Nachdenken über Deutschland (Herausgeber), Köln ²1987; Wege zur Europäischen Union (Mitherausgeber), Bonn 1986; 30 Jahre EG. Bilanz der Europäischen Integration, Bonn 1987; Jugend und Europa. Die Einstellung der jungen Generation in der Bundesrepublik Deutschland zur Europäischen Einigung (zusammen mit Melanie Piepenschneider), Bonn 1987; Geschichtsbewußtsein der Deutschen, Materialien zur Spurensuche einer Nation (Herausgeber), Köln 1987; Europäische Defizite, europäische Perspektiven – eine Bestandsaufnahme für

morgen (Mitautor), Gütersloh 1988; Traumland Mitteleuropa. Beiträge zu einer aktuellen Kontroverse (Hrsg. mit Sven Papcke), Darmstadt 1988; Politische Kultur und deutsche Frage. Materialien zum Staats- und Nationalbewußtsein in der Bundesrepublik Deutschland (Herausgeber), Köln 1989; Herausgeber des »Jahrbuchs der Europäischen Integration« (zusammen mit Wolfgang Wessels); Herausgeber der Schriftenreihe »Mainzer Beiträge zur Europäischen Einigung«.

Prof. Dr. Reinhold Biskup

Professor für Volkswirtschaft an der Universität der Bundeswehr Hamburg;
1934 in Oppeln geboren; Studium der Volkswirtschaftslehre und Promotion zum Dr. rer. pol. 1969; Habilitation 1974; seit 1977 Professor für Volkswirtschaftslehre am Institut für Wirtschaftspolitik der Universität der Bundeswehr Hamburg; Präsident der Deutsch-Schweizerischen Gesellschaft und Vorstandsmitglied der Kölner Wirtschaftspolitischen Gesellschaft.
Sein besonderes Interesse gilt der wirtschaftlichen Integration in West- und Osteuropa; Schwerpunkte seiner Lehr- und Forschungstätigkeit sind die Grundlagen und der Vergleich der Wirtschaftssysteme sowie die Theorie und Politik der internationalen Wirtschaftsbeziehungen, ferner die Agrarpolitik und die Entwicklungspolitik.
Veröffentlichungen u. a.:
Sowjetpolitik und Entwicklungsländer, 1970; Deutschlands offene Handelsgrenze, 1976; Europa – von der Wirklichkeit zur Utopie, 1984, spanische Übersetzung 1985; Wirtschaftliche Kooperation mit Staatshandelsländern, 1978 (Hrsg.); Spanien und die Europäischen Gemeinschaften, 1982, auch in spanischer Übersetzung 1983 (Mithrsg.); Herausgeber des Sammelwerks Schweiz – Bundesrepublik Deutschland. Wirtschaftliche, politische und militärische Aspekte im Vergleich, das mit dem Dr.-Friedrich-von-Napolski-Preis zur Förderung der deutsch-schweizerischen Beziehungen ausgezeichnet wurde, 2. Auflage 1985; Partnerschaft in der Sozialen Marktwirtschaft – Kooperation statt Konfrontation, 1986 (Hrsg.) und 1988 der Band Europa – Einheit in der Vielfalt.

Prof. Dr. Rolf H. Hasse

Professor für Volkswirtschaftslehre an der Universität der Bundeswehr Hamburg;
geboren am 18. 12. 1940 in Berlin; Studium der Volkswirtschaftslehre in Münster und Köln, 1973 Promotion zum Dr. rer. pol., 1981 Habilitation an der Wirtschafts- und Sozialwissenschaftlichen Fakultät der Universität zu Köln, seit 1981 Professor für Volkswirtschaftslehre am Institut für Wirtschaftspolitik der Universität der Bundeswehr Hamburg.

Sein besonderes Interesse gilt den Fragen der internationalen Wirtschafts- und Währungsordnung. Zu den Schwerpunkten seiner Forschungstätigkeit gehören die wirtschaftliche Integration Westeuropas, der Ost-West-Handel und die Ordnungspolitik.

Veröffentlichungen u. a.:

Wege und Irrwege zur europäischen Währungsunion, Freiburg 1972 (Mitautor); Theorie und Politik des Embargos; Köln 1973; Außenwirtschaftliche Absicherung zwischen Markt und Interventionismus, Erfahrungen mit Kapitalverkehrskontrollen (zusammen mit H. Werner und H. Willgerodt), Frankfurt a. M. 1975; Wirtschaftliche Sanktionen als Mittel der Außenpolitik – das Rhodesien-Embargo, Berlin 1977; Das Abkommen von Lomé – Übergang oder Alternative zu einer neuen Weltwirtschaftsordnung? (zusammen mit R. Weitz), Köln 1978; Multiple Währungsreserven. Probleme eines Währungsstandards mit multiplen Devisenreserven, Stuttgart und New York 1984; Ökonometrie als Instrument der Interessenpolitik, Köln 1985; Econometrics in the Service of Economic Interests, Stuttgart/New York 1986.

Die Projektpartner

Die *Bertelsmann Stiftung* versteht sich als eine Einrichtung, die gemäß der in ihrer Satzung vorgegebenen Aufgaben und Grundsätze Innovationen fördern, Anstöße geben und vor allem helfen will, anstehende Probleme einer Lösung näherzubringen und wichtige Fragestellungen in eine breitere Diskussion einfließen zu lassen.

In diesem Sinne hat sie das Projekt »Strategien und Optionen für die Zukunft Europas« initiiert. Mit ihm soll ein konzeptioneller, inhaltlicher und materieller Beitrag zur Lösung europäischer Politikprobleme in Gegenwart und Zukunft geleistet werden. Zugleich soll das Projekt zur besseren Verständigung zwischen den europäischen Ländern und zur verstärkten Integration Europas bei Wahrung nationaler und regionaler kultureller Identitäten beitragen. Zur konzeptionellen Begleitung des Vorhabens hat die Bertelsmann Stiftung einen internationalen Beirat einberufen, der sich aus hochrangigen Experten aus Politik, Wirtschaft und Wissenschaft zusammensetzt. Über die Ergebnisse wird die Öffentlichkeit u. a. in zwei Schriftenreihen informiert, den »Grundlagen« und den »Arbeitspapieren«.

Die wissenschaftlichen Aufgaben in Entwicklung, Durchführung und Vermittlung des Projektanliegens hat die *Forschungsgruppe Europa* am Institut für Politikwissenschaft der Johannes Gutenberg-Universität Mainz übernommen. Sie kann dabei auf eine mehr als zehnjährige Tradition in der intensiven Erforschung europäischer Fragestellungen am Institut für Politikwissenschaft zurückgreifen. Vielfältige Publikationen, darunter die Herausgabe der »Mainzer Beiträge zur Europäischen Einigung« und die Mitwirkung am »Jahrbuch der Europäischen Integration« dokumentieren diese Arbeit. Zudem verfügt die Forschungsgruppe Europa über eine umfangreiche Infrastruktur. Dazu gehören neben zwei Redaktionen eine Forschungsbibliothek und u. a. das Europäische Dokumentationszentrum, das über sämtliche Dokumente und Veröffentlichungen der Organe der Europäischen Gemeinschaft verfügt und an das europäische Datenbanknetz angeschlossen ist.

Die Publikationen

Als Ergebnisse des Projektes »Strategien und Optionen für die Zukunft Europas« sind bisher die nachfolgend aufgeführten Veröffentlichungen erschienen:

Zur Information über Ansatz, Ziele und Arbeitsfelder:
Bertelsmann Stiftung (Hrsg.), **Strategien und Optionen für die Zukunft Europas.** Ziele und Konturen eines Projektes. Gütersloh 1988, 23 S.
Bertelsmann Foundation (ed.), **Strategies and Options for the Future of Europe.** Aims and Contours of a Project. Gütersloh 1989, 23 S.
Fondation Bertelsmann (éd.), **Stratégies et options pour l'avenir de l'Europe.** Objectifs et contours d'un projet. Gütersloh 1989, 23 S.

In der Reihe »Grundlagen« (im Verlag Bertelsmann Stiftung):
Forschungsgruppe Europa, **Europäische Defizite, europäische Perspektiven – eine Bestandsaufnahme für morgen.** Grundlagen 1. Gütersloh 1988. 222 S. ISBN 3–89204–011–7. DM 20,00.
Research Group on European Affairs, **European Deficits, European Perspectives – Taking Stock for Tomorrow.** Basic Findings 1. Gütersloh 1989. 232 S. ISBN 3–89204–018–4. DM 20,00.
Groupe de recherche sur l'Europe, **Déficits européens, perspectives européennes – Un bilan pour demain.** Synthèses 1. Gütersloh 1989 (im Druck). ca. 208 S. ISBN 3–89204–019–2. DM 20,00.
Rolf H. Hasse, **Die Europäische Zentralbank: Perspektiven für eine Weiterentwicklung des Europäischen Währungssystems.** Grundlagen 2. Gütersloh 1989. 264 S. ISBN 3–89204–022–2. DM 20,00.

In der Reihe »Arbeitspapiere« (im Verlag Bertelsmann Stiftung):
Forschungsgruppe Europa (Hg.), **Binnenmarkt '92: Perspektiven aus deutscher Sicht.** Arbeitspapiere 1. Gütersloh 1988, 3. Aufl. 1989, 222 S., ISBN 3–89204–015–X. DM 12,00.

Werner Weidenfeld, Walther Stützle, Curt Gasteyger, Josef Janning, **Die Architektur europäischer Sicherheit: Probleme, Kriterien, Perspektiven.** Arbeitspapiere 2. Gütersloh 1989. 73 S., ISBN 3-89204-020-6. DM 12,00.

Bertelsmann Stiftung (Hrsg.), **Die Vollendung des Europäischen Währungssystems.** Arbeitspapiere 3. Gütersloh 1989. 72 S., ISBN 3-89204-024-9. DM 12,00.

Wolfgang Däubler, Gerhard Fels, Manfred Hilf, Ulrich Weinstock, Werner Weidenfeld, **Sozialstaat EG? Die andere Dimension des Binnenmarktes.** Arbeitspapiere 4. Gütersloh 1989. ISBN 3-89204-026-5. DM 12,00 (im Druck).

Europäische Defizite,
europäische Perspektiven
– eine Bestandsaufnahme
für morgen

Strategien und Optionen
für die
Zukunft Europas
Grundlagen 1

Bertelsmann Stiftung

Eine Veröffentlichung der Bertelsmann Stiftung in der Reihe »Strategien und Optionen für die Zukunft Europas«

Forschungsgruppe Europa
unter der Leitung von
Werner Weidenfeld
Mitautoren:
Christine Holeschovsky,
Josef Janning, Karin Stoll

Broschur: 208 Seiten
Format: 14,8 × 21 cm
Herausgeber: Bertelsmann Stiftung
Schutzgebühr: 20,– DM
ISBN: 3-89204-011-7

Die europapolitische Diskussion ist so komplex geworden wie die Politik, von der sie handelt. »Europäische Defizite, europäische Perspektiven – eine Bestandsaufnahme für morgen« will beide transparenter machen und Orientierungshilfen geben. Zentrale Problemlagen und konzeptionelle Lösungsvorschläge in den Bereichen Wirtschaft und Währung, Binnenmarkt, Technologie, Agrarmarkt, Umwelt, Außenpolitik und Sicherheit werden erfaßt und systematisiert.

Mit dieser Veröffentlichung werden die ersten Ergebnisse des Projekts »Strategien und Optionen für die Zukunft Europas« vorgelegt, das von der Bertelsmann Stiftung initiiert wurde und in Zusammenarbeit mit der hierfür gegründeten Forschungsgruppe Europa am Institut für Politikwissenschaft der Universität Mainz durchgeführt

wird. Ziel des Projektes ist die Steigerung europäischer Handlungsfähigkeit und Entscheidungskapazität im Sinne des politisch Notwendigen. Die Kernfrage lautet: Wie sind die politischen Probleme europäisch zu lösen?

Die Resultate des Forschungsprojektes sollen in praxisorientierte Lösungsstrategien umgesetzt und in eine breite öffentliche Debatte über die Zukunft Europas eingebracht werden. Über Fortgang und Ergebnisse wird die Bertelsmann Stiftung in zwei Veröffentlichungsreihen informieren, den »Grundlagen« und den »Arbeitsmaterialien«. Der vorliegende erste Grundlagenband »Europäische Defizite, europäische Perspektiven – eine Bestandsaufnahme für morgen« wird auch in englischer und französischer Sprache veröffentlicht werden.

Verlag Bertelsmann Stiftung
Gütersloh 1988

Strategien und Optionen für die Zukunft Europas

Ein Projekt der Bertelsmann Stiftung
in Zusammenarbeit mit
der Forschungsgruppe Europa
unter der Leitung
von Werner Weidenfeld

Die Europäische Zentralbank:
Perspektiven für eine
Weiterentwicklung des
Europäischen Währungssystems
Rolf H. Hasse
Mit Beiträgen von Werner Weidenfeld und Reinhold Biskup

Strategien und Optionen
für die
Zukunft Europas
Grundlagen 2

Bertelsmann Stiftung

September '89

1989 Verlag Bertelsmann Stiftung
264 Seiten, Broschur DM 20,–
ISBN 3-89204-022-2

Die gemeinsame europäische Währung und die Schaffung einer
Europäischen Zentralbank sind in das Zentrum der europapolitischen Debatte gerückt. Hauptfrage ist derzeit, ob die ökonomischen
Vorteile des europäischen Binnenmarkts ohne eine einheitliche
Währung voll zum Tragen kommen können. Mittel- und langfristig
geht es jedoch um weit mehr: Die Europäische Zentralbank und die
europäische Währung symbolisieren die politische Selbstbehaup-
tung Europas.

Die Verfasser dieses Bandes greifen die neuen Entwicklungen um
den Delors-Bericht auf und skizzieren rationale Lösungsansätze für
die aktuellen währungspolitischen Problemfelder auf europäischer
Ebene. Die Fragestellung wird zugespitzt auf die Option der Weiter-
entwicklung des Europäischen Währungssystems (EWS) durch eine
Europäische Zentralbank. Zentraler Beitrag ist ein Gutachten des
Wirtschaftswissenschaftlers Rolf H. Hasse. Eine englischsprachige
Ausgabe ist in Vorbereitung.

Verlag Bertelsmann Stiftung
Gütersloh 1989

Strategien und Optionen für die Zukunft Europas

Ein Projekt der Bertelsmann Stiftung
in Zusammenarbeit mit
der Forschungsgruppe Europa
unter der Leitung
von Werner Weidenfeld

Die Architektur
europäischer Sicherheit:
Probleme, Kriterien,
Perspektiven

Werner Weidenfeld, Walther Stützle, Curt Gasteyger, Josef Janning

Strategien und Optionen
für die
Zukunft Europas
Arbeitspapiere 2

Bertelsmann Stiftung

Neuerscheinung!

1989 Verlag Bertelsmann Stiftung
73 Seiten, Broschur DM 12,–
ISBN 3-89204-020-6

An der Schwelle der 90er Jahre rückt die Gestaltung europäischer Sicherheit erneut in das Zentrum des öffentlichen Interesses. Die Dynamik in den Staaten des Ostblocks, neue Perspektiven in der nuklearen wie konventionellen Abrüstung und – nicht zuletzt – ein gewandeltes Rollenverständnis der Europäer bringen die traditionellen Strukturen in Bewegung: Eine neue Qualität der Ost-West-Beziehungen wird greifbar. Die fortschreitende Integration innerhalb der EG erfordert eine Revision der traditionellen nationalstaatlichen Souveränität in den Bereichen der Außen- und Sicherheitspolitik.

Die Verfasser dieses Bandes, Werner Weidenfeld, Walther Stützle, Curt Gasteyger, Josef Janning, greifen die aktuellen Entwicklungen auf und skizzieren Problemfelder und Lösungsprofile für die gegenwärtige sicherheitspolitische Lage Europas. Sie spitzen die Fragestellung zu auf die Gestaltung eines europäischen Instrumentariums in der Außenpolitik und prüfen die Chancen, einen »europäischen Pfeiler« im Atlantischen Bündnis zu errichten.

Verlag Bertelsmann Stiftung
Gütersloh 1989

Strategien und Optionen für die Zukunft Europas

Ein Projekt der Bertelsmann Stiftung
in Zusammenarbeit mit
der Forschungsgruppe Europa
unter der Leitung
von Werner Weidenfeld

Die Vollendung des
Europäischen Währungssystems:
Ergebnisse einer Fachtagung

Mit Beiträgen von Johann Wilhelm Gaddum, Hans-Dietrich Genscher,
Rolf H. Hasse, Alfred Herrhausen, Reinhard Mohn, Werner Weidenfeld

Strategien und Optionen
für die
Zukunft Europas
Arbeitspapiere 3

Bertelsmann Stiftung

September '89

1989 Verlag Bertelsmann Stiftung
72 Seiten, Broschur DM 12,–
ISBN 3-89204-024-9

Wer die Handlungsfähigkeit Europas stärken will, der muß die Währungspolitik einbeziehen.

Vor diesem europapolitischen Hintergrund veranstaltete die Bertelsmann Stiftung eine Tagung zum Thema »Die Vollendung des Europäischen Währungssystems«. Die Hauptreferate der Konferenz, an der hochrangige Experten aus Politik, Wirtschaft und Wissenschaft teilnahmen, hielten Bundesaußenminister Hans-Dietrich Genscher und der Vorstandssprecher der Deutschen Bank, Alfred Herrhausen.

Der vorliegende Band enthält die Referate und Statements der Tagung und dokumentiert die Diskussion.

Verlag Bertelsmann Stiftung
Gütersloh 1989